KB259764

百濟城址研究(續編)

成 周 鐸

百濟城址研究

【續 編】

成周鐸 著

서경문화사

序

필자는 2002년 12월 『百濟城地研究』, 『百濟의 思想과 文化』, 『朝鮮後期 社會와 文化』 등 3권의 책자를 출간한 바 있다.

인생 100년의 4분의3을 넘어 서고 있는 나로서는 그 동안에 공부한 것들을 정리할 단계에 이르렀다고 생각하였기 때문이다.

이 책에 실린 7편의 글 들은 앞서 발간한 『百濟城址研究』에 실릴 글들이었으나 그 책의 부피가 너무 두꺼워서 추려낸 것들이다. 그러나 그냥 버려두기에는 아까운 생각이 들어서 한데 묶어 자료집으로 남기고자 이 책자를 편찬하게 되었다.

『百濟城址研究』 속편으로 책자 이름을 붙이기에는 내용면에 있어서 상위되는 점이 있지만은 「百濟新村縣治所의 位置比定」이나 「韓·中·日 성지의 비교연구」 및 「백제말기 국경선에 대한 고찰」의 글들도 백제성지조사 과정에서 얻어진 자료들이 바탕이 되고 있으므로 넓은 의미로서는 백제성지연구에 벗어나지 아니할 것 같아 그 속편이라고 하는 부제로 이 책을 발간하게 되었다.

돌이켜 생각해 보건대 앞서 발간한 3권의 책자나 이번에 발간하는 이 책에 실린 글들이 얼마동안의 생명력을 유지할 수 있는지는 알 수 없다. 그러나 이 책자들이 책장 선반에 사장되는 자료로 묶여 있지 않기를 바라는 마음 간절할 따름이다. 글 가운데는 맹자의 말씀대로 「聖人 復起 必從吾言矣」라고 하신 말씀과 같이 不易의 글들도 있다고 자부하기에 다시 이 책자를 내놓게 되었다. 여기에서 문득 다음과 같은 일화가 생각난다. 1942년 세 명의 사나이가 베네수엘라의 강가에서 다이아몬드를 찾기 위해 여러 달을 보내고 있었다. 그들은 쉬지 않고 조약돌을 모으면서 다이아몬드를 찾는데 열중했지만 다이아몬드는 쉽사리 손에 쥐어지지 않았다. 그러던 중 그 가운데 솔라노라는 사나이가 너무 지쳐 실의에 빠져 다른 동료 두명에게 푸념을 하였다. '이것은 내가 집은 999,999개째 조약돌인데 이제까지 다이아몬드는 하나도 없었어. 정말 너무 지쳤어. 이제는 그만 두어야겠어.' 라며 단념하려고 하자 그의 친구 하나가 '단념하지 말고 계속해 봐'하고 격려하였다. 친구의 격려에 힘입어 그는 지치고 피곤한 몸을 일으켜 100만개 째 조약돌을 집어 들었다. 그런데 이게 웬일인가! 그 조약돌을 집어든 순간 그 묵직함에 놀랐고 또 자세하게 살펴보니 그것이 진짜 다이아몬드라는데 또 한번 놀랐다.

내가 평생 하였던 '백제성지' 공부, 이것은 분명히 100만 번째 다이아몬드에 틀림없으리라. 후학 여러분들께서 내가 찾지 못한 100만 번째 다이아몬드를 찾는 행운이 있기를 기원하면서 서에 대신한다.

이 책자가 발간되기 까지 연구 여정에 고락을 같이 한 忠北大學校 車勇杰 교수와 大田大學校 朴泰祐 겸임교수, 교정을 도와준 둘째딸 금자, 그리고 출판을 맡아준 서경문화사 김선경 사장에게 심심한 감사를 표한다.

2004. 3

成周鐸

第 1 編　百濟 新村縣 治所의 位置比定

百濟 新村縣 治所의 位置比定

1. 머리말

최근 忠南大學校 百濟研究所에서는 百濟 故地에 대한 지표조사를 함과 아울러 중요 유적에 대한 발굴 조사를 병행하고 있다. 이러한 작업은 百濟史에 대한 보다 적극적인 연구를 전제로 한 것이며, 歷史考古學的 研究를 통하여 문헌 사료의 부족에서 오는 한계를 극복하고 새로운 연구의 방법을 모색하려는 의도에서이다. 이러한 작업에는 막대한 연구 인력과 경비가 수반되는 것이어서 財團法人 百濟文化開發研究院의 보조에 힘입는 바가 컸다.

여기에서 고찰하려는 新村縣에 대해서는 그간 지금의 보령군 지역에 대한 지표조사와 보령군 지역에 남아 있는 고대 유적에 대한 일부 유적의 발굴에 의한 성과가 있었으므로 시도되는 것이다. 그렇다 하더라도 완전한 단계의 고찰은 불가능할 것으로 보이므로 시론적으로 시도하는 것임을 또한 미리 밝혀 두는 바이다. 다만 우리가 지금까지 알고 있는 옛 신촌현 지역에 대한 지식을 응용하여 백제시대의 신촌현 治所 규모와 생활상을 약간이나마 밝히려고 하며 선사시대로부터 어떠한 단계로 신촌현을 구성하게 되었는지를 추구해 보려는 것이 本稿가 목표로 하는 바다. 따라서 우선 문헌 자료에 의해 신촌현에 대한 知見을 정리하면서 유적과 유물의 해석을 통해 좀더 구체적으로 문헌 사료와의 연계를 시도해 보고자 한다. 먼저 신촌현에 대한 연혁을 살펴보고 다음으로 신촌현이었던 지역 내의 遺蹟·遺物相을 알아보겠다. 그리고 新村縣의 규모(面積과 戶口)에 대해 推察해 보고 山城을 중심으로 新村縣의 근거지가 어떻게 옮겨 갔는지에 대해 나름대로의 해석을 시도해 볼까 한다.

2. 新村縣의 沿革과 位置

백제의 新村縣에 대하여는 『三國史記』地理志

A. 潔城郡 本百濟結己郡 景德王改名 今因之 領縣二 新邑縣 本百濟新村縣 景德王改名 今保寧縣, 新良縣 本百濟沙尸良縣 景德王改名 今黎陽縣[1]

B. 結己郡, 新村縣, 沙尸良縣……右百濟州郡縣共一百四十七 其新羅改名 及今名見新羅志[2]

C. 都督府一十三縣, 嵎夷縣·神丘縣·尹城縣·本悅己, 麟德縣 本古良夫里, 散昆縣 本新村, 安遠縣 本仇尸波知, 賓汶縣 本比勿, 歸化縣 本麻斯良, 邁羅縣·甘蓋縣 本古莫夫里, 奈西縣 本奈西兮, 得安縣 本德近支, 龍山縣 本古麻山[3]

---

1) 『三國史記』卷 第三十六 雜志 第五 地理 三 熊州.
2) 『三國史記』卷 第三十七 雜志 第六 地理 四 高句麗·百濟 百濟 熊川州.
3) 同上 都督府一十三縣.

이라 보이고 있다. 사료 A 에 의해 高麗時代의 保寧縣은 백제의 新村縣인데 통일신라 경덕왕 때에 新邑縣으로 改名했었다는 사실을 알 수 있다. 사료 B 에서는 신촌현이 백제의 147州縣 가운데 하나임을 밝혀 백제 후기에는 분명히 新村縣이라고 했음을 알 수 있으나, 사료 C 에 의하면 唐이 설정한 都督府 13縣 가운데 散昆縣이 옛 新村을 가지고 설정했다고 한다. 백제에서 縣이라는 지방 행정 구역이 설정되었다는 것은 백제 전기간을 통해 『三國史記』 百濟本紀에는 보이지 않고 있다. 다만 漢城期에는 四部가 가끔 나타나다가 熊津期인 武寧王 23年(523)에

春二月 王幸漢城 命佐平因友 達率沙鳥等 徵漢城州郡民年十五歲
已上 築雙峴城4)

이라 하여 州·郡이 보이고, 다음으로 義慈王 二年에

二月 王巡撫州郡 慮囚 除死罪皆原之5)

라 하여 역시 州·郡이 보이다가 그해 8月에

遣將軍允忠 領兵一萬 攻新羅大耶城 城主品釋與妻子出降 允忠盡
殺之 斬其首 傳之王都 生獲男女一千餘人 分居國西州縣 留兵守其
城 王賞允忠功 馬二十匹穀一千石6)

---

4)『三國史記』卷 第二十六 百濟本紀 第四 武寧王 二十三年.
5)『三國史記』卷 第二十七 百濟本紀 第五 義慈王 二年 八月.
6) 同上 義慈王 二年.

이라고 함에서 州·縣이란 표현이 있을 뿐이다. 실제로 縣의 명칭이 구체적으로 보이는 것은 義慈王 20년 唐羅軍을 맞아 戰守의 방법을 놓고 曰可曰否할 때에

時 佐平興首得罪流竄古馬彌知之縣 遣人問之曰 事急矣……7)

라고 하여 나오고 있다. 이처럼 백제에 있어서 縣이란 행정 구역 단위가 설정되어 있었던 예는 말기에 있어서 보일 뿐인데 그나마도 "古馬彌知"에 대한 "古馬彌知之縣"이란 표현은 매우 어색한 것이다.8) 백제의 행정구역에 대해 우리들은 대략 熊津期에는 22檐魯가 있었고,9) 泗沘期에 이르러 지방은 五方과 郡縣 혹은 郡城으로 구성되어 있다는 『翰苑』의

---

7) 同上 義慈王 二十年 六月.
8) 註1)의 武州 寶城郡 領縣 가운데 "馬邑縣 本百濟古馬彌知縣 景德王 改名 今遂寧縣"이라는 것과 같은 지명인 듯하다. 註 2)의 武珍州 "古馬彌知縣"과 또한 같은 것인데『三國史記』地理 四 百濟의 기록은 百濟末의 행정 구역이 아니라 熊川州·完山·武珍州로 크게 구분하고 郡·縣을 기록하고 있어서 통일신라의 행정 구역 설정과 州郡縣 編制를 따르고 있다. 州 3, 小京 2, 郡 38 등으로 보아 百濟末의 것과 같으나 全州는 完山, 熊川州는 熊津이라 하여 백제 때의 행정 구역 편제는 알 수 없게 되어 있다. 泗沘都城이 所夫里郡으로 된 것으로 보아도 所夫里州가 設置되었던 文武王 十一年 以後의 것이라 생각된다.
9) 『梁書』百濟傳 "號所治城曰固麻, 謂邑曰檐魯 如中國之言郡縣也 其國有二十二檐魯"라고 되어 있고, 이어서 "皆以子弟宗族分據之"라 하여 중앙의 王族과 貴族이 파견되어 지방을 통제하였던 것으로 이것이 실시된 것은 대개 熊津期까지로 보고 있다. 『梁書』의 이러한 기록은 서기 521년에 백제 사신이 신라 사신을 동반하고 朝貢할 때 전한 정보에 의한 것이라고 보이며, 五方制 이전의 地方制로 중요한 의미를 가진다.

　　每方管郡 多者至十 小者六·七 郡將 皆恩率爲之 郡縣置道使 亦
名城主10)

라는 표현을 음미할 필요가 있을 듯 하다. 方－郡의 체계가 있고
縣에는 道使를 두는데 이를 城主라고도 부른다는 것이다.11) 백
제말기의 상황을 나타낸『三國史記』는

　　舊有五部 分統三十七郡 二百城 七十六萬戶12)

라 하여 部－郡－城으로 짜여져 있다고 하면서도 地理志에서는
城을 縣으로 하였고,『大唐平百濟碑銘』에서는

　　凡置五部督卅七州二百五十縣 戶廿四萬口六百廿萬 各齊編戶13)

라고 하여 都督府－州－縣의 체제로 개편됨을 밝히고 있다. 여

---

10)『翰苑』雍氏註에 引用된 括地志(641年 撰).
11) 郡將이 郡에 파견되고 또 郡·縣에 道使를 두었다는 것으로 해석할
　　경우와 郡의 (領屬인) 縣에는 道使를 두었다고 보는 해석이 가능하
　　다. 前者를 보면 郡에는 郡將 이외에 道使가 있고 縣에는 道使가 두
　　어졌다는 것이며 後者의 경우는 郡에는 郡將 縣에는 道使(城主)를
　　두고 있다는 의미이다.
12)『三國史記』卷 第三十七 雜志 第六 地理四 百濟에서『後漢書』,
　　『北史』,『通典』,『舊唐書』,『新唐書』를 인용한 다음『按古典記』라
　　하여 古典記를 상고하여 서술한 부분이다.『舊唐書』百濟國에서는
　　"其國 舊分爲 五部 統郡三十七 城二百 戶七十六萬 至是 乃以其地
　　分置熊津·馬韓·東明等五都督府 各統州縣 立其酋渠爲都督刺史及縣
　　令"이라 하여 部－郡－城의 체제가 唐에 의해서 都督(部)－刺史(
　　州)－縣令(縣)의 체제로 바뀌었음을 밝히고 있다.
13)『朝鮮金石總覽』上.

기서 선뜻 백제 말기의 행정 체계를 결론 지을 수는 없겠으나 실제로 義慈王代의 기록 이외에는 없어 중국측의 郡縣制나 州縣制的 관점에서 백제말의 역사가 정리되었을 것으로 추정할 수 있다. 따라서 최말기 이전에는 縣이란 행정구역명은 채택되지 않았을 가능성이 짙다고 생각되며, 신촌현도 당초 新村 혹은 新村城이었다고 하겠다.

이상에서 保寧縣의 옛 이름은 통일신라 경덕왕대 이후에는 新邑縣, 그 이전에는 新村縣이라 불리고 唐의 도독부 설치 때에 잠시 散昆縣, 백제 때에는 新村 혹은 新村城이라고 불리웠음을 추측하여 보았다. 그런데 『高麗史』 地理志에는

保寧縣 本百濟新村縣 一云沙村縣 新羅景德王改名新邑 爲潔城郡領縣 高麗初更今名[14]

이라고 하여 新村을 沙村이라고도 稱하였음을 알려 주고 있다.

百濟의 新村에 대해서는 이렇다 할 기록이 없으나 『三國史記』의 樂志에서

但古記云 政明王九年 幸新村 設酺奏樂[15]

이란 기록이 있다. 신라 神文王 9年에 新村에 거동하여 술잔치를 베풀며 음악을 연주했다는 기록이 『古記』에 전한다는 것이다. 여기의 新村이 오늘날의 保寧인 백제의 新村인지는 확실치 않으

---

14) 『高麗史』 卷 五十六志　第十 地理一　洪州 結城郡.
15) 『三國史記』 卷 第三十二 雜志 第一 樂 新羅樂.

나, 『三國史記』 新羅本紀에서 神文王 9年에

秋閏九月二十六日 幸獐山城 築西原京城 王欲移都達句伐 未果16)

라고 하여 신문왕이 가을에 지방 멀리까지 行幸한 것은 사실이
다. 이때 왕이 서해안까지 거동하였을 가능성이 충분히 있을 법
하다고 볼 수 있을 것이다.

　신촌현에서 이름이 바뀐 保寧縣의 범위는 대체로 현재의 保寧
郡　周浦面·鰲川面·青所面·青蘿面·大川邑　지역이고,　藍浦
面·珠山面·熊川面·嵋山面 지역은 藍浦縣의 관할 지역이었다.
신촌현은 北東의 烏棲山과 남서의 聖住山이 있어 青陽·洪城郡
地域과 경계한다. 오늘날은 서해안에 위치하여 있고 또 熊津·
泗沘였던 공주·부여에서 西方에 있기 때문에 백제의 西方에 속
한 것이 아니었나 생각되기도 하나 사실상 백제의 北方에 속했
던 곳이다. 즉, 보령·청양·홍성의 3군의 경계를 이루는 烏棲山
은 『翰苑』에서

括地志曰 烏山在國北界大山也 草木鳥獸 與中夏同 又國東有鷄藍
山 山南又有祖粗山 又國南界有霧五山……17)

이라 하여 烏山은 곧 烏棲山을 가리킨 듯 하고 聖住寺址가 곧
백제의 北岳烏含寺가 아닌가 하므로18) 五方 가운데 北方에 속했

---

16) 『三國史記』 卷 第八 新羅本紀 第八 神文王 九年.
17) 註 10)과 같음.
18) 『孤雲先生文集』 卷二 無染和尙碑銘並序. 보통 “郎慧和尙白月葆光塔
　　碑”라 하는 비문에 “易寺㭐^{舊名烏}_{合寺} 爲聖住”라고 보인다. 烏含(合)寺는

던 것으로 보아야 하겠다.

3. 新村縣 地域의 遺蹟과 遺物(그림 1·2)

1) 先史遺蹟

현재의 보령군은 옛 新村郡과 藍浦縣(寺浦縣)을 합친 것이므로 옛 藍浦縣 管內를 뺀 나머지 지역에 있는 先史遺蹟과 遺物에 대해 우선 살펴 보고자 한다. 이러한 작업은 옛 신촌현 지역에 있는 어떠한 집단이 형성되어 역사시대에 이르게 되었는가의 과정을 살피기 위한 것이다.

이제까지 알려진 선사유적으로는 貝塚과 支石墓가 있다. 먼저 패총의 경우에는 다음과 같이 알려져 있다.[19]

① 外煙里貝塚 : 保寧郡 鰲川面 外煙島

② 元山里貝塚 : 保寧郡 鰲川面 元山島

③ 揷失島貝塚 : 保寧郡 鰲川面 元山島

④ 古代島貝塚 : 保寧郡 鰲川面 元山島

⑤ 鹿島里貝塚 : 保寧郡 鰲川面 元山島

⑥ 孤島貝塚

⑦ 佛母島貝塚

『三國史記』百濟本紀 義慈王 15年 夏五月에 "駐馬入北岳烏含寺鳴匝佛宇 數日死"라고 보이는 그곳이라 비정한다(黃壽永 1974, 「新羅聖主寺의 沿革」, 『佛敎美術』2).

19) 文化公報部 1970, 『非指定文化財目錄』및 金載元外 1957, 『韓國西海島嶼』에 의해 작성된 文公部文化財管理局 1971, 『全國遺蹟目錄』과 韓國考古學硏究會編 1984, 『韓國考古學地圖』에 의함

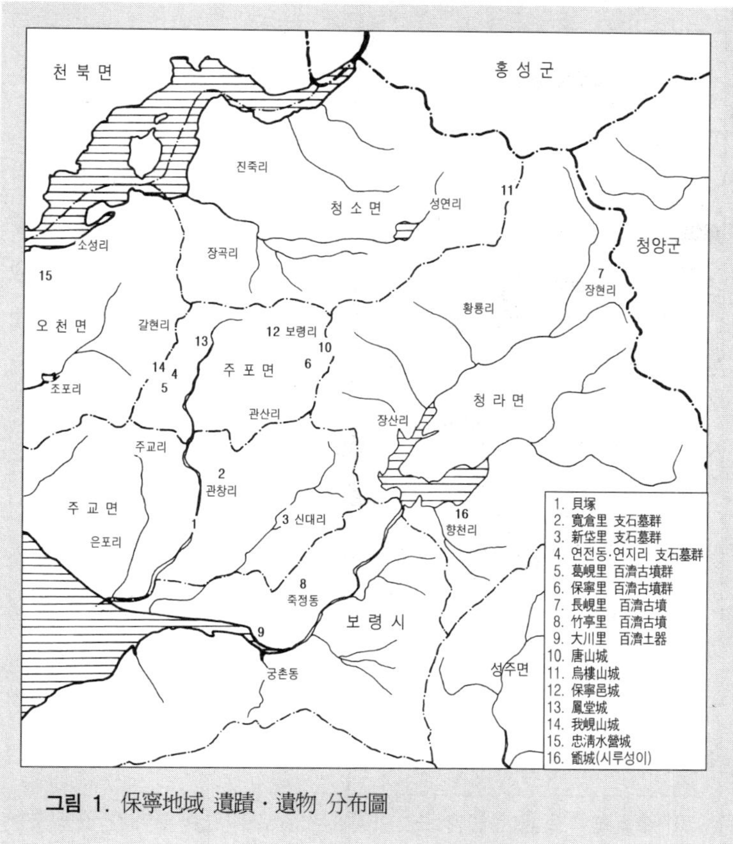

그림 1. 保寧地域 遺蹟·遺物 分布圖

⑧ 射倉里貝塚

　이들 8개소의 패총은 발굴조사를 거쳐 문화 양상과 遺物相이 아직 확연히 밝혀진 것은 아니다. 이들 패총은 채집되는 유물상으로 보아 新石器時代 말기 내지는 靑銅器時代·初期鐵器時代에 속하는 것들로서 대개 支石墓와 비슷한 연대를 가지는 것이 아닌가 생각된다.[20] 지석묘의 분포 역시 이 지역에서 정확히 조사

그림 2. 『興地圖書』 保寧縣圖

되지는 않았다. 그러나 대략 2개소의 支石墓群이 확인되었다.[21)]

지석묘는 周浦面의 중앙을 관통해서 흐르는 鳳堂川의 兩便으로 나뉜다. 東岸으로는 鳳堂川의 하류로서 寬倉里·新岱里 지역으로 현존하는 支石墓 4~5基는 蓋石이 거대한 岩塊로 되어 있고 支石은 지상에 드러나 보이지 않는 소위 南方式에 속하는 변형 支石墓이다(사진 1~3). 鳳堂川의 西岸으로는 '연정동'에서 '갈두'마을로 이어지는 낮은 구릉 지역에 산재하며 개석

20) 金秉模의 下記 논문에서는 이곳과 가깝고 긴밀한 관계가 있을 安眠島 남쪽의 유적을 조사하고 胎土가 거칠고 陰刻線이 굵어서 신석기시대의 전형적인 빗살무기토기와는 시대를 달리하나 石斧들이 京畿道 廣州 漢沙里의 신석기시대 석부들과 유사하여 신석기시대의 토기들도 발견될 가능성이 있을 것이라고 하고 있다. 또 安眠島에서는 지석묘와 관련된 유물들은 발견되지만 지석묘의 흔적이 하나도 없어 연구과제로 지적하였다.

金秉模 1983, 「西海岸地方의 先史文化調査-安眠島와 西南海島嶼 및 海岸地域을 中心으로-」, 『韓國考古學報』14·15, 韓國考古學研究會.

21) 百濟研究所의 實査 이전에 알려져 있는 것은 『全國遺蹟目錄』에 周浦面 동식롱월 연고개, 寬倉으로 되어 있어 분명히 알 수가 없었다.

사진 1. 寬倉里 支石墓群

사진 2. 寬倉里~新垈里 支石墓群

사진 3. 연지리 支石墓群

이 거대한 板狀塊石인 것이 많다. 경작지로 변화하면서 원위치를 잃은 것이 많고, 寬倉里·新垈里 지역보다 수적으로 훨씬 많이 남아 있다. 이들 두 지석묘군은 약 2~3km에 걸쳐 뻗어 있으며 두 지역 사이의 거리는 약 5km 정도이다.

지석묘의 축조 시기는 대략 青銅器時代에 해당하며 B.C.7C경부터 B.C.2C경까지에 해당한다는 說이 있는가 하면22) 전남지방에 있어서는 하한이 서력기원 전후기까지라는 說이 있다.23) 신

---

22) 金載元·尹武炳 1967,『韓國支石墓研究』, 18~19쪽.

23) 崔夢龍 1978,「全南地方所在支石墓의 形式과 分類」,『歷史學報』78, 45~46쪽.

촌현 지역에 있는 이 두 지석묘군은 당시의 사회가 Chiefdom단계에 이르렀다고 볼 수 있으며, 이때 봉당천을 중심으로 한 지역에 취락이 형성되고 있었다고 하겠다.[24) 도서와 해안지역에서는 해산물의 채집 작업이 성행하였다는 것을 패총의 존재로서 알 수 있고, 바다와 떨어진 지역의 충적대지에서는 농경이 영위되었을 것임을 추측할 수 있다.

신촌현 지역에서 봉당천 유역이 이 같이 지석묘가 보고되는 반면에 靑蘿面과 大川邑을 관류하는 大川川의 유역에서는 아직 支石墓의 존재가 알려지지는 않고 있다.

2) 百濟古墳과 土器

옛 신촌현 지역이라 생각되는 범위내에서는 백제고분과 토기가 발견된 곳은 지석묘 보다 더욱 확대된 지역에 걸쳐 있다. 이제까지 조사된 고분과 토기에 대해 약술하면 다음과 같다.

(가) 葛峴里古墳群

葛峴里는 현재 鰲川面에 소속된 행정 구역명이다. 고분군은 葛峴里와 鳳堂里(周浦面)에 걸쳐 있는데, 周浦面과 鰲川面의 경

---

24) 尹容鎭의 下記論文에서 大邱地方에 있어서 지석묘는 대구분지의 거의 중앙을 貫流하는 新川 左右岸에 墓群을 이루어 산재한다고 하고, 이 일대가 취락조성 후 토착인들의 생활무대로 이용되었다고 보았다. 그리하여 대구의 최초의 취락조성은 南方式支石墓가 조영되던 기원전 7세기를 전후한 멀지않은 시기로 보았다. 또 지석묘사회의 종말은 기원전 2세기경을 전후해서였고, 鐵器文化의 영향을 받는 새로운 사회체제로 변했다고 보았다.
尹容鎭 1974, 「大邱의 初期國家形成過程」, 『東洋文化研究』1, 慶北大 ; 同 1976, 『韓國史論文選集』Ⅱ, 歷史學會, 32~35쪽과 39쪽.

계를 이루는 해발 200m 내외의 산맥에서 동남향한 사면이고 앞에는 鳳堂川이 흐르는 지형이어서 흔히 백제고분이 위치하는 입지적 조건을 갖추었다.25) 이곳 산

사진 4. 葛峴里 小形墳 도굴된 모습

사면에는 북쪽의 馬江里에서 남쪽 舟橋里의 약 4km에 걸쳐 봉토가 분명한 고분이 많이 있다. 봉토가 완전한 것들은 높이 4m, 직경 12m 정도에서부터 더욱 작은 것들이 매우 조밀하게 분포되어 있고 봉토가 유실된 것들은 산록 경사면에 있는 것들이 대부분이다. 이들은 거의 도굴된 것들이며 전기한 鳳堂川 西岸 지역의 지석묘들과도 밀접한 관계가 있다. 지석묘가 산록의 아랫부분과 구릉성의 대지에 있고, 이들과 섞여서 묘실이 지하식의 석실묘가 존재하다가 좀더 사면을 오르면 묘실이 지상에 있는 봉토가 남은 고분들이 떼지어 있고, 더욱 사면을 오를수록 小形墳化되는 경향을 띠고 있다(사진 4). 대략 이곳의 고분군은 3~4개 유형으로 구분된다.

첫 번째 유형은 石箱墳의 계통에 속하는 것이다. 사면을 판석으로 구성하여 규모가 작고 石劍이나 石鏃이 출토되었다고 전하는 파괴분들이다. 이것들이 지석묘가 있는 구릉성의 대지와 비슷한 위치에 있었으며 실제로 구조가 정확히 파악되어 보고된 예는 없다.26)

---

25) 姜仁求 1977, 『百濟古墳研究』, 一志社, 20쪽.

두번째 유형은 봉토는 없으나 묘실이 지표의 아래로 묻혀 있는 石室墳이다. 개석은 커다란 板狀石 2~3매로 덮었으며 석실은 장방형 평면인데 벽은 판상석과 할석으로 축조하여 만든 것이다. 이러한 것들은 후술할 保寧里 古墳群의 1·2·3·11호분과 비슷한 유형에 속하는 것들이다.27)

세 번째 유형은 봉토가 남아 있는 석실분이다. 봉토는 半球形이고 도굴된 상태에서 관찰한 결과 개석은 3~4매의 판상석으로 덮이고 묘실벽은 동서벽을 할석으로 축조하고 북벽은 판상석으로 되어있었다. 남벽과 墓道·羨道는 확인할 수 있는데, 이들은 산의 사면 가운데 비교적 경사가 완만한 곳에 아주 조밀하게 분포되어 있다.28)

마지막으로 네번째의 유형은 소형의 석실분인데 동서벽을 할석으로 3~4단 쌓아 만들고 북벽은 할석 혹은 판상석이며 남벽에는 좌우에 할석을 세워서 문처럼 만들고 있는 것들이다. 天井蓋石은 3~4개의 판상석을 얹었던 것들로서 보령리 고분군의 4·8·9·10·12호분과 비슷한 형식임을 알 수 있다.

이처럼 葛峴里 古墳群은 갖가지 유형의 것들이 있을 뿐만 아

---

26) 鳳堂川의 주변에서 석기류가 많이 발견되었다는 주민들의 이야기와 함께 파괴 고분들의 형태에 대해 주민들의 이야기를 종합하면 대략 變形支石墓의 하부 구조와는 별개의 소위 石棺墓 계통의 것으로 판단된다.

27) 破壞古墳의 상태로 보아 羨道나 墓道가 있는지는 발굴을 거쳐야 알 수 있다.

28) 『朝鮮寶物古蹟調査資料』의 113쪽에서는 "山麓에 散在한 直徑 5間 내지 7間의 것 凡百箇로 대부분 完全함"이라 하였는데, 이들은 바로 현존의 봉토분을 지적한 것이라 생각된다. 갈고래로 오르는 산록의 도로 양편에 있었으나 남쪽의 것은 遺存되고 北便 것들의 수십기가 開墾耕作으로 파괴되고 있다.

니라 인접하여 지석묘군이 있어서 이 지역의 문화상을 파악하는
데 있어 핵심적인 중요 유적에 해당하지만 아직 발굴조사를 거
치지 못하고 파괴되어 가고 있다.

(나) 保寧里古墳群

현 保寧郡 周浦面 保寧里 山 2番地에서 1983년 3월에 석실분
의 파괴된 유구가 있음이 확인되었고, 1984년 7~8월에 12기의
파괴분을 발굴 조사하였다. 이곳 고분군은 鎭堂山의 남록이 현저
하게 낮아진 곳이며, 동쪽으로 '질고개'(垤峴, 地乙縣)를 넘어 청
라면으로 넘어가는 위치이다. 꽤 넓은 지역에 분포한 고분군은
거의 봉토가 유실되었으나 약간씩 남아 있는 상태였고, 모두 약
100기의 크고 작은 무덤이 있었던 것으로 추정되었다. 이곳의 발
굴을 통하여 밝혀진 사항을 보면 다음과 같다.

발굴된 고분들 가운데 1·2·3·5·6·11호의 6기는 규모가
큰 것으로서 묘실의 위치가 지하에 있다. 즉, 생토층인 석비례층
을 깊게 파낸 묘실 바닥은 생토층이며 4벽을 상부에서 조금 內
傾시켜 3~4매의 판상할석으로 개석을 한 것들이었다. 묘실은
正南方에서 조금씩 偏西向하였고 枕向은 약간의 인골이 나온 상
태로 보아 모두 北枕으로 추정되었다. 벽면은 동·서벽 모두가
할석으로 쌓았고 북벽은 3·4·5호분의 경우 할석인데 나머지 9
기는 모두 판상석 1매이거나 판상석에 할석을 보조적으로 사용
한 것이다. 벽은 모두 위로 오르면서 내경시켰고, 남벽은 예외없
이 모두가 문의 시설처럼 좌우에서 기둥같이 돌을 세우고 문짝
에 해당하는 막음부분은 판상석이나 판상석 수매를 포개어 바깥
에서 마감하였다. 천정부는 유실된 4·6·7호분에서도 판상석이

사용된 것으로 추정되고 3~4매의 큰 판상석으로 덮고 틈을 작
은 쐐기돌로 메운 다음 점토로 굳게 발랐다. 墓室外는 남벽 바깥
으로 八字形의 墓道石築을 쌓은 것이 기본적인 것이며, 이러한
묘도 석축은 4·7·8·9·10·12호분에 있어서도 흔적이 있는
퇴화된 모습을 남기고 있다. 排水口가 시설된 것이 기본적인 형
식인데 5호와 11호분은 묘실내 중앙에 북에서 남으로 홈을 파고
주먹 크기의 자갈로 메워 배수구를 형성하고 묘실 바깥으로 길
게 뻗어 있으며 나머지에서도 배수구가 퇴화된 양식의 흔적이
나타나 있다.

이곳에서는 土器甁(橫線陰刻線帶·繩蓆文)과 蓋杯가 몇점 출
토되었을 뿐인데 이들 遺物相은 이웃한 唐山城 지역에서 채집된
토기편 중에도 보이는 종류들이어서 이웃한 鎭堂山上의 城址와
유관한 것으로 추정되었다. 묘제로 보아 대략 5호분이 형식상 가
장 앞서는 것으로 5세기 후반 내지 6세기 전반쯤으로 보았고 나
머지 소형분들은 6세기 후반 내지 7세기 전반경까지 만들어진
것으로 추정하였다.[29]

(다) 長峴里古墳

保寧郡 靑蘿面 長峴里 810番地에 위치하고 있다. 烏棲山에서
남쪽으로 이어지는 낮은 지맥의 남단 나즈막한 구릉 기슭에서
1978년 5월에 유구가 드러나 당시 扶餘博物館의 池健吉 館長이
조사하였다. 나즈막한 구릉의 기슭에 석실의 바닥이 부근의 대지
나 경작지와 거의 같은 높이를 보이고 있는 점에서 중기 이후의

---

29) 成周鐸·車勇杰 1984, 『保寧 保寧里百濟古墳發掘調査報告書』, 忠南
大百濟硏究所·財團法人 百濟文化開發硏究院.

백제고분들이 대부분 구릉상이나 산중복 혹은 능선상에 위치한 것과는 달리 특이하다고 한다. 아마 석실 바닥이 부근 지면과 같다면 묘실의 지상식을 말한 듯하다. 橫穴式으로 생각되는 이 파괴고분의 경우 벽면이 할석으로 축조된 서벽은 반듯하게 떼어낸 方形에 가까운 靑石을 안쪽으로 약 10° 가량 경사지게 쌓아 올렸고 북벽은 맨 아래에 긴 장방형의 돌을 놓고 그 위로는 짧은 방형의 할석을 수직으로 쌓은 것이라 한다. 석실의 크기는 바닥에서 길이 320cm, 폭 130cm이고, 바닥에서 벽의 상단까지 높이는 120cm이며 15° 쯤 偏西向한 남북장축의 장방형 석실고분이다. 이 파괴고분에서는 無頸壺, 土器瓶, 三足土器 뚜껑, 鐵製 環頭大刀, 棺고리, 環頭釘, 圓頭釘, 金銅製細環飾 등이 출토되었다고 하며, 확실한 편년에 대해서는 언급하지 않고 있다.30)

(라) 大川邑 竹亭里 出土 土器

출토상황에 대한 언급은 없으나 灰黑色 硬質土器로 線帶가 있으며 繩蓆文이 시문되었다. 바닥은 平底이며 器身은 廣肩形인데 높이 17.2cm, 口徑 7.7cm, 底經 7.4cm이다.31)

(마) 大川邑 大川里 出土 土器

회흑색의 경질토기로 승석문이 시문되고 圓底의 球形 器身이라 하며 높이 25.0cm, 구경 14.0cm라 한다.32)

---

30) 池健吉 1978, 「保寧長峴里百濟古墳과 出土遺物」, 『百濟文化』11, 公州師大 百濟文化研究所.
31) 安承周 1979, 「百濟土器의 研究」, 『百濟文化』12, 公州師大百濟文化研究所, 24쪽.
32) 同上, 29쪽.

이상의 고분과 토기가 구체적으로 밝혀 주는 것은 거의 없으나 다음과 같은 몇가지 사항에 대해 주목하고자 한다. 즉, 첫째로 옛 신촌현 지역에서는 이제까지 백제의 고분군으로서 葛峴里, 保寧里가 가장 큰 규모의 것이다. 烏棲山－鎭堂山－버티재－鳳凰山으로 이어지는 산맥의 서쪽으로 흐르는 鳳堂川 지역을 벗어나서는 靑蘿·大川 지역의 이른바 大川川 유역에서 고분 1기와 토기 2점이 보고되어 있어 앞으로 이곳에서도 고분군이 나타날 가능성이 많다고 하겠다. 둘째로는 이제까지 밝혀진 바로서는 봉당천 유역이 고분의 가장 중심적인 분포 지역이 된다는 점이다. 이는 지석묘의 경우와 동일한 양상으로서 이미 지석묘 조영시기부터 이 지역에 있어서 대천천 지역과 봉당천 유역 사이에 문화밀도의 차가 있었지 않았던가 생각해 볼 문제이다.

3) 古城址 遺蹟

보령군의 옛 保寧縣 管內 지역에는 다음과 같은 古城址가 알려져 있다.

① 靑蘿面 香泉里 甑城
② 靑所面 聖淵里 烏棲山城
③ 靑蘿面·周浦面界 唐山城
④ 周浦面 鳳堂里 古南山城(鳳堂城)
⑤ 鰲川面 葛峴里·周浦面 鳳堂里 我峴山城
⑥ 鰲川面 蘇城里 水營城
⑦ 周浦面 保寧里 保寧邑城

위의 7개소의 성지 가운데서 ⑥의 水營城은 『新增東國輿地勝覽』에서 조선 中宗 5년에 石城을 쌓기 시작했고 둘레 3,174尺, 높이 11尺이며 성 안에 우물 4개와 하나의 연못이 있다고 하였다.[33] 이로써 水營城은 일단 조선시대에 水營을 두면서 연고가 생기고 三浦倭亂에 자극을 받아 축성을 했음을 알 수 있으므로 일단 삼국시기까지 거슬러 오르는 성으로는 볼 수 없게 된다.

다음 ⑦의 保寧邑城은 조선 世宗代에 "邑城이 石城으로 둘레 173步이고 井泉이 없다[34]"고 하였던 그것이 아니고, 세종 11년 2월에 마련된 "各官城子造築條件[35]"에 의하여 축성의 기본 방향이 이룩된 다음 해에 도 순찰사 최윤덕이

忠淸道의 庇仁과 保寧의 두 縣은 곧바로 海寇가 처음 다다르는 곳인데, 庇仁의 邑城은 平地에 있고, 保寧의 邑城은 高丘에 있어 성터로서 합당치 않고, 또 雜石으로 흙을 섞어서 쌓았으므로 낮고 좁은데다가 井泉 또한 없어 오래도록 안정된 터가 아니다. 庇仁縣의 竹寺洞의 새 성터와 保寧縣의 古邑 池內里의 새 성터는 곧 三面이 險함에 의지하고 성 안이 또한 넓게 트였으며 水泉이 또한 넉넉하니 마땅히 邑城을 두고……[36]

---

33) 『新增東國輿地勝覽』卷二十 保寧縣 關防.

34) 『世宗實錄』卷 149 地理志 忠淸道 保寧縣 邑石城周回一百七十三步無井泉.

35) 車勇杰 1977, 「世宗朝三下道沿海邑城築造에 대하여」, 『史學研究』27, 韓國史學會, 3~4쪽.

36) 『世宗實錄』卷49 12年 9月 庚申 "…忠淸道庇仁保寧兩縣 最是海寇初程 而庇仁邑城則平地 保寧邑城則高丘 皆不合城基 又以雜石交土造築 低微狹窄 且無井泉 非久安之地 庇仁縣竹寺洞新基 及保寧縣古邑池內里新基 則三面據險 內且寬闊 水泉亦足 宜置邑城"

라고 함에서 알 수 있는 바와 같이 세종 12년부터 시작하여 쌓은 것이다. 여기에서 보령읍성이 새로이 쌓여진 곳이 상기 인용문 가운데 "保寧縣古邑池內里新基"라고 함에서 혹시나 새 邑城터가 옛 읍터가 아닌가 의심되므로 현 보령읍성에 대해서는 자세한 조사를 필요로 하게 된다.

다음 ③④⑤의 唐山城·古南山城·我峴山城은 옛 地理志에 古城址로서 기록되어 있으므로 역시 자세한 조사를 要하는 대상이 되겠다. ①과 ②의 甑城·烏棲山城은 縣의 남동·북동쪽에 치우쳐 있다. 香泉里의 甑城이라 함은 현 청라면 향천리의 '시루성이'마을로 靑川저수지 남쪽에 있는 해발 100m의 구릉상에 있는 토축성지로 둘레 약 300m의 테메식 산성이다. 이곳은 대천읍과 청라면의 경계에 근접한 곳으로 대천천의 중간쯤에 위치하여 保寧縣 내지 新村縣 동남부의 중심 취락이 형성되었을 법한 곳으로 중요시되며, 규모나 형식으로 보아 삼국시기 이전에 속하는 중요한 城址인 것이다. ②의 烏棲山城은 해발 790.7m의 高峰이 洪城郡·保寧郡·靑陽郡의 三郡의 경계를 이루고 있는 점에서 일단 고찰의 대상에서 제외코자 한다. 따라서 여기서는 청라면의 '시루성이', 周浦面의 唐山城·我峴山城·古南山城·保寧邑城에 대한 조사 내용을 밝히고 이들 성터들의 성격을 규명해 보고자 한다.

(가) 唐山城

보령군 주포면 보령리와 청라면 장산리 사이의 경계를 이루는 해발 351.1m의 鎭堂山 위에 있는 석축산성이다. 더 정확히 말하면 보령리의 '신성동' 동북방향이고 청라면 장산리의 '시궁골'의 서쪽이다. 지금 鎭堂山이라고 부르는 것은 현행 1/25,000과 1/50,000 지도에 표기된 것을 따른 것인데, 옛 保寧縣의 鎭山이 곧 堂山이라는 『新增東國輿地勝覽』의 기록이 있다.37) 조선 초기에는 현 보령리와 청라면과의 경계를 이루는 산맥의 동서로 통하는 교통로로서 지금의 '질고개'와 관련되어 있었던 듯하다. 즉, 『世宗實錄』地理志에는 保寧縣에 다음과 같이 3개소의 城址가 기록되어 있다.38)

> 石城 周回二千 一百九尺
> 地乙縣山石城 在縣東五里周回三 百二十步 頹落無井泉
> 邑石城 周回一白七十 三步無井泉

위에서 말하는 石城은 지금은 어떤 것인지 분명치 않다. 그러나 『新增東國輿地勝覽』에서는39)

> 邑城 石築周二千一百九尺 高十二尺內有三井

이라고 한 것을 보아 위의 石城은 새로 쌓고 있던 邑城을 지칭한 듯하다. 『世宗實錄』地理志에서의 邑石城은 『新增東國輿地勝覽』의40)

> 鳳堂城 在今治 西二里

---

37) 註 32)의 山川條.
38) 註 33) 참조.
39) 註 32)의 城郭條.
40) 註 32) 古跡條.

라고 한 것이 아닌가 생각된다. 이에 대해『大東地志』에서는[41]

　　　鳳堂古城　西二里本朝定宗　二年築城址淺狹

이라 하였고, 지금은 古南里(골내미)에 있어서인지 古南山城이라
부르는 것을 지칭한 듯하다.
　위의 '地乙縣山石城'이 지금의 鎭堂山城에 해당되는 것임은 그
위치가 縣의 동쪽 5리에 있다는 점에서도 알 수 있다. 이 '地乙
縣山石城'은 그 규모가 320步의 둘레를 가진 것으로 보이는 바
『新增東國輿地勝覽』에서는[42]

　　　唐山　在縣東北　四里鎭山

　　　地乙峴　在縣東　五里

라 보이며 또,

　　　唐山城　石築周一千八百　十尺內有一井今廢

라고 하였다.[43] 地乙縣은『輿地圖書』에서는[44]

　　　垤縣　自鎭堂山來　爲揷峴主脉

---

41)『大東地志』忠淸道　保寧縣　古跡.
42) 註 32)와　同.
43) 註 40)과　同.
44)『輿地圖書』上　忠淸道　保寧縣　山川.

라고 하여 地乙縣→埌縣으로의 표기 변화가 보이고 있다. 이는 지금의 '질고개'에 대한 한자 표기과정에서 약간 다른 글자로 나타난 결과로 보인다. 조선 英祖代에 이루어진 『輿地圖書』에서 唐山을 鎭堂山이라고 표현함을 볼 수 있음에서 조선시대 후기에는 唐山이 혹은 鎭堂山으로도 불리웠음을 알 수 있다. 이처럼 산명이 달라진 것은 본디 '당산'이란 우리말을 '唐山', '堂山' 등으로 표기하다가 여기에 縣의 鎭山이란 개념이 첨가되어 '진당산'이란 이름으로 불리워진 탓이라 볼 수 있겠다. 『大東地志』의

　　　唐山古城　周一千八百　十尺井一

이라는 것과, 『輿地圖書』의

　　　唐山城　在縣東西里石築周一　千八百十尺內有一井今發

라고 함을 보아 '당산'과 '진당산'은 한동안 공존하는 산 이름이 되어 이곳의 성지만은 '당산'의 산명에 의해 표현되었던 것을 알 수 있다. '당산'이란 명칭이 있어온 것은 『新增東國輿地勝覽』에서 初見되고 『世宗實錄』地理志에서는 山名을 고개 이름에 의해 '地乙峴山'이라고 표현하고 있다. 唐山 혹은 堂山이라 표현된 지금의 鎭堂山에는 '당집'이라는 일종의 神堂이 있어서 1960년대까지도 비록 초라하기는 하지만 '당제(堂祭)'를 지내었다고 한다.45) 이러한 제사 행위는 애초 地乙峴山이란 山名을 唐山·堂山으로

---

45) 이 山神堂의 祭는 폐지되고 당집이 最近까지 있었으나 現在는 터만 남아 있다.

변화케 한 하나의 원인이 되었을 법하다. 고을의 鎭山에 山神이나 기타의 神을 모시고 제사하였고, 이것이 世宗~成宗代에 地理志에 기재되면서 '唐山'이란 표기로 나타나게 된 것인지, 아니면 오랜 옛날부터 당제를 올리던 집(堂)이 있었기 때문에 붙여진 이름인지 지금 갑자기 판단할 수가 없다. 어쨌든 현재의 鎭堂山에 있는 산성이 곧 '地乙峴山石城'・'唐山城'이라 표기된 바로 그것임은 분명하다고 생각된다. 이 산성에 대한 조사의 짧은 기록이 『朝鮮寶物古蹟調査資料』에 있다.

(番號)14 (種別)城址 (場所)靑蘿面 (所有)國有林・唐山城 (摘要) 山頂에 있는 周圍凡三百間의 石壘인데 壁은 反廢頹되었다. (備考) 乙種要存豫定林野

이와 같은 설명은 이 산성이 山頂에 있는 테메식이라는 점과 둘레가 약 300間(1間을 180cm로 계산하면 540m)인데 석축의 성벽은 절반이 무너졌다는 것 뿐이다. 따라서 이 산성에 대해 보다 세밀한 조사가 필요하여, 1984년도에 평판 측량을 겸해 약간의 유물을 지표 채집하고 현상을 조사하였다.

① 地 形

洪城・保寧・靑陽의 三個郡이 接界한 烏棲山(해발 790.7m)이 서남쪽으로 뻗어 현 대천읍에 이르도록 산줄기를 형성하였는데 이 가운데 쯤에 가장 높은 산이 鎭堂山이다. 해발 351.0m로 마치 중절모자처럼 일단 높아진 산허리에서 산정까지는 가파른 경사를 이룬다. 특히 서쪽과 남쪽은 약 150m 정도가 가파른 절벽을 이루고 그 아래로는 구릉성의 산지를 이룬다. 동쪽으로는 비탈지 기는 했으나 급경사는 아니다. 산의 가장 높은 서쪽을 경계로 하 여 주포면과 청라면이 갈라지므로 엄밀히 말하자면 동쪽이 트인 城을 쌓아 청라면에 속한다고 할 수 있다.『文化遺蹟總攬』에서 唐山城(0610-01-033)을 청라면에 있다고 한 것이 바로 이런 지 형 때문이다.

　城址는 대부분의 성벽이 붕괴되어 정연한 석축의 體城을 찾기 힘들다. 산의 지형이 서고동저로서 서쪽 정상부에는 약 300평 (1,000㎡)정도의 평탄대지가 있다. 이 대지의 사방은 매우 가파른 경사를 이루고 있으며 동쪽으로는 경사가 약간 둔화되어 이 등 성이를 따라 성벽이 통과하고 있다(그림 3).

② 體　城

體城의 현존 둘레는 약 890m이고 성 벽은 전부 석축되어 있 다. 그림에서 보는 바와 같이 전체적으로 평면 모양은 동서로 길

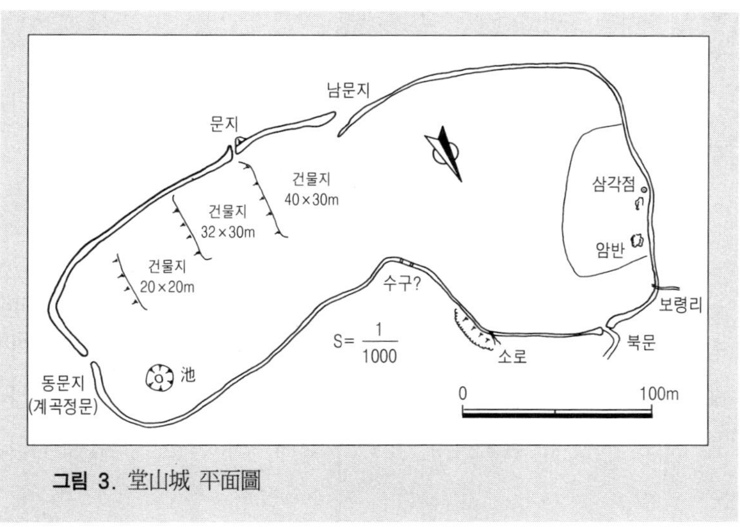

그림 3. 堂山城 平面圖

고 남북으로는 좁아서 동서 길이 320m, 남북 폭 80m 정도의 부정형태의 원형을 이룬다. 체성은 거의 붕괴되어 석축 방법을 알기 어려우나 군데군데 남아있는 석축의 흔적으로 볼 때 자연할석으로 외면을 맞추어 쌓았고 안쪽으로는 잡석들을 넣고 성내의 흙을 삭토하여 넣고 다진 內托의 방법에 의존하였던 것을 알 수 있다. 이러한 내탁 방법은 경사가 급한 서벽과 북벽의 대부분에 사용되었고, 남벽의 서쪽 부분도 또한 내탁되었다. 남벽 중간부쯤에서 동벽 중간쯤까지는 성벽이 무너졌음에도 불구하고 벽의 하단에서 위로 중간 부분까지 석재가 남아 있어 城內 지면보다 상당히 높은 정도까지 內外夾築을 하였던 것임을 알 수 있다. 즉 성벽 가운데 비교적 경사가 완만한 곳인 基壇部는 비록 內托하였을지라도 그 위에서는 內外夾築을 하여 외부에서 보아 매우 높은 성벽을 이루게 하고 성안에서도 성벽에 올라가서야 외부를 관찰할 수 있도록 쌓아 올렸던 것을 알 수 있다.

서북쪽의 한 부분은 체성에서 바깥으로 8~12m 지점에 길이 40m 정도의 補築을 하여 급경사와 성벽의 급한 커브를 보완한 흔적이 남아 있어 주목된다.

성벽 안쪽으로는 城內를 一周하는 폭 10m 내외의 통행로가 부설되어 있다(사진 5).

③ 門 址

門址는 南門址·東門址·北門址와 南門址에서 동으로 약 50m 쯤 내려가서 또 하나의 小門址가 있다. 또 북문지의 동쪽 약 60m 지점과 북문지의 서쪽 약 50m 지점은 현재 성 내외로 통하는 소로가 있다. 남문지의 경우는 성내에서 보면 좌측(동쪽)의

사진 5. 鎭堂山의 唐山城 西壁　　　　사진 6. 鎭堂山의 唐山城 南門址

성벽이 성내로 약간 휘어지며 오므라들고 우측(서쪽)의 성벽은 바깥쪽으로 벌어져서 성내외로 통행하는 길은 S字形으로 되어 있다. 성내외의 지면 높이 차이는 크지 않고 開口部의 현재 폭은 약 6m 이다. 문지의 형적은 완연하지만 개구부 좌우의 석축이 무너지고, 그 위에 부식토가 쌓여서 정확한 규모와 양상은 알기 어렵다. 그러나 이른바 '어긋문'의 형식이 아니었나 한다. 이 南門은 산의 남쪽 능선으로 이어져 '질고개'(地乙峴·垤峴)로 통하는 중요한 통로였다고 생각된다(사진 6).

남문지에서 동쪽으로 약 50m쯤 내려가면 建物址로 추정되는 석축의 낮은 臺地가 있으며 그 크기는 길이 40m 폭 30m이다. 이곳에 남향으로 통행하는 길이 있는데 폭이 약 3.5m이다. 이곳은 좌우의 성벽이 무너지기는 하였으나 성벽의 바깥쪽으로 덧쌓은 석축의 흔적이 있어서 문지였음이 확실하다.

동문지는 성의 가장 낮은 위치에 해당하는 곳에 있다. 이곳 문지 좌우의 성벽은 다른 곳에 비해 상태가 좋지 않으나, 폭 약 6m의 문지에서 좌우로 약 30m쯤 되는 지점에서 성벽이 바깥쪽으로 휘어 마치 曲城처럼 문을 좌우에서 보호할 수 있도록 되어 있다. 문의 안쪽은 평탄한 臺地가 약간 있을 뿐이고 문의 바깥쪽

은 계곡을 이루면서 낮아지고 있어 문과 함께 水口와 같은 시설
이 필요하였을 것이다. 성내의 雨水가 대부분 이곳 동문지 쪽으
로 모여드는 지세이므로 수구가 있었을 것이나 형적을 찾지는
못하였다.

북문지는 산의 정상에서 북쪽으로 내려가는 비탈진 곳에 있
다. 개구부의 좌우성벽이 다른 곳보다 폭이 두텁기 때문에 문 좌
우의 체성을 의도적으로 높고 두텁게 축조하였던 것으로 여겨지
며, 현재도 통행로로서 이용되고 있다.

④ 井 址

성의 동북쪽으로 북벽의 동단쯤에 직경 15m, 깊이 3m의 웅덩
이가 있다. 움푹하게 圓形으로 된 이곳은 얼음이 얼어 있는 것으
로 보아 물이 있는 것을 알 수 있다.『世宗實錄』地理志에서는 地
乙峴山石城에 井泉이 없다고 하였으나,『新增東國輿地勝覽』과
그 이후의 地理志에는 井이 하나 있다고 한 것으로 보아 井址라
고 생각된다. 지금은 둥그렇게 둑처럼 되고 중심부가 움푹 들어
가 물이 고여있는 바, 부식토가 쌓인 상태여서 井址의 별다른 유
구는 확인할 수 없었다.

⑤ 建物址

성내에는 5~6개소의 平坦臺地가 있으며 산 정상부의 대지가
전망이 가장 좋은 곳이다. 이곳에서는 바로 서쪽 아래로 保寧邑
城이 내려다 보이고, 我峴山城·古南山城을 서로 바라볼 수 있
게 된다. 멀리 서해바다가 보이는 경치 좋은 곳인데 동북으로는
烏棲山과 相望한다. 동으로는 청라면 쪽으로 중첩된 산릉으로 막

한 경관이 확인된다. 또 남쪽으로는 바로 산 밑에 보령리 고분군
이 보인다.

남문지의 안쪽에 평탄한 대지가 있고 여기서 동쪽으로 약
50m쯤 내려가서 남북 40m·동서 30m 크기의 또 하나의 평평한
대지가 있다. 이곳은 문지의 바로 안쪽으로 동향한 낮은 석축기
단을 만들고 있으며, 북서쪽은 산이 가로막은 위치이다.

여기서 동쪽으로 약 40m 쯤에도 32×30m 크기의 건물지가
있고, 다시 동쪽으로 40m 쯤 내려가 20×20m 크기의 또 하나의
건물지가 있다. 뚜렷하게 築臺를 가진 건물들은 이처럼 여러 곳
이지만 대부분이 북서쪽의 가로막힌 곳에 위치하여 있다. 북쪽
성벽 안쪽에도 약간의 평평한 대지가 있어 이곳도 건물지로 추
측된다.

⑥ 遺物相

성 내부에서 채집되는 유물은 토기편과 와편으로 한정된 지역
에서 산견되는 것은 아니다.

와편은 대부분은 무늬가 없는 것이고 약간의 斜格子文이 시문
된 와편이 있다. 이들 와편은 뚜렷한 편년을 제시하기는 곤란하
고 다만 胎土가 정선된 점을 보아서 연대가 그다지 하강되는 것
은 아니라고 생각된다. 사격자문의 와편은 비교적 얇고 정선된
태토이기 때문에 삼국시대까지 연대를 소급시킬 수 있을 듯 하
다.

建物址로 추정되는 臺地와 그 부근에서는 주로 魚骨文처럼 무
늬가 찍힌 平瓦片들이 채집된다. 또 이들과 함께 두텁고 투박스
런 조선시대의 靑海波狀 무늬가 찍힌 와편도 보이고 있어 조선

시대에도 산성이 사용되었지 않았나 생각된다. 또 이들 와편의 상당수는 붉게 탄 것이 있어 건물은 화재로 말미암아 소실되었다고 생각된다.

이들 와편 가운데는 銘文이 찍혀 있는 것이 있다. 특히 '新'자가 찍힌 銘文을 발견할 수 있었다. '新'자의 하부에도 계속하여 명문이 있었을 것으로 판단되는데, 그 하부의 파편을 찾지는 못하였다. 이 산성이 옛 新村縣 지역의 거의 중앙부에 있는 것이고 보면 혹이나 신촌현과 관계된 명문와의 편린이 아니었을까 추측된다.

토기편은 주로 繩蓆文과 波狀文의 음각선을 두른 것이 많고 新羅土器系의 無文硬質灰色土器片이 있다. 승석문과 파상음선문의 경우는 산성의 남쪽 바로 아래의 보령리 고분군에서 출토된 토기와 비교하면 색조·소성도·태토 등의 측면에서 거의 동일한 것임을 알 수 있다. 신라토기계의 파편이 있어서 이들을 종합하면 삼국시대부터 통일신라에 걸친 시기의 유물들이라고 할 수 있다. 이 중 시대가 앞서고 또 토기편으로서 가장 많이 발견되는 것들이 보령리 고분군의 토기와 동질의 것이어서, 이 산성과 고분군이 매우 밀접한 관계가 있음을 추측할 수 있다.

(나) 保寧邑城

보령군 주포면 보령리에 있는 保寧邑城은 그 남문이 '保寧官衙門'이란 명칭으로 충청도 지방유형문화재 제40호로 지정 보호되고 있다.46) 이 성에 대한 문헌자료는 조선시대의 축성임을 알려 주고 있다. 『世宗實錄』地理志에서는

---

46) 忠淸南道 1985, 『文化財大觀』, 300쪽.

　　　石城 周回二千 一百九尺

이라고 하였던 것이 『新增東國輿地勝覽』에서는

　　　邑城 石築周二千一百九尺高十二尺 內有三井

이라 하였다. 성의 둘레는 2,109尺이고 성벽의 높이가 12尺이며
성 안에 우물이 3개 있다고 하였다. 『輿地圖書』에서는

　　　周圍以丈計之 則五百三十丈 以尺計之 則二千一百九尺, 以步計
　　　之 則一千五十七步, 高以丈計之 則三丈, 以尺計之 則十二尺, 以步
　　　計之 則六步, 城內有二井一池 而一井周圍十尺・深三丈, 一井周圍
　　　七尺・深二尺, 池周圍六十尺・深二尺[47]

이라 하여 보다 구체적인 설명을 하고 있다. 邑城의 본래 규모는
『文宗實錄』에서 '둘레 2,109尺・높이 12尺・女墻높이 2尺・敵臺
8處・門 3處・擁城 2個, 女墻 412垜, 井 3所・垓子둘레 2,190尺'
으로 나타나고 있다.[48] 이에 따르면 읍성은 둘레 2,109尺・높이
12尺・여장높이 2尺・적대 8・문 3・옹성 2・여장수 412・우물
3・성 밖의 해자 2,190尺이라는 것이다. 지금의 읍성은 여장・적
대・해자는 전혀 찾아볼 수 없고, 또 남벽・동벽・서벽의 일부
혹은 대부분이 없어진 상태에 문터도 남문인 '鎭西樓'와 북문지
및 북문 옹성의 일부 흔적이 남아 있는 정도이다.
　　읍성의 축조 경위는 鄭帶의 『東軒記』에

---

47) 『輿地圖書』上 忠淸道 保寧縣 城郭.
48) 車勇杰, 註 34)의 前揭文, 14～15쪽.

　保寧自庚寅歲　海寇爲患　我太祖庚辰　築城于鳳堂　爲備禦之所　然城池淺狹　無險阻之固　泉井之利　世宗庚戌秋　巡察使崔潤德與監司朴安信・元戎李興發　更審城東一里許池內洞唐山之陽　使瑞山郡事朴訥生・縣守朴孝誠　量功命日　不數月而告成　余於辛亥冬　代朴守而來　明年始構客館及東西廡・濟民堂・公廨縣司・馭風亭・兵器庫・囹圄　總百有四十餘間……49)

이라는 데에서 알 수 있다. 이에 의하면 高麗末 왜구 때문에 그 침입을 받을 두려움이 있어 太祖 庚辰年에 鳳堂에 성을 쌓아 방어의 장소로 삼았다는 것이다. 여기서 太祖 庚辰은 잘못된 것으로 태조때는 庚辰의 干支가 쓰인 연대가 없고 庚辰年은 定宗 二年이며 太宗 卽位年인 서기 1400년이다. 즉, 1400년에 鳳堂城을 쌓았으나 성이 좁고 池가 얕으며 산세의 험준함과 우물이 있는 이로움이 없었으므로, 世宗 庚戌年(1430) 가을에 순찰사 崔潤德과 監司 朴安信, 兵使 李興發이 다시 성터를 살펴 鳳堂城의 동쪽 1리쯤에 있는 池內洞의 唐山 남쪽으로 터를 잡았고 서산군수 朴訥生과 보령현감 朴孝誠이 공역을 헤아려 役日을 명하여 몇 개월만에 성을 완성하였다는 것이다. 현감 朴孝誠의 뒤를 이은 鄭帶는 1431년 겨울에 부임하여 다음해인 1432년에 客館을 비롯한 성내의 건축을 이룩하였다는 것이다.

　따라서 현 보령읍성은 세종 12년(1430)에 축성된 것임을 알 수 있다. 읍성이 된 터전인 池內洞은 현 보령리 신성동이란 이름 이전의 이곳 지명인데 『世宗實錄』에서는 ‘古邑池內里’라고 하였다. 여기의 ‘古邑’이란 무엇인지 언뜻 말하기 어려우나 鳳堂城이 1400년 축조되어 邑治로 되기 이전에는 邑治가 현재의 읍성이

---

49) 車勇杰, 註 34)의 前揭文, 14～15쪽.

있는 부근 어느 곳에 있었던 때문에 붙여진 이름이 아닌가 한다. 따라서 현재의 읍성에 대해 조사함과 아울러 현재의 읍성에서 멀지 않은 곳에 '古邑'이 있었을 것을 상정하여 조사할 필요가 있을 것이라 생각된다. 또 성은 한곳에 후대의 修・改築이 되면서 사용되는 예도 있을 것이므로 우선 읍성에 대해서 실측을 겸한 지표 조사를 실시하였다.

① 地 形

읍성에는 현재 성지 안에 보령중학교와 주포초등학교가 자리잡고 있다. 鎭堂山의 서남쪽으로서 산이 현저히 낮아진 곳에서 서남으로 형성된 해발 약 60m의 구릉지인데, 이 구릉지의 남쪽은 평지이다. '질고개'에서 발원한 작은 냇물이 '향교말' 앞에서 西流하여 鳳凰川(鳳堂川)에 합류하게 된다. 城址는 이 낮은 구릉과 약간의 평지에 걸친 것으로 구릉 줄기가 곧 북벽을 이루고 있다. 구릉지의 남동으로 흘러내린 낮은 비탈을 동・서벽으로 하고 평지 부분과 구릉지와의 접촉부에 남벽이 있어서 산세를 많이 이용하였다. 멀리서 보면 낮은 독립 구릉처럼 되어 있어 동북서의 삼면이 험함에 의지했다는 『文宗實錄』의 표현과 일치된다.

② 體 城

성벽은 학교를 지으면서 동벽의 남쪽과 서벽의 남쪽이 흔적을 잃었다. 나머지 성벽도 상단부가 무너져 버리고 중간부 이하만 남았다. 전체 둘레는 비록 성벽이 없어진 부분도 있으나 대략 약 870m 정도 된다.

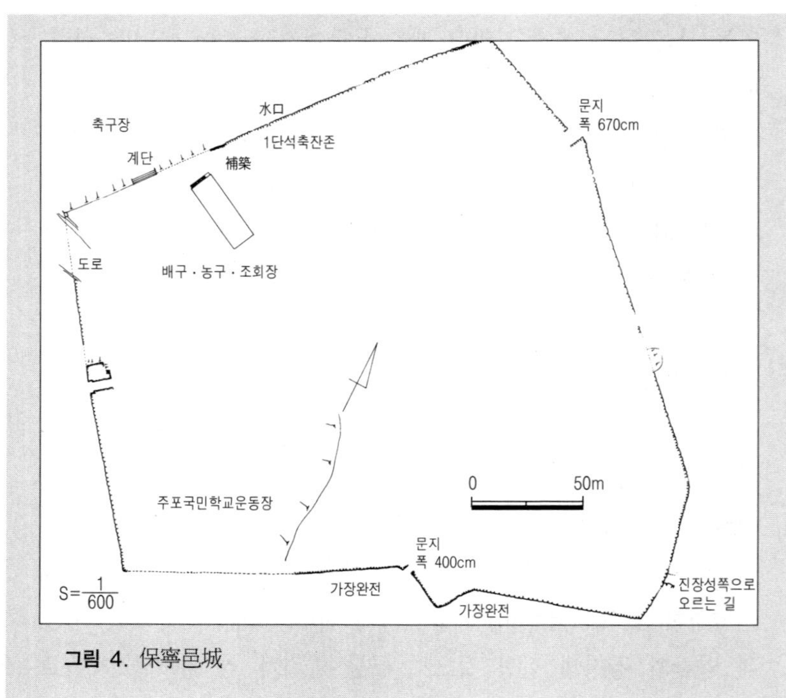

그림 4. 保寧邑城

　성벽은 남문의 좌우로 일직선상에 있는 남벽과 서벽이 직선을
이루었고, 북벽은 북문지가 있는 곳과 동북쪽 모서리 쪽에서 휘
어 '⌒'형이다. 동벽은 거의 중간쯤에서 '>'형으로 내밀게 쌓고
그 남쪽에 문지를 만들었다. 전체적으로 보면 북쪽이 넓고 남쪽
이 좁으며, 동쪽이 길고 서쪽이 짧다(그림 4).

　體城의 축조는 남벽의 門址 좌우만 內外夾築이고 나머지는 거
의 모두 內托하였다(사진 7·8). 산성에서 보는 자연할석의 축조
방법과는 달리 길이 1m 이상이고 폭과 두께가 70cm 쯤의 꽤 커
다란 石塊를 쌓고 이 큰 석괴의 틈에는 작은 쐐기돌을 끼우거나
얹어서 조선시대의 전반기에 쌓은 읍성류의 특징을 잘 나타내

사진 7. 保寧邑城 西門   사진 8. 保寧邑城 西壁 外部 모습

주고 있다. 외면을 이와같이 커다란 석괴로 면을 맞추어 쌓고 쐐기돌을 끼운 다음 그 안쪽에는 주먹크기로부터 人頭大 크기의 잡석을 메우고 또 그 안쪽은 흙으로 다져 채웠다. 구릉의 능선에서 되도록 바깥쪽을 L字形으로 다듬고 쌓은 것이어서 성벽의 단면 중앙부는 마치 토축을 한 듯하다(그림 5 · 6).

③ 門址

南門이라고 하는 鎭西樓가 있는 主通路와 北門址, 東門址라고 부르는 東北角部, 東壁의 중앙에 있는 동문지 등 모두 4개처에

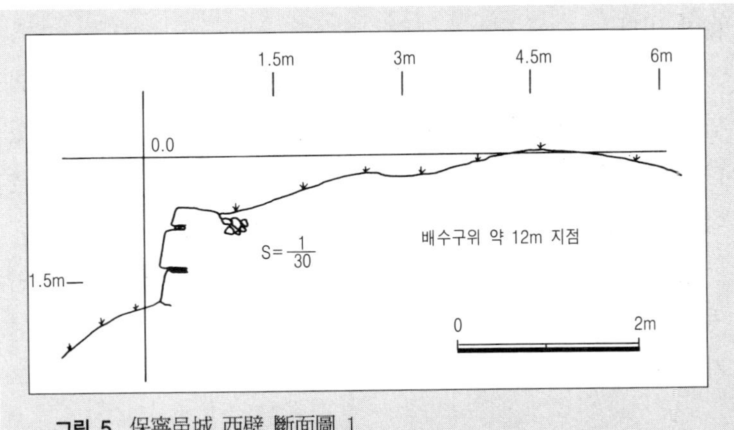

그림 5. 保寧邑城 西壁 斷面圖 1

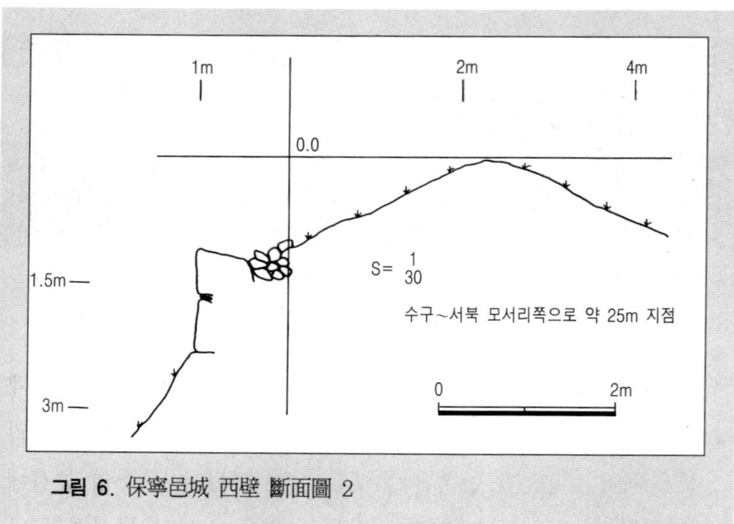

그림 6. 保寧邑城 西壁 斷面圖 2

있다.

남문은 원형대로가 아니고 보수를 하였는데, 좌우의 陸築部가 있고 안쪽으로 꽤 깊숙이까지 開口部를 형성하였다. 開口部는 안쪽과 외면이 폭을 달리하여 'ㄴㄴ'형으로 되어 있으며 성내외의 평면은 높이 차가 거의 없다. 여기에는 진서루라는 八作二層式 樓가 있다.

북문은 북벽의 서쪽끝에 있다. 폭 6.7m인데 좌우의 성벽이 외면에서 약간 어긋나 있고 擁城을 갖추었던 흔적이 조금 남아 있다. 좌우의 벽이 무너졌으나 개구부를 확인할 수 있고 내외의 높이 차는 거의 없었던 것이었다고 생각된다.

동북 모서리쪽은 성내에서 가장 높은 위치인데 마을 사람들이 '동문터'라고 부르는 곳이 있다. 이곳은 문폭이 좁고 석축이 무너져서 확실한 개구부는 찾을 수 없다. 이곳은 또한 진당산으로 오르는 길과 통하는 곳인데 마치 曲城이나 敵臺의 터가 무너진 다음 마을 사람들이 이곳으로 다니면서 생겨진 것으로 생각된다. 開口部의 흔적이 모호하고 좌우의 성벽이 잘리워진 흔적도 없다.

동벽 중앙의 문지는 동으로 '>'형의 曲城을 가진 것으로 폭 4m의 開口部가 완연하다. 문은 기록에 3개소라 하였고 擁城이 2개라 한 것으로 보아 남문·북문·동문의 3처가 門址이고 서벽에는 문지가 없었던 듯 하다. 擁城은 북문지에서 확인할 수 있고 나머지 문에서는 擁城의 확인을 할 수 없었다.

④ 敵臺

기록에 보이는 敵臺 8개소는 성벽이 굽어진 부분이 7개소이며 북벽의 중간부위에 무너진 石城의 돌더미가 있는 곳이 있어서 8개소가 된다. 즉, 성벽이 직선으로 달리다가 바깥쪽으로 휘면서 꺽인 지점 7개소에 角樓처럼 敵臺가 시설되었던 듯하며 북벽은 길다랗게 뻗은 벽의 중앙부에 따로 敵臺를 축조하였던 것이다.

⑤ 井泉과 水口

성내에는 현재 水道 시설이 있을 뿐이고 우물은 주포초등학교와 주포중학교내에 각기 있었으나 메워 버렸다고 한다. 성안의 물은 모두 남벽의 서단으로 빠지고 있어서 지형상으로 보아 이곳에 水口가 있었던 것이라 생각된다.

⑥ 建物址

기록에 140칸 이상의 官衙와 공공건물이 있었다고 하나 지금은 학교용의 건물이 들어서 있다. 성의 북부 구릉상에는 평탄한

대지가 많이 있어서 성내 여기저기에 건물이 었었음을 시사하고
있다.

⑦ 遺物相

성내에서는 와편과 자기편들이 채집된다. 대부분 조선시대의
것들로 판단되는 것이다. 성의 북벽 바깥의 밭에서는 고려시대의
陶器片이 채집되나 이들은 성의 동북 약 500m쯤 떨어진 곳에 있
는 고려시대의 사찰과 관련된 것으로 보인다. 현 보령중학교정에
있는 고려시대의 탑은 본래 읍성 외부 동북쪽에 있었던 것을 옮
겨다 놓은 것이다. 탑이 있던 곳은 '탑산골'이라 불려지는 곳으로
부근에서는 '大寺'銘의 銘文瓦가 발견된다.

조선시대의 유적으로 남아 있는 것은 앞서 말한 官衙門(鎭西
樓)으로 18세기경의 건물이며, 정면 3칸·측면 3칸의 2층 구조
다. 하층은 출입 三門이 있는데, 礎石 대신 石柱를 사용하였다.
이밖에는 縣監들의 善政碑가 있다. 선정비는 현재 海山樓의 좌측
(서쪽)에

　○ 縣監文侯德麟恤民善政碑
　○ 行郡守朴公鴻陽慕聖興學儒林頌德碑
　○ 縣監李侯義臣淸簡善政碑

등이 있고 保寧 새마을청소년회관 구내에

　○ 縣監李侯景鍊恤民善政碑
　○ 縣監金侯濟肯永世不忘碑

○ 縣監方侯孝涵善政碑

○ 觀察使朴公晦壽淸德善政碑

○ 縣監李公再春愛民善政永世不忘碑

등이 있다. 이들의 건립 연대는 道光·同治 등의 연호로 보아 1800년대 이후의 것이 대부분이다.

이와 같이 보령읍성에는 城址자체도 조선시대의 築城이고 유물도 또한 인근의 고려시대의 탑이 옮겨진 것을 위시하여 건물·비석이 모두 조선시대의 것들이고 통일신라나 그 이전으로 소급되는 유적이나 유물은 채집되지 않는다.

(다) 鳳堂城(古南山城)

보령군 주포면 봉당리 산 62번지에 있으며 성터는 정상부에 최근에 세운 작은 비석에

保寧城에서 3km 지점에 있는 土城으로 朝鮮時代 保寧縣을 수호하기 위하여 定宗 2년(1400)에 築城한 것이라 전한다. 주위는 486m로 일명 鳳堂山城이라 부른다.

라고 연혁을 밝히었다. 이 성은 『朝鮮寶物古蹟調査資料』에서는

(番號) 16 (場所)周浦面 鳳堂里·鰲川面 葛峴里 (所有)古南里· 國有林 (摘要)山頂에 있는 周圍凡二百七十間의 土壘인데 壁은 대략 완전하다. (備考)乙種要存預定林野

라고 하였다. 『大東地志』에서는

　　　鳳堂古城 西二里本朝定宗二 年築城址淺狹

이라고 하였으며 또한 『新增東國輿地勝覽』에서는

　　　鳳堂城 在今治 西二里

라고 하고 있다. 『世宗實錄』地理志에서는

　　　邑石城 周回一百七十三步 無井泉

이라고 한 것이 이 鳳堂城을 지칭한 듯 한데 石築이며 둘레가
173步라는 점이다. 이 성은 鳳堂城으로 불려지던 것인데 성의 바
로 아래 마을 이름이 '골남이', '골내미'라고 하여 지금은 古南山
城으로 표기하게 되었다. 앞에서 본 바와 같이 이 성에 대한 역
대 기록에 불분명한 점이 있어서 실측 겸 지표조사를 실시하였
다(그림 7).

　① 地形
　鳳堂川이 북에서 남으로 흐르는 서편에 해발 200m 내외의 산
맥이 형성되어 있다. 이 산줄기의 북단에 해발 98.8m의 작은 야
산이 들판쪽에 있어 사면이 거의 두절되었으므로 고립야산이라
할 수 있다. 이 98.8m의 산 약 7부능선쯤을 돌려서 축성하였는
데, 산의 남동쪽으로 작은 계곡이 있고 이곳이 '골내미'부락이다.
'골내미'의 남서쪽에는 '연정동'이란 마을이, 산의 서쪽과 북쪽의
아래에는 신수동·구수동 등의 마을이 있다. 鎭堂山이 동으로

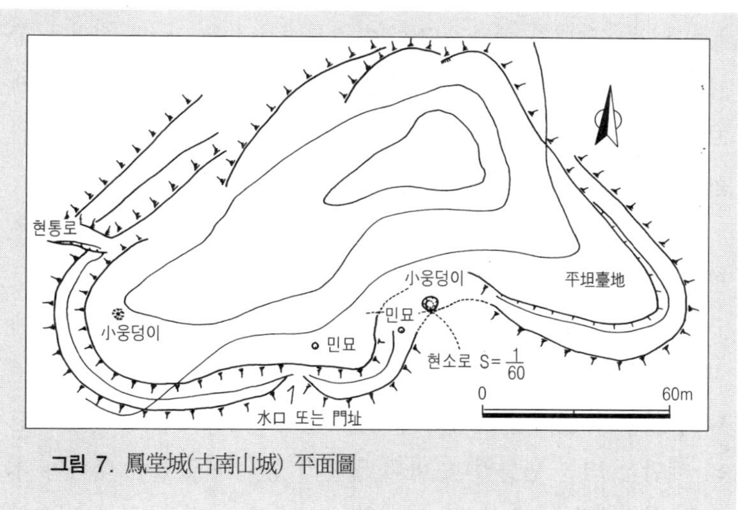

그림 7. 鳳堂城(古南山城) 平面圖

똑바로 마주 보여 직선거리는 약 2km이다. 비록 100m가 채 안되는 높이지만 사방의 전망이 매우 좋아 西海·淺水灣·鰲川面·青蘿面·周浦面이 훤히 내려다보인다.

② 體城

성은 산 정상부에서 동·서쪽으로 가장 높은 위치이고 남벽과 북벽이 각기 특징이 있게 축조되었다. 전체적인 평면 모양은 반달 형에 속하는 테메식이며 體城은 북벽과 남벽의 형태가 다르다.

우선 남벽은 서벽의 대부분과 동벽의 남반부까지 ' ⩗ '형으로 지형을 최대한 이용하였다. 성벽의 안쪽은 평지이고 그 끝에서 段을 이루며 성벽이 축조되어 있으며 다시 폭 5~10m 정도가 평평한 다음 산의 경사도보다 약간 물매가 심해져 내려간다. 이에 따라 마치 二重 성벽처럼 보이게 된다. 성의 바깥에서 第一段

부분은 垓子였다가 메워진 것인지 불분명하나 第二段의 성벽은 군데군데에 석재가 조금씩 노출되어 있기는 하지만 土築에 가깝게 보인다. 마치 二段의 계단처럼 만들어진 것으로 보아서는 'ㄴ' 형의 削土를 한 다음 바깥쪽은 石築을 가하였던 것이라고 생각된다.

남벽의 거의 중앙부 바깥쪽에는 'Ⅴ'자형으로 내밀고, 그 좌우에는 門址처럼 된 부분이 있다.

북벽은 서쪽에서 돌아온 성벽이 슬며시 경사를 잃게 된 곳에서 안쪽으로 오면서 다시 성벽이 축조되어 얼마쯤 돌아가고 또다시 물매가 없어질 즈음하여 또다시 안쪽에서 돌리고 하여 4단의 계단식 벽을 만들었다. 마치 일본의 중세에 있었던 倭城이 本丸을 중심으로 돌면서 몇 단계의 體城으로 돌려진 것과 비슷한 느낌을 준다. 북벽은 성내측의 흙을 삭토하여 성내를 평평히 고르면서 城外에 물매를 주어 다진 성벽으로, 서단부에 통행을 위해 단절된 부분을 보면 土築임이 분명하다(사진 9·10).

③ 門址

성의 남벽에는 성내외로 통하는 길이 있는 위치와 그 서쪽에 門址로 생각되는 곳이 있고 북서쪽에는 성내외로 통하는 곳을

사진 9. 鳳堂城(古南山城) 全景

사진 10. 鳳堂城(古南山城) 北壁

성벽을 잘라서 만든 곳이 있다.

남벽의 현 통로는 계곡으로 된 곳이며 성벽이 거의 허물어져 내려서 흔적조차 불분명하다. 다만 길은 성내에 들어오면서 'ㄹ' 자형으로 구불어져 들어오게 되어 있고 경사도가 심하다. 이곳의 서쪽에는 水口인지 門址인지는 모르나 바깥쪽의 段이 안쪽으로 오므라들어 없는 곳이 있어 門址가 아닌가 한다.

북벽 서쪽 끝의 현 통행로는 성벽을 절단하여 최근에 만든 것인데 원래부터 小路가 있었던 것을 확장한 듯하다.

결국 이 성은 문이 2~3개가 있었다고 보여지나 확실한 유구는 확인되지 않는다.

④ 井泉 및 水口

성내에는 井泉이 없다. 다만 현 남벽 통행로의 第一段壁과 第二段壁 사이에 작은 웅덩이가 있고 서쪽 벽의 안쪽에도 작은 웅덩이가 있다. 이곳들이 혹 물을 얻기 위해서 샘을 팠던 자국이거나 아니면 물의 저장을 하기 위한 어떤 시설이었는지 의문이다.

성내의 雨水는 성의 남쪽과 북쪽으로 빠져야 되는 지세이다. 水口는 확인되지 않았으나 남벽의 두 彎曲部와 북벽의 현 통로 동쪽 두 성벽이 서로 어긋나는 곳이 가장 지대가 낮아 이곳들이 水口였다고 생각되지만 유구는 찾지 못하였다.

⑤ 建物址

성안에는 평탄한 대지가 정상부, 정상부의 서쪽, 남벽 중앙, 동남모서리 등 4곳이 있고 북벽의 중간쯤과 서쪽편에도 비교적 평탄한 대지가 있다. 비교적 경사가 심한 곳이 많으나 이처럼 평탄한 대지가 흩어져 있고, 또 조선초 약 30여년간 읍성이었다는 점으로 보아 이들 평탄대지들이 모두 건물지였을 것으로 생각된다.

⑥ 遺物相

이 산성에서 출토되는 유물은 역시 토기편과 와편이 많고 자기편이 약간 있다.

가장 많은 수는 토기편이라 할 수 있다. 토기편은 경질의 회흑색으로 승석문과 사격자문이 시문된 것으로 백제의 산성들에서 흔히 볼 수 있는 것들이다(그림 8)

와편은 어골문과 함께 황갈색의 格子文이 있는 것도 있으며 역시 삼국시대까지 소급될 수 있는 것들도 있다. 또 무늬가 조잡하고 두터운 조선시대의 와편도 한두 개 채집되었다. 자기편은 靑磁片으로서 퇴화된 것과 黃釉가 묻은 것이 약간 수습되었다.

이처럼 이곳 鳳堂城은 조성 방법과 지형의 선택, 유물 등에

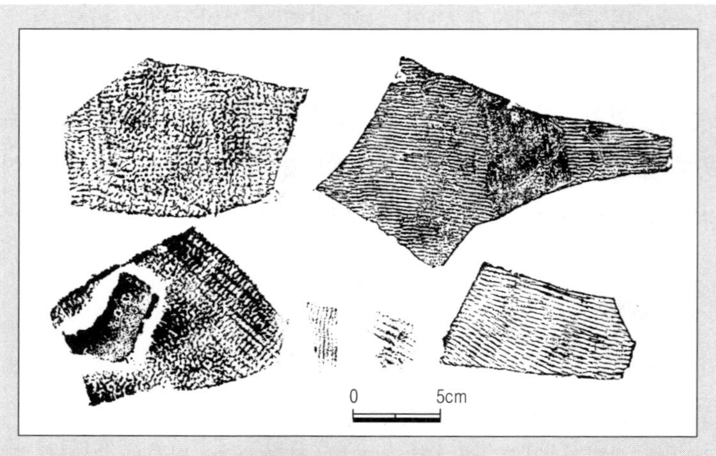

그림 8. 鳳堂城(古南山城) 出土 百濟土器片 拓本

있어 조선초기에 처음 축조했다는 기록과 맞지 않는 점이 있어
서 일단 주목해 볼 가치가 있는 성이라 생각된다.

(라) 我峴山城

我峴山城에 대해 현재 성내 정상부에 세워 놓은 최근의 碑에
는 다음과 같이 씌어져 있다.

> 위치 : 保寧郡 鰲川面 葛峴里
> 연혁 : 新羅時代 初築되었다고 전하는 石築城으로 주위가 약
> 　　　 360m 이다. 朝鮮時代 鰲川水營設置 동시에 外城으로 西
> 　　　 海로 침입하는 적을 막기 위하여 쌓은 성으로 추정된다.

여기서 이 성이 마을 사람들에 의하면 신라시대에 처음 쌓았
다고 한다는 점, 둘레가 360m, 조선시대 水營과 表裏를 이루는
성으로 추정된다는 점을 밝히고 있다. 이에 대해 『朝鮮寶物古蹟
調査資料』의 설명은

> 鰲川面蓮亭里, 國有林我峴山城, 山頂에 있는 周圍凡二百間의 石
> 壘인데 壁은 대부분 붕괴됨. 乙種要存預定林野

라고 하였다. 『世宗實錄』地理志에는 기록이 없으나 『新增東國輿
地勝覽』에서는

> 我峴山城 石築周七百四 十五尺今廢

라고 하였고, 『輿地圖書』에서도

我峴山城 在縣西八里石築周 七百四十尺今廢

라 하고『大東地志』에서는

我峴古城 周七百四 十五尺

이라고만 보일 뿐이다. 산성이 위치한 동남쪽 산록이 모두 고분군 지역이고 또 鳳堂古城이 북동방향에 훤히 내려다보인다. 뿐만 아니라 동쪽의 진당산성과 마주하고 있고 봉당고성에서도 남서쪽 일부가 보이지 않지만 이곳에서는 사방을 周覽하기에 아주 좋은 곳이어서 실측과 함께 지표 조사를 실시하였다(그림 9).

① 地形
오천면과 주포면의 면 경계를 이루는 산맥의 가장 높은 동북쪽 봉우리에 테메식으로 쌓았다(사진 11). 해발 220m가 조금 넘

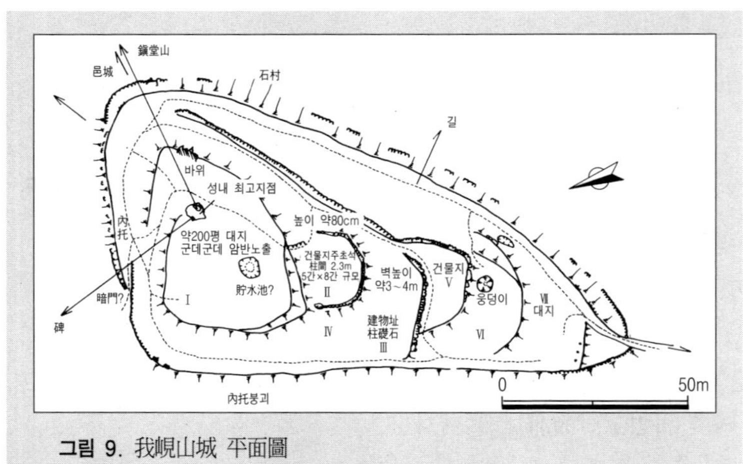

그림 9. 我峴山城 平面圖

는 가파른 암산인데
주포면 '갈두'·'지동'
마을에서 '갈고개'로 오
르고 해발 162.0m의
갈고개에서 다시 북으
로 산능선을 타고 오
르는 길이 있다. 봉당
고성쪽으로 오르려면
'연정동'에서 산등성이

사진 11. 我峴山城 全景 (갈고개에서 北쪽
으로 본 모습)

에 올라와서 남쪽으로 산능선을 타고 오르게 된다. 동쪽과 서쪽
은 아주 가파른 경사이고 남쪽과 북쪽이 산능선으로 이어지기
때문에 성의 평면 형태는 남북으로 길다랗고 동서의 폭은 좁으
며, 북쪽이 넓고 높으며 남쪽으로 좁아 들며 낮아진다.

② 體城

성벽은 자연할석으로 쌓되 동벽과 남벽은 내외협축을 하였고
북벽과 서벽은 외면의 상당부분은 석재로 쌓았으나 성안쪽은 삭
토하여 내탁을 하였다. 동벽은 내외협축한 성벽에서 안쪽으로 평
평한 대지가 남북으로 길게 뻗고 그 안쪽에 암반 사이를 석축한
또 하나의 성벽을 쌓은 二重의 성벽인데, 안쪽의 석축은 완전한
협축은 아니고 내탁하였다(사진 12·13). 벽은 거의 무너져 내렸
으나 남벽과 동벽에서는 내외의 축성 기부가 군데군데 남아 있
어 성벽의 두께가 5m 내외임을 알 수 있다. 성벽의 바깥쪽은 가
파른 경사이고 성벽의 안쪽은 5~15m의 폭으로 평평하게 되어
주위를 돌 수 있다. 체성을 쌓은 석재는 이 산의 능선부에 있는

사진 12. 我峴山城 南門址 서측의 연결 부분

사진 13. 我峴山城 東壁 石築 잔존 상태

암괴를 깨뜨려서 사용하였음을 알 수 있다.

③ 門址

문터는 남·북의 두 곳이 있다. 남문터는 좌우의 체성이 5m 이상의 夾築을 하되 서쪽의 성벽이 바깥으로 휘고 동쪽 성벽이 약간 안으로 휘어서 S자형으로 굽거나, 아니면 서쪽 성벽 끝이 擁城의 역할을 하도록 되어 있다. 開口部는 평면이 서로 어긋나는 '어긋문'의 형식에 속하며 문지 개구부의 폭은 3m에 불과하다. 바깥에서 문터로 들어서면 계단식으로 되었던지 내외의 높이가 현저히 달라지며, 성벽 안쪽에 건물터의 축대가 있다.

북쪽의 문터는 북벽 서단쪽에 있다. 북벽이 돌아가다가 차츰 낮아지고 서벽이 북으로 돌아와서 안쪽으로 휘어져 쌓여 있다. 현저하게 어긋나도록 양쪽 벽을 띄우고 있어서 성내외가 二重으로 차단되고 S자형으로 굽어 통행토록 되었는데, 문의 폭은 1.5m에 불과하여 暗門의 성격을 가진 것으로 생각된다.

④ 水口·井泉

성내는 정상부에 암반이 노출되어 있었고 물이 솟아날 만한 곳은 못된다고 생각된다. 다만 성내 정상부의 바로 서남쪽에 직경 5m 정도의 웅덩이가 있다. 이 웅덩이 옆에는 보리수나무가 한 그루 있고 갈대가 자라나고 있어서 이곳이 깊은 샘이었다가 메워졌는지 아니면 貯水用의 웅덩이였는지 불분명하다. 또 하나의 웅덩이는 샘의 남쪽에 있는데 풀이 무성하고 물기가 많아 이곳이 샘터가 될 수 있다고 생각된다.

성내의 雨水는 대부분 남문쪽으로 경사가 있으므로 수구는 남문지나 그 근처에 있었을 것인데 유구를 찾아내지는 못하였다.

⑤ 建物址

이 산성은 정상부에서부터 남쪽으로 5개의 축대를 쌓고 있다. 석축의 築臺는 건물지를 조성하기 위한 것이 분명하니 柱礎石이 몇 개 남아 있는 곳이 있다. 건물지는 정상부를 Ⅰ, 그 다음 낮은 곳을 Ⅱ, 다음을 Ⅲ, Ⅲ의 서측을 Ⅳ, 그 다음을 Ⅴ, 물 웅덩이가 있는 곳은 Ⅵ, 그 아래를 Ⅶ로 도면에 표시하였다(그림 9 참조).

정상부는 암반이 군데군데 돌출하였으나 약 200평 정도의 평탄대지를 이루고 있다. Ⅱ는 둘레를 높이 3~4m의 석축을 쌓아 평탄케 하였는데 주춧돌이 5~6개 확인된다. 주춧돌은 중심간의 거리가 2~3m씩이며 전면 8칸 측면 5칸 정도 크기이다.

Ⅲ은 주춧돌이 2~3개만 보이며 역시 남쪽으로 2~3m의 석축을 하여 평탄하게 하였다. Ⅳ는 Ⅲ의 서쪽으로 주초는 보이지 않으나 역시 평탄한 대지이다. Ⅴ는 동쪽과 남쪽을 석축하여 평

탄케 만든 건물지로 보이고, Ⅳ는 동쪽의 자연석암반에서 돌려 축대를 쌓은 위의 평탄지인데 여기에는 우물터로 생각되는 웅덩이가 있다.

Ⅳ은 문지의 바로 안쪽으로 꽤 넓으며 남서쪽에 5개의 주춧돌이 있었다. 주춧돌은 모두 자연 할석인 덤벙주초인데 중심간의 거리가 좌우 2~3m씩으로 Ⅱ의 주초 간격과 같다.

이와 같이 아현산성은 남문에서 정상부에 이르기까지 7개의 건물지가 추정되고, 그 가운데는 주초 간격의 중심거리가 2~3m 씩인 건물이 있었음을 보여주는 덤벙주초가 있는 곳도 있는 것을 알게 되었다. 또 동벽의 안쪽으로 길다랗게 뻗은 평탄대지도 건물지로 볼 수 있어 적어도 8개의 건물지가 있다는 것에 주목해야 할 것이다.

⑥ 遺物相

성내에서는 극히 적은 숫자의 유물만이 채집된다. 와편들은 대부분 고려말에서 조선시대에 걸치는 투박하고 두꺼운 것들이며 陶器와 磁器片들도 마찬가지이다. 다만 회흑색 경질토기편이 한둘 채집되는데 이들 토기는 고려시대에도 사용되었을 듯한 도기류에 해당한다. 삼국시기까지 올라갈 수 있는 토기편으로는 무늬가 없는 회청색경질토기편 한점과 타날격자문이 있는 토기편이 약간 채집되었을 뿐이다. 그러나 이 산성은 바로 산 아래의 고분군과 가장 가까운 거리에 위치하고 있고, 전설에 신라때 쌓았다든지 조선시대 수영과 관계되었다는 점에서 주목해야 마땅하였다. 다만 성의 축조 방법이 조선시대 초기의 읍성인 보령읍성과 매우 다르고 오히려 고려시대 왜구에 대비한 임시적인 축성으로는 보여지지 않는다. 내외협축을 시도한 점은 이 부근에 석재가 비교적 풍부하였기 때문에 그런 것 같다. 그렇다면 이 성은 봉당고성이 읍성일 때, 이 읍성에 대한 산성의 역할을 담당하던 성이 아닐까 추측된다.

(마) 甑城(시루성이)

옛 문헌에는 기록이 없으나 청라면 향천리의 시루성이 마을에 해발 약 100m의 야산이 있고 이 산상에 古城址가 있다. 이에 대한 『朝鮮寶物古蹟調査資料』의 조사 기록을 보면 '山頂에 있는 周圍凡百六十間의 土壘인데 벽은 대부분 붕괴되었다'고 하였다. 산정상의 테메식 산성으로 둘레가 288m인 토축성이라는 것인데, 이곳에 군용시설이 있어 지금은 조사가 불가능하다. 그러나 이 성은 순수한 토축이 아니고 석재로 쌓여진 흔적이 있을 뿐만 아니라 주변에서 백제토기편이 산견되고 있어서 삼국시대에 축조된 성이라고 볼 수 있다. 전설에 의하면 고려말 金成雨 장군이 이곳에서 군사를 훈련하고 '복병리'에서 伏兵시켰다가 침입하는 왜구를 '갬벌'에서 맞아 섬멸하였다고 한다.50) 이러한 전설에 의하면 이 성이 大川邑의 西端 軍入浦로 상륙한 왜구를 방어하던 요충으로서의 역할을 하였던 것이라 생각된다. 이 성 아래의 마을은 '시루성이'와 '창터'인데 창터에는 창고가 있었다고 전한다. 아마도 이 성은 백제때 축조되어 거의 폐성이 되었던 것을 고려말에 잠시 이용하였던 것이 아닌가 생각된다. 大川川의 중류 쯤에 있어서 대천천의 전 유역의 중심부에 해당하고 있는 점에 주목할 필요가 있다. 또한 높은 위치는 아니나 구릉과 다름없는 독립 야산에 축조

---

50) 『韓國地名總攬』忠南篇 上, 保寧郡.

되었고 냇물이 가깝고 토축이며 백제토기편이 채집되고 있는 점
에서 가볍게 보아 넘길 성격의 성지는 아닐 것이라고 생각된다.

4) 地名과 民俗遺蹟

보령군의 옛 신촌현지역이라 생각되는 범위에서 가장 널리 알
려진 산은 烏棲山이다. 이 오서산은 '오소산'·'건자산'·'오소산
성'·'청소산'·'오성산' 등으로 불리우기도 하며 높이 790m 이
다51). 이 오서산에 대한 기록인 듯한 『翰苑』에 인용된 『括地志』
에

烏山在北國界大山也 草木鳥獸與中夏同

이란 구절이 있다52). 여기의 烏山이 백제의 북쪽 경계에 있는 큰
산이라 함은 곧 오서산을 이름하는 듯하다. 따라서 신촌현은 오
서산의 서남쪽에 해당하지만 北部·北方에 속하였던 듯하다. 또
백제때의 이러한 명산이 통일신라의 祀典에서도 이어져 烏西
岳53)이라는 이름으로 中祀에 들어 있다. 『韓國地名總攬』忠南篇
上 保寧郡에서 옛 전설이나 口傳이 있는 지명을 보면

- 봉당성(鳳堂城) 〔산〕 주포면 봉당리와 보령리에 걸쳐 있
  는 산. 옛 성터가 있는데, 백제때 신촌현의 터라 함.
- 옥대산(玉帶山) 〔산〕 대천읍 남곡리와 내항리 경계에 있
  는 산. 높이 139m, 바위로 되었는데, 신라의 마지막 임금

---

51) 註 49)의 上揭書.
52) 註 10).
53) 『三國史記』卷 三十二 雜志 第一 祭祀

경순왕이 이곳에 와서 놀았다 함.

- 옥마산(玉馬山) 〔산〕 남포면 대천읍 미산면 경계에 있는 산. 높이 6m 꼭대기에 신라 끝 임금 김부대왕사가 있음.
- 천마산(天馬山) 〔아현산, 아현산성, 학현산성〕 오천면 갈현리·오포리와 주포면 주교리·은포리에 걸쳐 있는 산. 높이 240m 꼭대기에 성이 있고, 무쇠로 만든 철마가 있었다고 함.

또 洞祭類로서

- 오천면 교성리 당모랭이 ──────────── 서낭당
- 오천면 소성리 당재 ──────────── 서낭당
- 주포면 관산리 솔서낭당 ──────────── 서낭당
- 주포면 관산리 장승배기 ──────────── 장 승
- 주포면 보령리 삼시랑당골 ──────────── 삼신신당
- 주포면 보령리 장승배기(팽나무젱이) ──────── 장 승
- 주포면 봉당리 미력잇들 ──────────── 미 륵
- 주포면 송학리 서낭댕이 ──────────── 서낭당
- 주포면 신대리 장승배기 ──────────── 장 승
- 청라면 나원리 산제당 ──────────── 산제신당
- 청라면 내현리 당안 ──────────── 당 제
- 청라면 소양리 산제당 ──────────── 산제신당
- 청라면 장현리 산제당 ──────────── 산제신당
- 청라면 장현리 장승배기 ──────────── 장 승
- 청라면 장현리 서낭당 ──────────── 서낭당
- 청라면 황룡리 높티서낭당 ──────────── 서낭당
- 청소면 성연리 산제당 ──────────── 산제신당
- 청소면 신송리 당미 ──────────── 산제신당

■ 청소면 죽림리 말무덤 ──────────── 고 분
■ 청소면 죽림리 장승배기 ─────────── 장 승

등등 약 20여개소에 흔적이 있다. 서낭당 6곳, 산제신당 5곳, 그리고 미륵과 삼신신당이 각각 한곳이 있다. 이러한 민속신앙의 존재는 그 마을들이 평범하지 않았던 것을 암시한다.

이들 가운데 보령리의 '삼시랑당골'은 得子를 위해서 비는 곳으로서 '질고개'에서 보령리 고분군 사이의 작은 골짜기와 진당산의 남쪽 골짜기에 해당하는 곳에 지금까지도 자연 암괴가 남아 있다. 이곳에 돌을 던져 아들인지 구분하고, 촛불을 켜 놓고 정성을 들여서 출산을 비는 풍습이 지금도 남아 있음을 본다.

4. 新村縣의 크기와 戶口

오늘날의 保寧縣은 1邑(大川邑은 현재 시로 승격됨), 9면(周浦面·鰲川面·靑所面·川北面·靑蘿面·嵋山面·藍浦面·熊川面·珠山面)과 2개 出張所(舟橋·聖住)로 구성되어 있고 여기에 소속된 里洞은 110里 261洞이다. 자연부락으로 700여개소를 헤아리며 총 555.64㎢의 면적을 차지하고 있다. 보령군의 군청은 대천시에 자리잡고 있는데 이는 1914년 3월 1일자로 시행된 府令 제111호에 의거하여 保寧·藍浦·鰲川을 각기 郡이라 일컫다가 합쳐서 保寧郡으로 할 때에 이들 전 지역의 중간쯤에 해당하는 곳을 택하였기 때문이다.

조선시대에 藍浦는 縣이고 鰲川에는 忠淸道水軍節度使營이 있었다. 조선시대의 보령현은 忠淸水使營을 포함하여 잠시 8개

면으로 구성되었음을 알리는 기록이 있다.54) 따라서 우선 현재
의 보령군에서 조선시대의 藍浦縣地를 뺀 나머지 지역이 여기서
일차적인 논의의 범주가 될 것이다. 藍浦縣의 옛 땅은 현재의 남
포면·웅천읍·미산면·주산면과 성주출장소의 관할 지역이다.
따라서 우리는 일단 보령현을 이루던 지역이 지금의 대천시·청
라면·주포면·오천면·청소면·천북면과 주교출장소의 지역임
을 알 수 있다. 이들 5면과 1개의 출장소는 조선 영조대에는 8개
면으로 구성되었다 하므로 이를 비교하면 대략 다음과 같다.

朝鮮 英祖代	現　　在
縣治所·長尺面邑內上·下里	大川邑
長尺面	周浦面 동북·靑所面 서남부
金神面	鼇川面
周浦面	周浦面 서남·高巒島
睦忠面	大川市의 大川川 북부·周浦面 남부
鳴巖面	大川市의 大川川 남부지역 전부
靑蘿面	靑蘿面의 남반부
烏山外面	靑蘿面의 북반부
靑所面	靑所面 동·북부 지역

이를 보면 현재의 천북면 지역과 元山島가 없다. 조선시대의
지도인 『大東輿地圖』에는 현재의 천북면 지역과 원산도는 洪州
牧 所屬의 飛地였던 것을 알 수 있다.

---

54) 『輿地圖書』上 忠淸道 保寧縣에서 지도 다음 各 面里別 호수와 남녀
　　인구수가 나타나 있다.
　　『戶口總數』(서울대출판부, 1971 영인본)는 正祖代의 것인데 보령은
　　8面 179里로 되어 있다.

조선시대 면의 구분은 오늘날과는 약간 다르지만, 산줄기와 河川을 경계로 보다 구분되었음을 나타내 주고 있다고 생각된다. 또 홍주목 소속의 땅이 結城縣을 지나 飛地로 존재하고 한편 보령현의 소속인 寶院部曲은 縣에서 동으로 70리나 떨어져 있다는 『大東地志』의 기록으로 보아 비지가 있었던 것을 알 수 있다. 飛地나 군현의 경계가 犬牙相錯되어 있음은 우리나라 옛 행정 구역의 한 특징처럼 되어 있으므로 크게 이상한 것은 아니다. 다만 이것이 과연 고려시대 이전인 통일신라나 백제에 있어서도 그러했는지는 알 수가 없다.

현재의 천북면 지역은 설령 홍주목이 飛地로서 관할하였지만 結城이나 보령현의 어느 고을과 실제로 더욱 接界를 하고 있어서 만약 통일신라나 백제시대에 있어서는 어디에 소속되었을까 생각하면 대답이 주저된다. 그러나 이 지역은 결성군에 보령현이 예속되었던 기록을 참작하면 오히려 백제의 結己에 속하였지 않았던가 생각된다.

결국 保寧縣-新邑縣-新村縣으로 거슬러 올라갈 때 비록 통일신라 哀莊王 9년에 '使臣을 12道에 보내어 모든 郡邑의 彊域을 分定하였다'[55]는 기록이 있어도 조선시대의 보령현, 고려시대의 보령현, 통일신라의 신읍현, 백제의 신촌현의 境域은 큰 변동이 없었다고 보고자 한다. 따라서 백제의 신촌현은 현재의 주포면을 중심으로 북쪽의 청소면, 서쪽의 오천면, 남쪽의 대천읍, 동쪽의 청라면이 에워싼 5개면 지역이라고 보아 크게 어긋남은 없을 것이라고 본다.

---

55) 『三國史記』卷 第十 新羅本紀 第十 哀莊王 九年 二月에 '發使十二道 分定諸郡邑彊域'이라 보인다.

신촌현이었다고 생각되는 지역의 넓이는 대략 현재의 주포·청소·청라·대천·오천의 5개 읍면의 넓이인 250㎢정도였다고 생각된다. 백제의 군현이 147개라거나 200城[56)]이었다는 자료로는 모두 후기 내지 말기의 상황을 나타내고 있다. 당시의 영역을 확실히 알 수는 없으나 대체로 현재의 전라남·북도와 충청남도의 전 지역을 영역으로 보아 그 넓이는 약 29,000㎢에 달한다.[57)] 백제 후기의 영역이 때에 따라서 다소 변화되었을 것이지만 대체로 충청남도와 전라도의 전 지역이 백제의 영역이었다고 보아도 큰 차이는 없다고 생각된다. 따라서 147군현이었다면 하나의 고을이 대략 200㎢내외이고 200성이라면 하나의 성은 평균 약 150㎢가 된다. 전자의 경우는 하나의 행정 구역이 그 중심부에서 사방으로 15km까지의 범위 내외가 되겠고 후자의 경우는 사방 12km정도에 해당한다. 이러한 수치에 비추어 본다면 신촌현은 평균치보다는 약간 큰 범위를 차지한 셈인데 현재의 서해안에는 그간 바닷물을 막아서 육지화한 땅과 염전도 포함되었으므로 사실상 백제시대의 군현 평균 넓이인 150~200㎢에 가깝다고 볼 수 있겠다. 그러나 백제 멸망시의 기록에 250현이라는 자료르 보면[58)] 현은 대략 116㎢에 불과하므로 이 경우 사실상 신촌현은 평균 크기의 두배에 달한다.

---

56) 『三國史記』卷 三十七 雜志 第六 地理四 百濟.

57) 백제 후기의 영역은 『三國史記』地理志에서 밝히는 영역으로 일부는 충청북도에도 있고 義慈王代에는 일시나마 慶尙道지역의 大耶城까지 점령한 바가 있으나 여기서는 대략의 넓이를 구하여 오늘날의 濟州道도 제외하였다.

58) 『大唐平百濟碑文』(現 扶餘邑의 定林寺址五層塔)에 의하면 250縣, 24萬戶, 62萬口로 되어 있다.

백제 熊津期에 있었다고 이해되고 있는 22檐魯의 경우 당시의 백제 영역을 대체로 충남·전북·전남으로 보아 29,000㎢라면 담로는 평균 대략 1,300㎢의 넓이이며 이는 백제말의 147개나 200이 된다는 성을 6~10개씩 거느리는 크기로 볼 수 있게 된다. 백제의 행정구역에 대한 기록으로 『翰苑』百濟條에 『括地志』를 인용한 설명에서 백제 말기의 상태를 설명한 듯한 것 가운데

> 每方管郡 多者至十 小者六·七 郡將皆恩率爲之 郡縣置道使 亦名城主

라고 함이 있다.59) 五方이 각각 군을 거느리되 方에 따라 6~10개의 군을 관할하며 郡將은 方領이 恩率인데 그 다음 은솔이란 官名으로 補하며 군현에는 道使를 두는데 道使를 또한 城主라 이름한다고 하였다. 5방이 37군을 거느렸다면 평균 7.4개의 군을 거느리는 셈이며 37군에 147현 혹은 200성이 있었다면 군당 4~5개씩의 縣·城을 관할했다는 계산이 된다. 250현이라면 7개 정도씩 거느린 꼴이 된다.

신촌현의 규모가 앞서서 살핀 평균 縣의 넓이 150~200㎢보다 넓은 것은 무슨 때문일까? 여기서 다음과 같은 점을 일단 의문으로 제기할 수 있을 것 같다. 즉, 신촌현은 본디 두 개의 세력집단이 일정한 시기까지 각기 독립적으로 성장하다가 百濟의 郡縣 편제에 의해 하나의 행정 단위로 묶어진 것이 아닐까 하는 의문이다. 이러한 생각을 뒷받침하는 것으로는 다음과 같은 몇가

---

59) 『翰苑』의 註에 인용된 『括地志』는 서기 641년에 이루어진 것이므로, 7세기 전반경의 백제 사정으로 볼 수 있을 것이다.

지 사실을 지적할 수 있겠다.

첫째로는 옛 新村縣 지역안에는 鳳堂川과 大川川의 두 川流가 흐르고 이들 川流는 烏棲山－鎭堂山－배재산－鳳凰山－鳳凰峰으로 이어지는 산맥에 의해 자연지세상 뚜렷하게 구분되고 각기 얼마간의 평야지를 끼고 있는 지리적 여건이다.

둘째로는 지석묘의 분포가 지금까지 알려지기는 鳳堂川 유역에서만 나타나 있고 大川川 유역은 아직 발견·보고된 바가 없다. 그 이후의 유적이라 생각되는 土築山城은 鳳堂川 유역의 鳳堂古城과 大川川 유역의 '시루성이'성 두 개가 있다. 이들 두 토축의 소형 성지에서 다른 성지들보다 오랜 유물이 채집되고 있어 두 중심지를 형성한 유적으로 볼 수 있다.

셋째로는 조선시대에 保寧縣을 이루던 8개의 면이 그후 保寧縣의 治所를 중심으로 5개면으로 정리되었다.60) 즉, 治所가 있는 가장 중심지인 長尺·周浦面을 중심으로 동쪽에 靑蘿, 서쪽에

---

60) 保寧縣의 面의 명칭은 『興地圖書』에서는 坊里條에 西北 長尺面, 西 金神面, 西 周浦面, 南 睦忠面, 南 鳴巖面, 東 靑蘿面, 東 烏山外面, 北 靑所面으로 구분되었다. 그후 正祖代의 『戶口總數』에서는

長尺面	526戶 2,073口	靑所面	503戶 2,120口
金神面	764戶 2,967口	吾三田面	432戶 1,677口
周浦面	480戶 2,273口	睦忠面	417戶 1,908口
于羅味面	557戶 2,330口	靑蘿面	427戶 2,188口

등으로 모두 4,106戶 17,536口로 나타나 있다. 이들 중 吾三田面과 于羅味面은 鳴巖面, 吾三田面은 烏山外面 지역이다. 面名이 붙은 내력을 보면 長尺面은 '질고개재'를 한문표기한 것임이 『地名總攬』에서 보이고, 金神面은 面內의 金神洞里에서, 周浦面은 '울게'에서, 靑所面은 오늘날의 眞竹川의 옛이름 '파리재내'에서, 靑蘿面은 나원리에 있던 靑蘿院이란 이름에서 각기 연유된 것으로, 面名이 작은 마을 이름 등의 지명에서 나온 것임을 알 수 있다.

鰲川, 남쪽에 大川, 북쪽에 靑所로 정리되었다. 이렇게 정리되기 이전의 면은 鳳堂川 중심의 4개 面과 大川川 중심의 4개 面으로 구성되어 있었으니[61] 鳳堂川 지역은 長尺面(治所 중심 및 동부), 金神面(서부), 周浦面(남부), 靑所面(북부)로 구성되었고 大川川 지역은 靑蘿面(시루성이를 포함한 동부), 鳴巖面(대천천 남부), 烏山外面(북부), 睦忠面(서부)로 구성되어 있었다. 이러한 면의 구성을 보면 비록 조선시대 18세기의 자료이지만 이러한 四方面制는 어떤 역사적인 유습에 의해서 이루어졌다고 생각된다. 말하자면 新村縣이 성립됨에는 鳳堂川 중심의 취락과 大川川 중심의 취락 등 두 세력권이 합해져 이루어진 것일 것이라고 생각하는 편이 합리적인 듯하다. 이처럼 두 개의 중심 취락으로 성장하던 것이 합해져 하나의 행정 구역이 되었기 때문에 백제의 다른 행정 구역들에 있어서 평균 범위인 120~200㎢보다 큰 250㎢의 범위를 가지게 되었다고 생각한다.

이러한 크기는 이제까지 연구된 다른 지역의 성장과 비교됨직하다. 신라의 斯盧六村의 경우 경주시와 월성군의 대부분(안강·양남·양북면 제외)이 그 영역일 때 대략 1,000㎢의 크기이며, 이에서 6村의 村當 평균 면적은 약 170㎢정도여서 범위가 대략 직경 10~15km라고 한다.[62] 이 정도의 크기는 호구의 추정과 함

<ol start="61">
<li>1901년 4월에 忠淸道 水軍節度使營이 있는 오늘날의 鰲川面은 郡을 신설했다. 이때 郡內는 河西·河南·川東·川北의 4面을 두었는데, 이 중 川北面은 洪城郡의 飛地였던 곳을 편입한 것이다. 이로써 보면 행정 구역 설정은 治所와 治所의 東西南北에 面을 두어 관할하는 형식이 취해졌음을 알 수 있다.</li>
<li>李鍾旭 1982,『新羅國家形成史研究』, 一潮閣, 22쪽. 한편 六村이나 가야 九干의 각 단위의 규모는 평균 600~800戶 정도로 보고(A.D. 2~3C경) 또 三韓의 小國들의 邑落을 1,000戶 미만의 규모를 가진</li>
</ol>

께 小國을 구성하기 직전의 chiefdom 단계의 酋長社會로 보고 있
다. 그리고 三韓지역은 B.C.2C 이전에 이러한 촌락 사회가 되어
있었고 그 다음 단계에 소국으로 발전하였다고 보고 있다. 이 추
장사회가 지석묘와 관계되는 것으로 보고 있는데, 이때는 계급을
가진 血族集團으로서의 氏族으로 이루어졌다고 하는 주장을 따
르고 있다.

이와 같은 이론을 그대로 新村縣 지역에 적용한다면 두 개의
村(두개의 chiefdom 사회 단계)이 성립되었을 가능성이 있다.
chiefdom 단계의 斯盧六村의 村들은 500家 2,500名 정도의 인구
로 추정되었다. 新村縣의 백제시대 인구는 얼마나 되었을까? 이
를 알아 보기 위해 우선 백제의 호구에 대한 다음의 기록을 보
기로 하자.

백제나 마한의 호구에 대한 자료는 매우 빈약하지만 다음과
같은 기록이 있다.

    A. 凡五十餘國 大國萬餘家 小國數千家 總十餘萬戶 (『三國志』 魏
書 東夷傳)
    B. 百濟全盛之時 十五萬二千三百戶(『三國遺事』 卞韓百濟)
    C. 舊有五部 分統三十七郡 二百城 七十六萬戶 (『三國史記』 地
理志)
    D. 凡置五都督?七州二百五十縣 戶卅四萬口六百卅萬 各齊編戶
(『大唐平百濟碑銘』)

대략 3세기의 상황을 나타냈다는 A에서는 마한이 10여만 호

<hr>

정치 집단으로 간주한 연구 성과로 李賢惠의 연구가 있다(李賢惠
1984, 『三韓社會形成過程研究』, 一潮閣, 120~121쪽).

였다고 하고, B에서는 백제의 전성기 때에 152,300호였다고 하
므로, 두 기록 사이에는 커다란 문제가 없을 것으로 생각된다.63)
다만 B에서의 전성시대가 漢城期를 말하는 것인지 熊津·泗沘
期의 어느 시점을 말하는 것인지 불분명하지만 '卞韓百濟全盛之
時'라는 표현과 卞韓 百濟에 대한 註에 '亦云南扶餘 卽泗沘城也'
라는 표현은 남천 이후의 상황을 말한 것인지도 모른다.64) C와
D는 백제말의 상황으로 판단되며 A와는 4세기 정도의 시간적
차가 있고 또 영역상으로도 차이가 있겠으나 대략의 평균치를
구해서 구명함에는 큰 오를 범하지 않을 듯 하다.

　A에서 말하는 國은 大國과 小國으로 대별되어 大國은 萬餘
家이고 小國은 數千家라 하였다. 10萬을 50으로 나누면 2,000이
므로 대략 평균 2,000家에 이르면 소국으로 취급되었을 법하다.

　『三國遺事』의 152,300호가 만약 웅진기의 22담로나 사비기의
37군에 대한 것이라면 각기 1담로는 6,923호가 평균이고, 군은
4,116호가 평균이 된다. 이러한 담로나 군은 馬韓 54國의 國 중
에서도 大國쪽에 해당했던 정도의 규모임을 알 수 있다. 또한
152,300호를 백제말의 것으로 보아 147, 200, 250이란 행정구역

---

63) 『三國志』의 記載가 어느정도 정확한 것이라면 10여만호에서 152,300
　　호로의 인구 증가로 보아도 무방할 것이다. 다만 영역에 있어 차이
　　는 있었을 것이다.
64) 『三國遺事』에는 백제에 대해 卷1 紀異 第2에서 '馬韓', '卞韓百濟',
　　卷2에서 '南扶餘前百濟', '武王', '後百濟甄萱'의 항목이 있다. 卞韓百
　　濟의 내용은 崔致遠의 '卞韓百濟也'에 대한 고증이있는데, 이때 백제
　　의 地에 卞山이 있음으로부터 변한을 백제라고 한 내용이다. 따라서
　　'卞韓百濟'의 152,300호는 '高句麗'에서의 '高麗全盛之日二十一萬五百
　　八戶'라는 것과 '辰韓'의 '新羅全盛之時京中十七萬八千九百三十六戶'
　　라는 것과 같이 일정한 자료에 근거한 듯하다.

수로 나누면 각각 1,037호, 761호, 600호가 평균치로 나타나므로 군이나 성의 평균 호수는 600∼1,000호라고 볼 수 있게 된다. 이러한 호수는 C의 『三國史記』에 의한 평균 호수인 5,000∼3,000호와는 엄청나게 큰 차이를 보이고 D의 1,630∼960호와도 차이가 있으나 큰 차이는 아니다. 따라서 C의 기록은 D의 인구수 62萬과 비교하여 76萬口의 誤라고 보여지며, 이 경우 C는 백제 인구의 최대치로 볼 수 있게 된다. 이를 종합해 보면 대략 다음 표와 같다.

史 料	戶口	22檐魯 平均	147郡縣 平均	200城 平均	250縣 平均
A 『三國志』	10餘萬	國當 約2,000戶			
B 『三國遺事』	152,300戶	6,900戶	1,037戶	761戶	600戶
C 『三國史記』	760,000戶 〈760,000〉		5,000	3,800	3 000
D 『大唐平百濟碑』	戶240,000　口6,200,000		1,630戶	1,200戶	960戶

　　여기서는 B 『三國遺事』의 자료와 D의 『大唐平百濟碑文』의 자료를 하한과 상한으로 보고자 한다. 『三國遺事』에서의 152,300호는 구체적으로 어떤 자료에 의했는지 불명이지만 縣이나 城을 단위로 한 평균 호가 1,000∼600호로서 백제 최말기인 D의 縣當 평균 960호와 크게 어긋나는 것은 아니다. 다만 문제는 D에 의하면 한 호당의 인구가 평균 약 2.6인에 달하는 것으로 나타난다.65)

---

65) 『三國史記』地理志의 76萬戶를 76萬口로 보아 24萬戶로 나누면 戶當 平均 약 3.17人이 된다. 그러나 620萬口라는 수가 62萬口의 誤라 하

　　이리하여 백제시대 郡·城의 평균 호수가 600～1,000호에 해당함을 알았다. 이러한 수자는 新村縣의 경우에도 적용할 수 있을 것 같다. 백제 최말기에는 960호라는 縣當 평균호수가 산출되므로 대략 600～1,000호 내외가 新村縣의 호수였다고 추정해 보는 것이다. 이는 평균 면적에서 新村縣의 경우 넓은 편이었다는 것과 아울러 생각할 때 대체적인 호수를 계산한 것이다. 인구는 D의 기록대로 보면 600호×25인=15,000인, 1,000호×25인=25,000인 정도가 된다.

　　이러한 숫자는 조선시대 保寧縣 호구와 비교하여 봄직하다. 조선시대 保寧縣의 호구는 『世宗實錄』地理志에서 365호 1,213구이고 『輿地圖書』에서는 4,097호 17,518구이다. 또 『戶口總數』에서는 4,106호 17,536구로 나타난다. 결국 백제시대 新村縣은 호의 수가 조선시대 중기보다 ¼ 정도였지만 인구는 훨씬 많았던 것으로 추정된다.66)

　　면 약 2.6人이 된다.

66) 註 64)와 같이 사료의 誤라고 보면 인구는 약 3,000구 내외가 된다. 백제의 인구가 620만이었다면 현재의 충남·전북·전남의 인구가 대략 1,000만이 넘으므로 현재보다는 적은 수치이나 조선시대에 비해서는 너무 많은 수가 된다. 따라서 註 64)처럼 각기 76만구, 62만구를 76만호, 620만구 등으로 과장되게 잘못 표현하지 않았나 의심하게 되는 것이다.

　　참고로 『漢書』地理志에서는 玄菟郡의 호구가 45,006호 221,845구이고 樂浪郡은 62,812호 406,748구로 호당 평균이 각기 4.93구와 6.457구이고, 西域地方의 경우 烏孫國이 12만호 63만구로 호당 평균 5.25구에 勝兵 18만이었고, 龜玆國은 6,970호 81,317구로 호당 평균 11.67구나 된다. 낙랑군의 현당 평균호구는 『漢書』地理志에서 2,512호이고 A.D.140년에 작성된 『後漢書』郡國志에서는 3,416호로 나타나 있어 戶·家의 編戶差나 인구증가문제는 따로 구명되어야 할 것이다. 백제 戶의 구성에 대한 전반적인 검토가 필요하나 여기서는

5. 新村縣의 근거지 이동

백제의 新村縣이 北方(五方制에 의한)에 속하고 또 대략 結己郡에 영속되었던 것이라면 어느 곳이 당시의 근거지가 되었을까? 이러한 의문을 가지고 이제껏 옛 新村縣지역이었다고 생각되는 지역내의 유적들에 대해 조사한 바를 기술해 왔다. 이제 옛 新村縣의 근거지가 과연 어디였던가에 대해 소견을 밝혀 보기로 하겠다.

新村縣 뿐만 아니라 대부분의 백제 군현들은 城으로 둘러 싸여진 治城이 있었지 않았을까 생각된다. "郡縣置道使亦名城主"라는 기록은 道使를 城主라고 하였다는 것인데, 城主란 官名이기도 하지만 城의 주인이란 의미에서 생겨난 이름이기도 할 것이다. 또 五方城에 대한 기록에 이어서 郡과 諸城·小城 등에 대하여 설명하고 城들에는 "亦有累石者"라 하여 석축의 성들도 있었음을 시사하고 있으며, 『北史』·『周書』등에서도 方은 十郡이 있고 郡에는 將이 3인인데 德率로서 삼고 1,200인 이하 700인 이상의 兵을 통솔하며 城의 내외 민중과 그밖의 小城들이 모두 分屬되었다고 한다. 또 서남의 도서 15개소에도 城邑이 있다고 하는 것도 모두 백제의 지방조직이 기본적으로 大小의 성으로 編制되어 있었음을 말해 주는 것이라 생각된다.[67]

당시의 사회구조까지 논하고자 함은 아니다.

[67] 武田幸男에 의하면 氏는 백제의 지방통치도 자연발생적 공동체를 기저로 한 누층적인 형성으로 보고 그 기본단위는 檐魯二郡으로 보았다. 郡은 5~6개의 城으로 成立되고 6~10개의 郡이 各方을 구성했으며 王都에서 파견된 地方郡이 城의 道使(城主)까지로 보았다(武田幸男 1980, 「六世紀朝鮮三國國家體制」, 『日本古代史講座4 -朝鮮三國倭國』, 學生社, 48~49쪽).

新村縣 지역내에서 백제시대의 유적은 고분과 성지가 가장 믿을 수 있는 근거가 될만한 것이라고 할 수 있다. 이제까지 알려진 것은 前記 한 두 곳의 고분군과 몇몇의 성지들이 있다. 葛峴里古墳群과 保寧里古墳群이 바로 이곳을 중심으로 하여 新村縣의 지배층이 거주했다고 믿어지는 유적이다. 이들은 모두가 鳳堂川의 유역이며 가까운 거리에 鳳堂古城(古南山城)과 鎭堂山城(唐山城·地乙峴古城)이 자리잡고 있다. 따라서 葛峴里古墳群－我峴山城－鳳堂古城의 일대와 保寧里古墳群－唐山城의 일대가 가장 주목되어야 할 근거지 후보처가 될 것이다.

다음으로 주목할 곳은 大川川(한내) 유역의 甑城(시루성이)이다. 이곳 부근에서는 아직 고분군의 존재는 알려지지 않았으나 구릉상의 작은 성지는 확실히 삼국시기의 성지임을 확인할 수 있고 또 大川川의 상류 지역에서 長峴里古墳이 조사된 예가 있기 때문에 일단 주목할 유적이라 하겠다.

고분군에 있어서 葛峴里古墳群은 바로 이웃하여 支石墓群을 동반하고 있다. 支石墓→百濟古墳群으로의 발전과 짝하여 고대의 산성인 鳳堂古城과 我峴山城에서는 백제기의 유물이 출토되고 있다. 이 葛峴里古墳群은 保寧里古墳群보다는 묘제가 다양하고 규모도 크며 범위도 넓다. 鳳堂古城은 토축이며 규모가 작고 구릉성의 야산에 있어서 唐山城과 비교하여 古式이라 할 수 있다. 唐山城은 석축이고 위치가 높으며 백제·통일신라의 유물이 수집된 곳이다. 따라서 시기적으로 볼 때 鳳堂古城과 唐山城은 선후 관계로 볼 수 있다. 唐山城 남록의 保寧里古墳群은 유형이 이중으로 단순하고 그 고분의 편년은 형식상 웅진기 후반에서 사비기에 걸치는 것으로 나타났던 것이다. 따라서 필자는 新村縣

의 근거지로서 우선 葛峴里古墳群과 이웃한 鳳堂古城과 保寧里 古墳群과 이웃한 唐山城이 모두 관계된다고 생각하며 굳이 선후 관계를 따진다면 5세기말~6세기 전반까지는 鳳堂古城에 근거를 두었다가 6세기 전반 이후의 어느 시기인가 唐山城으로 근거를 옮긴 것이 아닌가 생각하고 싶다.68)

6세기 중반 이후의 城址로 생각되는 大川川(한내)유역의 甑城 (시루성이)은 鳳堂古城과 비슷한 시기의 축성으로 생각된다. 그 것은 지석묘 사회 이후로 鳳堂川과 大川川의 두 川流를 중심으 로 성장한 세력 집단이 축조한 소규모의 自衛用 성격을 띄는 것 이며, 백제의 지방세력이 중앙의 통치력에 의해 정리되는 과정에 서 新村縣의 중심지는 역사적인 경험에 앞서 있고 전통이 보다 오래였던 鳳堂川유역의 현 鳳堂城이 근거지로 되고, 이에 따라 지석묘에 이은 고분군이 대규모로 조성되었다고 생각된다. 이와 같이 鳳堂古城이 중심이었던 시기는 교통로로 보아 한성시기였 다고 생각된다.

그후 웅진천도와 사비천도로 말미암아 중앙과의 교통로는 남 북 중심에서 동서 중심으로 옮겨졌다고 할 수 있겠고, 이에 따라 오히려 大川川 유역이 鳳堂川 유역보다 불리한 지리를 극복하게 되었다고 생각된다. 이에 따라 鳳堂川유역과 大川川유역을 가로 지르는 중요한 교통로로서 '질고개'(地乙峴·垤峴)가 중요시되고

---

68) 이러한 추정은 첫째 백제의 地方制度改編이 檐魯制(521년 梁에 朝 貢한 使臣의 기록에 등장)에서 5方郡城制(554년 聖王의 管山城 싸움 에 등장하는 『日本書紀』欽明紀 15年 12月條의 '東方領物部莫哥武連' 으로 보아)로 바뀌는 6세기의 521~554년 사이의 변동과 짝하는 것 으로 보았기 때문이다. 둘째로는 바로 고분군 가운데 保寧里古墳群 의 연대가 대략 6세기 중엽으로 추정되기 때문이다.

이 두 지역의 경계상에 위치한 가장 높은 산에 唐山城이 축조되어 새로운 근거지가 되었다고 추측하고 싶다. 이에 따라 唐山城 아래에 새로운 고분군이 형성되었고, 이들과 관계가 있는 長幌里古墳은 鳳堂川 – 질고개 – 청양 방면의 교통로상에 위치하고 있는 점에서 이해가 가능해지리라고 생각되어 지는 것이다.

위와 같은 추론이 가능한 것이라면 백제 멸망 이후의 근거지 문제가 더욱 분명하게 이해될 수 있으리라고 생각된다. 통일신라에 있어서는 도성이나 州治·小京이 모두 新村의 東方에 있었으므로 근거지의 이동이 불필요하였을 것이다. 그러나 고려시대에 이르러 도성은 開城으로 행정력의 방향은 다시 북쪽으로 향하여야 하였다. 이에 따라 근거지는 다시 鎭堂山의 서쪽으로 옮겨지고 조선시대 초기에는 鳳堂古城에서 왜구에 대항한 경험 이후 새로운 邑城 건설 계획에 따라 현재의 保寧邑城으로 옮겨지게 되었던 것이라 생각된다. 따라서 鳳堂古城~鎭堂山에 이르는 직선거리 2~3km 지역은 邑治의 이동에 따라 한때 古邑面으로 통틀어 지칭한 시기가 있었던 것이 아닐까 여겨지는 바이다. 이제까지 추론한 근거지의 이동관계를 알기 쉽게 표시하면 다음과 같겠다.

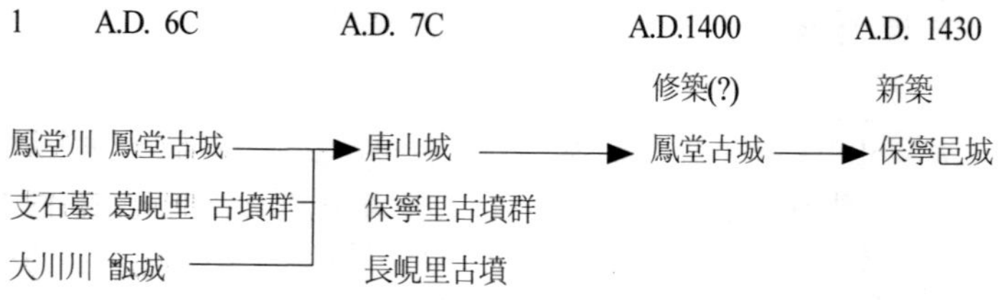

6. 맺음말

　지금까지 지루하게 新村縣에 대한 몇가지 유적·유물상을 문헌 기록에 비추어 억측하여 보았다. 머리말에서 언급하였듯이 유적과 유물에 대한 완전에 가까운 조사가 미흡하고 더구나 선사시대에 해당하는 백제고분 이전의 자료 미비로 말미암아 충분한 이해를 토대로 한 고찰은 불가능하고 추론의 범위를 벗어나지 못하였다. 그러나 여기서 필자는 이제까지 조사한 바가 이 지방 조사의 편린에 불과하다고 하는 것을 고백하며 따라서 졸속한 결론은 차후의 과제로 미루어 둔다. 그렇다고 하더라도 일단 지금까지의 작업을 종합하여 보는 시도가 무의미하지만은 않다는 사실도 깨닫게 되어 다음과 같은 결론을 내기로 한다.

　新村縣은 당초 新村·新村城이었다가 백제 말기에 縣으로서 結己郡에 영속되고 백제 五方 가운데 北方에 속했었다고 보았다. 또 新村縣은 고려시대 이후 保寧縣의 범위와 거의 같았던 범위로 보아 오늘날의 保寧郡에 소속된 邑面 가운데 주포면·청라면·오천면·대천시·청소면을 추론하였다. 이들 지역은 자연지세상 鳳堂川 유역과 大川川 유역의 지역 구분이 가능하고 이 가운데 新村縣의 중심적인 취락이 역시 鳳堂川 유역에 형성되었으며 그 증거로서 관창리·신대리·연지리 지역의 지석묘군을 들었다. 백제의 한성기에는 葛峴里古墳群과 이웃한 鳳堂古城(古南山城)이 그 근거지였을 것으로 추론하고 그후 6세기 중엽시기를 전후하여 保寧里古墳群과 이웃한 보다 높은 산성인 唐山城으로 그 근거지를 옮겼지 않았던가 추론해 보았다.

　新村縣은 대략 250㎢의 넓이를 가졌다고 보아 이는 백제의 郡

縣들에 있어서 평균 면적인 110~200㎢ 보다 큰 편에 속하며, 그 이유는 鳳堂川 유역과 大川川 유역 등에서 성장한 두 개의 세력 집단을 하나로 편제함에서 나타났다고 본다.

新村縣의 호구는 약 600호, 15,000인에서 1,000호 25,000구가 최대치라고 산출하였다. 이는 백제의 평균 호구수와 비교해서 약간 많은 편이며 그 이유는 면적의 크기와 관계 있다고 보았다.

新村縣에 대한 이와같은 추정은 나름대로 문헌과 유적·유물의 종합적 이해를 전제로 한 것인데 앞으로 더욱 많은 유적과 유물이 발굴 조사되고 또 이러한 연구를 꾸준히 계속함으로써 많은 부분이 수정될 것으로 생각된다. 당시의 산업, 각종 기술 수준 등과 같은 주요한 경제적 배경 및 신분과 지배 구조와 같은 사회적 배경의 고찰에는 더 많은 자료의 출현과 새로운 이론의 정리가 필요할 것임을 느끼게 되었다. 이에 대하여는 계속적인 열의를 가지고 정진할 것을 약속하며 미흡한 부분에 대한 선배 諸賢들의 아낌없는 叱正을 부탁드린다.

出 典

成周鐸 1985,「百濟 新村縣 治所의 位置比定에 관한 研究」,『百濟論叢』1, 百濟文化開發研究院, 111~172쪽.

第2編 靑陽地方 山城調査

02

靑陽地方 山城調査

1. 머리말
2. 유적의 위치 및 주변환경
3. 조사경과
4. 七甲山 城址 調査
5. 定山面 地域의 調査
6. 고찰

1. 머리말

이 글은 忠南 靑陽郡 大峙面과 定山面, 長坪面의 경계에 소재하는 표고 560.6m의 七甲山에 자리잡고 있는 城址와 定山面 白谷里 지역에 대한 城址·古墳遺蹟의 지표조사 내용을 수록한 것이다.

도립공원 칠갑산에 있는 성지는 지금까지 학계에 보고된 바 없었으나, 최근 청양군 향토유적보호회에서 성지의 존재를 확인하고 이를 청양군청 문화공보실의 협조를 얻어 관련학자들의 조사가 필요함을 인식하게 되었다. 이에 忠南大學校 百濟研究所에서는 긴급히 조사단을 구성하여 지표조사를 실시하기에 이르렀고, 칠갑산 소재의 성지에 대한 조사와 동시에 백제시대의 悅己縣 治所인 정산면 지역에 대하여서도 조사의 필요성을 느끼게 되었다.

원래 칠갑산의 남쪽 골짜기(城內)에는 '道林寺'라고 불리우는 寺址가 있고, 지방유형문화재 28호로 지정된 삼층석탑 1기가 있다. 1970년대에 서울의 서원회사에서 석탑해체작업을 실시하다 사리구가 발견되어 현재 국립부여박물관에서 전시·보관중이다. 이외에도 寺域內에는 초석과 석재가 적지 않게 노출되어 있으며, 寺域에서 500m 떨어진 계곡의 입구에 '염부처'라고 불리우는 석불입상 1구가 파손된 채 방치되어 있다. 이 성지에 대한 조사에서 우리는 성지와 사지와의 관계를 해명하고자 노력하였으며, 성의 규모와 입지조건을 통하여 충남지역에서 유례를 찾기 어려운 가장 규모가 큰 사지임을 알게 되었다.

또한 정산면 지역에 대한 조사는 이미 학계에 알려진 鷄鳳山城과 그 주변을 대상으로 하였으며 이곳에서도 새로운 성지와 고분군의 존재를 확인하였고 이를 학계에 소개할 수 있게 된 것을 다행스럽게 생각한다.

조사는 청양군과 청양향토유적보호회의 협조에 힘입은 바 크다. 1991년 4월 24일~5월 4일까지 七甲山城址에 대하여, 그리고 5월 5일~5월 14일까지 정산면 지역에 대하여 실시하였다.

2. 유적의 위치 및 주변환경(그림 1)

칠갑산은 표고 560.6m로서 청양군 관내에서 가장 높은 산이며 정상을 경계로 하여 大峙面 長谷里, 定山面 天庄里, 長坪面 赤谷里로 행정구역이 나누어진다. 정상에 서면 동쪽으로 鷄鳳山(210.5m), 북서쪽으로 牛山(237.4m), 서쪽으로 天馬峰(422.2m), 동서쪽으로 시루봉(288m) 등이 내려다 보이고, 또한 남서쪽으로는

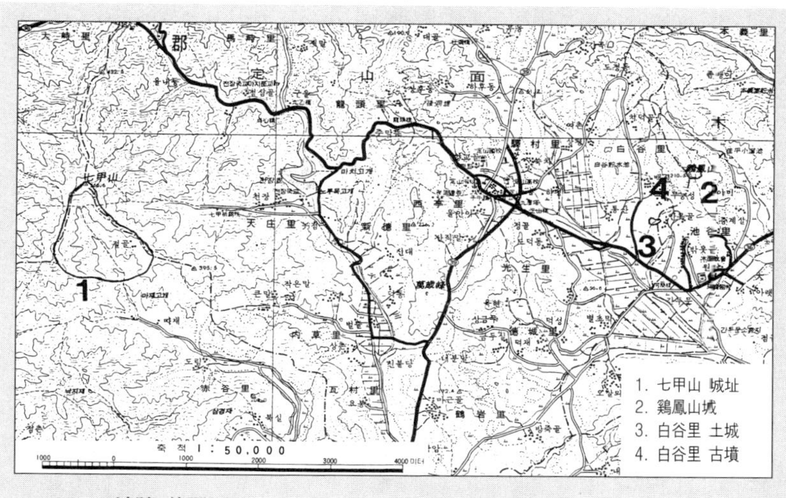

그림 1. 遺蹟 位置圖

　‘까치내’가 구비구비 절경을 이루며 흐르고 있다. 그리고 날씨
가 좋은 날에는 멀리 동쪽으로는 鷄龍山, 서쪽으로는 보령의 烏
棲山, 남쪽으로는 부여 扶蘇山城과 백마강의 百濟大橋까지 보인
다.

　칠갑산으로 올라가는 등산로는 長谷寺에서 골짜기를 따라 동
쪽으로 가는 코스와 대치터널에서 능선을 따라 남쪽으로 가는
코스, 정산면 천장호수에서 서쪽으로 올라가는 코스, 그리그 長
坪面 赤谷里의 ‘도림부락’에서 절골을 거쳐 정상에 도달하는 코
스가 있다.

　칠갑산 성지는 정상에서 동남 능선과 서남 능선에 걸쳐 축조
되어 있으며 남쪽의 골짜기를 포함하는데 ‘절골’의 道林寺址도
성내에 자리잡고 있으며 성의 둘레는 4.5km에 달한다. 이 성지를
중심으로 하여 서북방에는 청양읍의 牛山城이 8km 거리에 있고

동쪽 8km 되는 곳에는 정산면 鷄鳳山城이 자리잡고 있다.[1]

계봉산성은 정산면 소재지에서 동쪽으로 2.5km정도 떨어진 곳에 위치하며, 행정구역상으로는 정산면 白谷里와 木面 池谷里의 경계인 표고 210.5m의 鷄鳳山頂에 있다. 이 계봉산성의 서쪽에는 백곡리 '백실부락'이 있으며, 이곳에서 백제시대의 고분군과 토성이 새로이 발견되었다. 이는 백제부흥운동의 주요거점 중의 하나인 豆陵尹城으로 비정되는 계봉산성과 함께 이 지역의 중요한 백제시대의 유적으로 주목된다.

3. 조사경과

1) 1次 調査

칠갑산 성지에 대한 지표조사를 위해 조사단은 장평면 적곡리 도림부락의 姜英淳氏 댁에 숙소를 정한 다음 조사반을 2개조로 편성하여 조사하였다. 그중 1개조는 성벽의 실측과 구조파악을 목적으로 하였으며, 다른 1개조는 성내의 건물지, 도림사지, 그리고 성내외의 기타 유적에 대한 조사를 목적으로 하였다.

먼저 성벽에 대한 조사는 전체 성벽의 실측도 작성과 함께 비교적 잔존상태가 양호한 4개소를 선정하여 단면도를 작성하였으며, 특히 동벽의 1개소에 대하여는 폭 1m, 길이 6m의 성벽절개 Tr.를 설정하여 성벽의 단면을 조사하였다. 아울러 현재의 통행

---

1) 청양군 관내의 城址에 대한 기존의 조사 성과는 다음과 같다.
    沈正輔 1983, 「百濟復興軍의 主要據點에 關한 研究」, 『百濟研究』14, 143~194쪽.
    兪元載 1987, 「百濟古良夫里縣 治所의 位置」, 『公州敎大論叢』23－2, 337~354쪽.

로인 추정 남문지 서측 성벽의 축조 방법과 시기를 추정하기 위하여 성벽외측에 흘러내린 城石을 제거하는 작업을 병행하여 실시하였다.

그리고 성내 조사는 도림사지의 사역에 남아 있는 석재와 성내 건물지의 확인에 중점을 두었고, 특히 골짜기의 좌우 평탄지에 각 1개소, 寺域內에 1개소 도합 3개소에 1×1m의 Pit를 설정 조사하여 성의 사용시기 및 道林寺의 존속시기를 규명하고자 하였다. 또한 성내의 '염부처'라고 불리우는 석불입상의 주변에 대해서도 조사를 하였는데, 이러한 조사는 성의 축조 및 사용시기와 사지와의 관계를 해명하는 관건이 될 것으로 생각되었다.

2) 2次 調査

2차 조사는 정산면 백곡리와 계봉산성 주변지역에 대하여 비교적 광범위하게 실시되었다. 먼저 계봉산성에 대한 실측을 하였고, 산성 주변의 고분군 조사, 그리고 백곡리 부락의 남측에 있는 토성의 실측도를 작성하였다. 이곳에서 우리 조사단은 계봉산성과 백곡리의 토성이 하나의 조를 이루는 백제시대의 것소일 가능성에 대하여 확신을 가질 수 있었다.

이렇게 하여 칠갑산성지와 정산면 백곡리 일대의 지표조사는 끝을 맺게 되었다. 조사가 완료된 후 成周鐸·車勇杰·朴泰祐·청양군 향토유적보호회 회원들이 참가한 가운데 칠갑산 성지와 유적에 대한 간단한 토론회가 있었다.

1·2차 조사가 진행되는 동안 신록은 점차 푸르름을 더해가고 있었으며, 조사단은 칠갑산 계곡의 맑은 물을 뒤로 하며 조사를 완료하였다. 이에 참가한 조사단의 명단은 아래와 같다.

이 조사에는 李康承, 車勇杰, 兪元載, 孔錫龜, 朴泰祐, 姜鍾遠, 成元植, 양승률 등 여러분들이 참여하여 유물의 정리·실측·제도는 朴泰祐가 담당하였고, 보고문은 李康承, 朴泰祐가 분담하여 집필하고, 고찰은 成周鐸이 총괄하여 집필하였다.

4. 七甲山 城址 調査

1) 遺蹟

칠갑산의 정상에서 남쪽으로 전개되어 있는 골짜기가 가장 깊고 水量도 풍부하여 여기에서 발원한 물이 赤谷里, 美堂里를 거쳐 仍火達川에 합류되어 금강으로 흘러간다. 성벽은 칠갑산 정상에서 동남과 남서 능선을 따라 축조되었고 남쪽 골짜기를 포용하며, 성의 둘레는 4,540m에 달하고 평면형은 三角形에 가깝다 (그림 2, 사진 1).

동벽의 전체길이는 1,570m이고 칠갑산 정상에서 동남 능선을 따라 축조되었는데, 능선 정상부에서 10~20m 바깥쪽에 성벽이 통과한다. 칠갑산 정상에서 300m까지는 土壘狀으로 잔존상태가 양호하나, 나머지 부분은 內托 내지는 削土에 의해 성벽을 구축한 듯한 지형만이 남아 있을 뿐이다. 이 동벽의 잔존상태가 양호한 곳, 즉 칠갑산 정상에서 250m 지점에 1×6m의 성벽절개 Tr.를 설정하여 조사하였다. 이 지점의 성벽 축조는 성 내측과 외측에 간단하게 자연할석을 늘어놓아 일단의 경계를 만든 다음, 그 내부에 土砂 및 잡석을 채워 넣은 막다짐 형태를 이루고 있다. 성벽의 높이는 중간부분에서 1.5m 내외이고 성내측과 외측은 잡석으로 구획된 폭이 2.5m에 불과하였다. 이 토층 Tr.의 조사에서

그림 2. 七甲山城址 平面圖

유물은 1점도 출토되지 않았으며, 성벽 축조에 사용된 흙은 적갈
색 사질점토로서 잔자갈이 많이 섞여 있는 정선되지 않은 것이
다. 그리고 이 성벽구축토의 상면 내측에 4~5cm 두께의 숯 포
함층이 형성되어 있고 그 위에 다시 황갈색 사질점토와 흑갈색
부식토가 덮여 있다. 이로써 보면 원래의 성벽은 토루상으로서

사진 1. 삼형제峰에서 본 七甲山 頂上   **사진 2.** 七甲山城 東壁 土層 Tr. 層位 모습

그다지 높지 않았던 것으로 생각되며, 정성을 들여 축조된 성벽이 아니었음을 알 수 있다(사진 2). 또한 성벽의 내측 5~7m지점, 즉 능선 정상부에는 성벽을 따라 자연할석들이 많이 노출되어 있는데, 이것은 유사시의 전투용석재이거나 석축성벽을 구축하기 위하여 모아놓은 석재의 일종으로 추정된다. 이번의 조사에서 이 석재의 성격을 명확하게 규정지을 수 없었으나, 잔존하는 성벽의 상태가 허술할 뿐만 아니라 간단한 토루상을 이루고 있는 것으로 보아 성벽의 축조가 완결되지 않았던 것을 시사하여 주는 것이 아닐까 한다. 이러한 석재는 동벽에서 뿐만 아니라 서벽과 북서벽에서도 적지 않게 눈에 뜨이며 이것으로 보아 원래 석축으로 성벽을 구축하려고 하였으나, 성벽의 축조가 완전하게 이루어 지기 전에 축성작업이 중지된 것으로 추정된다(그림 3). 서북벽과 서벽의 전체길이는 1,310m에 달하며 칠갑산 정상에서 서남쪽 능선을 따라 삼형제峰까지 이어지고, 여기에서 다시 남쪽으로 계속되다가 남벽과 만난다. 서북벽 즉, 정상에서 삼형제봉까지의 성벽은 능선 정상부에서 5~10m 떨어진 곳을 선정하여 구축되었고, 성벽의 외관은 내탁으로 축조한 듯 하다. 이곳에서

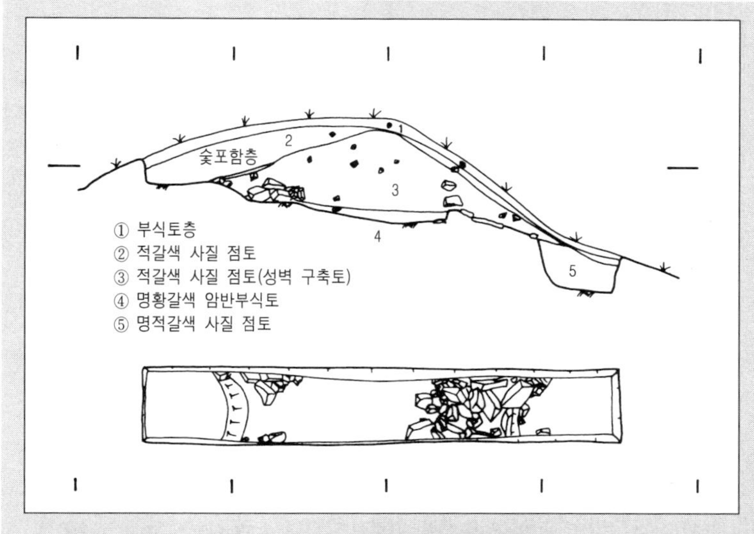

그림 3. 七甲山城址 東壁 土層Tr. 平面 및 斷面圖

는 성벽 외측의 城石이 1~2단 정도 남아 있는 부분도 있으며(사진 3), 성벽 外高는 2~3m에 달한다. 삼형제봉에서 남쪽으로 이어진 능선에는 험한 지형 탓인지 성벽의 흔적이 거의 남아 있지 않고 군데군데 성돌로 생각되는 석재가 보일 뿐이다(그림 4).

남벽은 길이가 1,220m이고 남벽이 통과하는 곳은 지형상 계곡의 좌우측이 되기 때문에 경사가 심하고 부분적으로 성벽이 붕괴되어 성벽의 흔적을 찾기 어려운 곳도 있다. 그러나 일부 성벽에서는 성벽외면에 4~5단의 석축이 남아 있기도 하며(사진 4), 남벽 서반부는 토루상으로 잔존한다. 이곳에서의 성벽 높이는 1~1.5m이고 성벽의 내측에 內壕가 1m 깊이로 돌려져 있다. 남벽의 동반부는 성벽이 완전히 허물어져 성돌이 산비탈면에 흘러 내려 있는 것으로 보아 원래는 內外夾築에 의한 방법으로 성

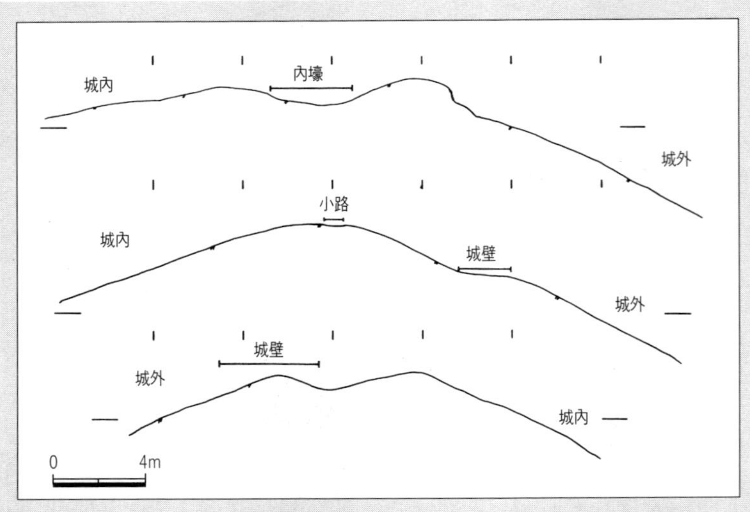

그림 4. 七甲山城址 城壁 斷面圖(위로부터 東壁・西北壁・南壁)

사진 3. 七甲山城 西壁 現況

사진 4. 七甲山城 南壁 調査後 모습

벽이 구축되었음을 알 수 있다(그림 4).

특히 水口址 및 南門址 좌우측은 산의 경사가 60~70° 되는 곳에 성벽이 통과하기 때문에 성벽의 원상을 알 수 없다. 그러나 다행스럽게도 수구지와 남문지 사이의 성벽 10m정도가 남아 있어 성 외측으로 허물어진 성돌을 제거하여 조사를 실시한 결과 성벽 外高가 1.8~2m에 달하고 있음을 알게 되었다. 성벽은 부정형의 자연할석으로 외면을 제대로 맞추지 않은 상태로 쌓아 올렸으며, 성돌의 크기는 80×50cm~20×30cm의 크기에 이르기까지 일정치 않다. 이곳의 성벽은 내외협축으로 축조하였고 성벽의 폭은 3.4m에 달하며, 성벽 외면은 내측으로 약간 경사지게 구축하였다(그림 5).

이 성지는 성의 크기가 4,540m에 달하지만 성벽상의 門址는 남문지 1개소 밖에 없는 특이한 구조를 지니고 있다. 현존하는 남문지는 등산로로 사용되고 있으며 문지의 좌우측 성벽이 허물어진 상태이기 때문에 원상을 파악할 수 없다. 따라서 문지의 폭이 어느 정도였는가에 대하여도 알 수 없다. 다만 문지의 서쪽 성벽 높이가 1.8~2m정도로서 현재의 통행면보다 1.4m 낮은 것으로 보아, 이러한 지형이 문지의 동쪽 성벽에서도 동일한 것이라고 추정한다. 문지의 형식은 다락문의 구조를 가지고 있었던 것이 아닐까 생각될 뿐이다. 그리고 문지의 남쪽 전방에는 폭 20m, 길이 15m 정도의 평탄지가 조성되어 있는데 이 평탄지도 문지의 방어시설과 관계있는 것으로 추정된다.

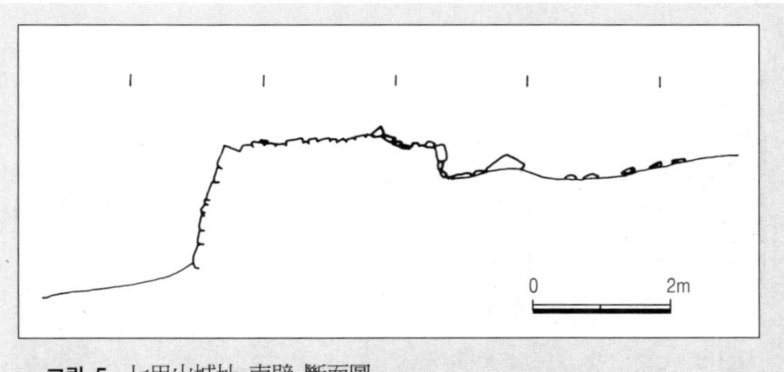

그림 5. 七甲山城址 南壁 斷面圖

수구지는 남문지의 서쪽으로 15m되는 곳에 있으며, 남벽이 계곡 좌우에서 붕괴되어 남아 있지 않으나 큰 자연할석이 있어 쉽게 추정이 가능하다. 이 자연대석 중에서 동측의 것은 3×1.5m 크기이고 두께 또한 2m에 달하며, 서측의 것은 길이 2m, 폭 1.2m, 높이 70~80cm이고 大石간의 거리는 120cm이다. 이 대석을 사용하여 水口를 조성하고 그 위에도 축성하였던 것으로 추정되나 현재는 계곡의 流水로 인하여 파괴되어 자세한 양상은 파악하기 어렵다(사진 5).

성내의 절골에는 道林寺址가 위치하고 있으며, 현재 三層石塔 1基가 있다(사진 6). 삼층석탑은 기단이 2층으로 되었으며, 판석 수매를 깔아 地臺石으로 하고 다시 下臺底石을 놓아 완전한 하층 基壇部를 이루고 있다. 上臺中石에는 撑柱와 隅柱가 있고 上臺甲石은 4枚石으로 평박하게 올려 놓았다. 갑석 상면의 屋身괴임은 1단으로 되었고 屋石받침은 3단으로 되었다. 屋蓋의 檐下는 완만하게 곡선을 이루다가 처마 끝에 와서 강하게 반전되었다. 相輪部는 대부분 결실되고 露盤·覆鉢·寶珠가 탑 정상부에 남아 있다. 이 탑은 균형잡힌 아담한 형태로 高麗時代 석탑의 양식을 충실히 보여주고 있다.

사진 5. 七甲山城 水口址 全景(南→)

사진 6. 道林寺址 三層石塔

이 삼층석탑은 충청남도 유형문화재 제 27호로 지정되어 있으며, 고려시대의 일반형 석탑으로서 1973년 해체 수리시 方形의 사리구가 발견되었다. 또한 남문지 바깥 약 100m되는 곳에 석불입상 1구가 상반신이 파손된 채 연화대좌위에 올려져 있는데 이 석불입상도 탑과 동일한 시대의 작품으로 추정된다.

寺址는 동서 100m, 남북 150m크기이고 寺域으로 추정되는 곳에는 축대, 초석, 석재와 유물이 적지 않게 산재하고 있으며, 근년에 '道林寺'銘 銘文瓦도 발견되었다. 이 '道林寺'銘 銘文瓦와 삼층석탑 출토의 사리구는 현재 국립부여박물관에 보관되어 있다.

이 도림사지는 성지와 밀접한 관련을 가지고 있었을 것으로 판단되며, 성내에서는 가장 평탄한 곳에 입지하고 있기 때문에 이곳에 대하여 고려시대의 유물이외에 연대가 더 올라갈 수 있는 유물수습에 적지 않은 노력을 기울였다. 아울러 寺域 범위 이외의 지역에서 건물지가 있었을 것으로 생각되는 평탄한 지형을 선정하여 2개소에 1×1m의 Pit를 설정하고 시굴 조사하였다. 1개소는 계곡의 중간지점으로서 城 거의 중앙부에 해당되는 골짜기의 서쪽인데 이곳에 대한 조사에서는 Pit 내부에서 단 1점의 유물도 출토되지 않았으며, 표토 아래 120cm까지 자연할석이 포함된 암갈색 사질점토였다. 다른 1개소의 Pit는 寺址의 서북방 능선 말단부에 설정하였는데 이곳에는 민묘 2기가 있고 지표에서 수막새 기와 1점이 수습된 곳이다. 이 Pit에 대한 조사에서는 표토 아래 30cm까지 유물포함층으로서 고려시대의 와편만 출토되었을 뿐이며, 그 밑으로는 황갈색 생토층으로 시대를 올려볼 수 있는 유물층은 존재하지 않았다. 이러한 2개소의 Pit에서 기대하였던 유물층이 존재하지 않은 점을 고려하여 寺址 내의 건물지에도 1×1m의 Pit 1개소를 설정하여 조사하였으나 능선 말단부의 Pit와 동일한 고려시대의 유물포함층만이 40～50cm의 두께로 형성되어 있었을 뿐이다.

2) 遺物

(가) 土器

① 土器 口緣部片(그림 6의 1～3) : 회청색 경질 소성의 토기 구연부 파편이다. 구연의 외반도는 심한 편이며, 구연은 두껍게 말려져 있다. 구연하단은 둥글게 처리되었고, 그 중 1점은 표면과 내면에 자연유가 흡착되어 있다.

② 單線波狀文 土器片(그림 6의 4·5) : 토기의 頸部 파편인데 單線波狀文이 시문된 것이다. 그림은 4條의 單線波狀文이 남아 있고 표면은 거칠게 조정하였다.

③ 突帶附 土器片(그림 6의 6～9) : 회청색 경질 소성으로서 突帶가 돌려져 있으며 格子文이 打捺되어 있다. 그 중 (그림 6의 7)은 돌대의 요철이 심하지 않으며 납작하게 표현되었고, (그림 6의 8)은 4조의 돌대가 밀집되어 띠를 이루고 있는데, 이들의 표면에는 회백색 재가 흡착되어 있다. 4점 모두 내벽에 格子文 또는 線條文 拍子 흔적이 있다.

④ 格子文 土器片(그림 7의 2·3·5～7) : 회청색 경질 소성으로서 표면에는 格子, 내면에는 格子 또는 線條文 打捺, 그리고 회전손빗음에 의한 조정흔적도 있다.

⑤ 土器片(그림 7의 1·4) : 표면에 문양이 없는 회청색 경질 토기편이다. 내면에는 회전손빗음에 의한 조정흔이 남아 있다.

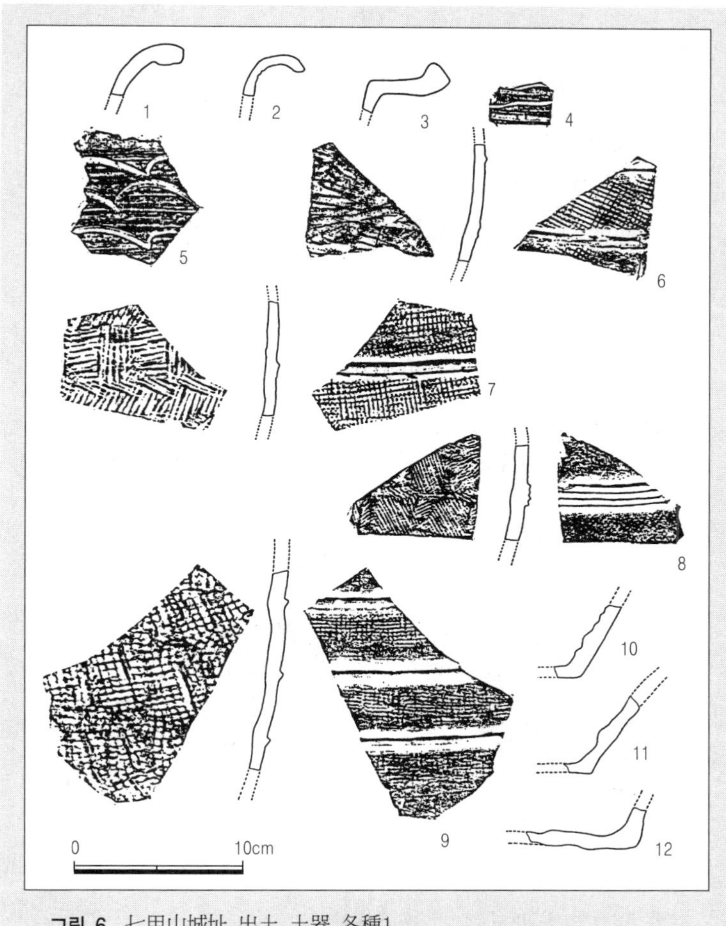

그림 6. 七甲山城址 出土 土器 各種1

⑥ 繩文 土器片(그림 7·8) : 표면에 승문이 타날되었으며 일부 지워 없앤 부분도 있다. 내면에는 곡선화된 靑海波文의 內拍子 흔적이 있다. 회갈색 경질 소성이다.

⑦ 土器 底部片(그림 6의10～12) : 회청색 경질 토기의 底

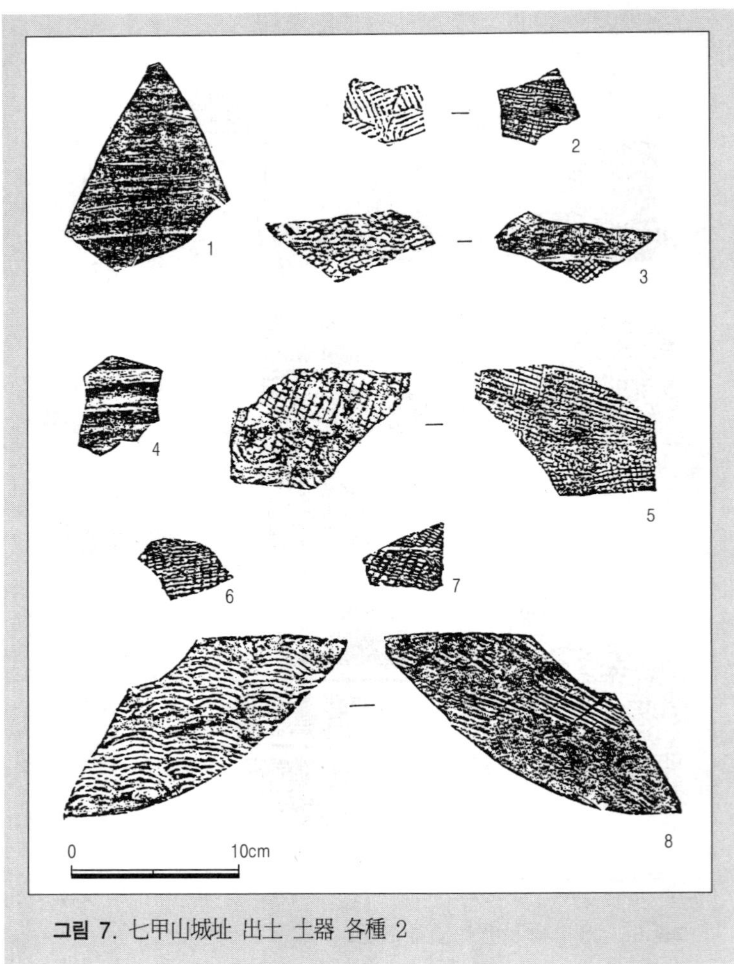

그림 7. 七甲山城址 出土 土器 各種 2

部片이다. 平底이며 내면은 회전손빗음에 의한 조정흔적이 남아 있는데 거칠게 표현되어 있다.

(나) 磁器

① 靑磁片(그림 8) : 靑磁瓜形梅瓶片 2점과 청자대접편 1점

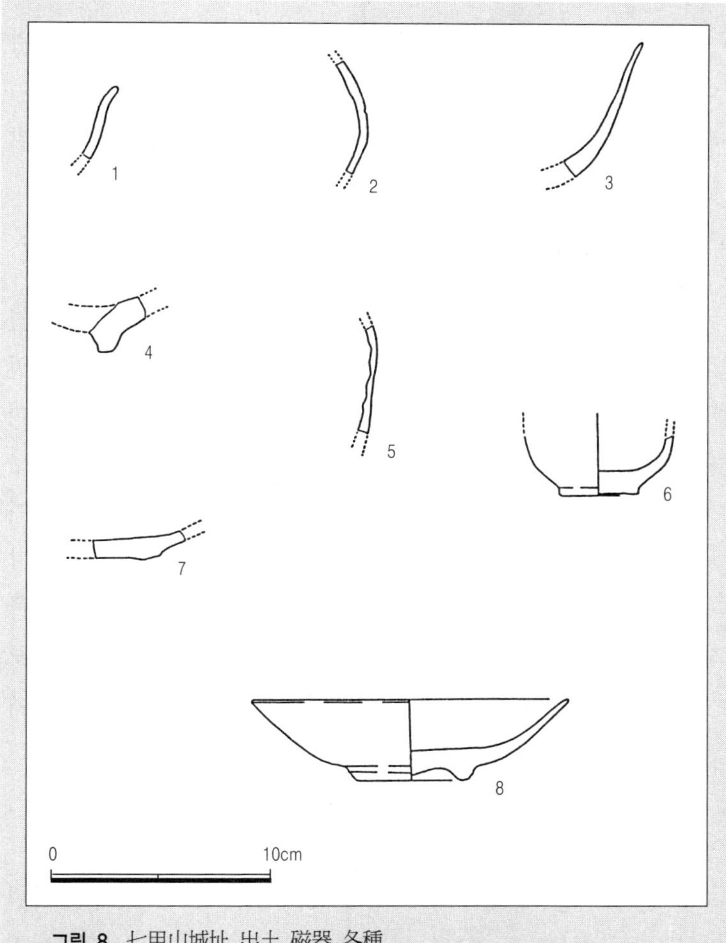

그림 8. 七甲山城址 出土 磁器 各種

이다. 瓜形梅瓶片은 동일기종의 파편으로서 색조는 淡綠을 띠고 釉는 고르게 칠해져 있다. 그러나 내면에 유약은 입혀 있지 않다. 대접의 파편은 굽과 구연의 일부가 남아 있는데 굽은 깎기 수법에 의하여 조정하였으며, 굽과 內底에 모래가 섞인 耐火土를 4개소에 받쳤다.

② 白磁片 (그림 8) : (그림 8의 6)은 작은 종지파편이고 나머지는 대접 파편이다. 색조는 淡色을 띠는 것과 회백색 두 종류이며 유약은 고르게 발려져 있다. (그림 8의 4·6)은 굽에 모래받침이 남아 있다.

(다) 기와

① 수막새기와편(그림 9의 1) : 연화문와당인데 연판은 연꽃잎과 꽃술대를 사실적으로 표현하였으나 표현수법은 조잡하다. 연판은 기본적으로 복판의 수법을 따르고 있으며, 間瓣은 변화되어 나뭇잎모양을 하고 있는 것이 특징이다. 子房에는 1+5果의 蓮子가 표현되어 있고 圈線은 굵게 표현되었다. 周緣에는 蓮珠文이 돌려져 있고 막새기와의 접합부는 수키와가 완전히 떨어져 나가 파악하기 어려우나 접합부 흔적으로 보아 수키와의 端部 下面을 경사지게 깍아낸 후 접합한 것으로 추정된다. 막새기와의 소성도는 낮고 흑회색을 띤다. 지름 18.3cm, 子房 지름 5.4cm, 두께 1.6cm.

② 암막새기와편(그림 9) : 암막새기와의 小破片인데 唐草文이었을 것으로 추정되며 周緣部에 蓮珠文이 배열되어 있다.

③ 格子文瓦片(그림 9의 3·5와 10의 3) : 격자문기와의 파편인데 (그림 9의 3)은 격자가 직사각형을 이루며, (그림 9의 5) 小方格의 정격자이다. (그림 10의 3)은 기와 端部에 문양이 없고 격자의 크기가 일정하지 않다.

④ 斜格子文瓦片(그림 9의 4·6·7) : 사격자문와편들로서 문양 크기에는 차이가 있다. (그림 9의 4·7)은 은 이면에 布目痕

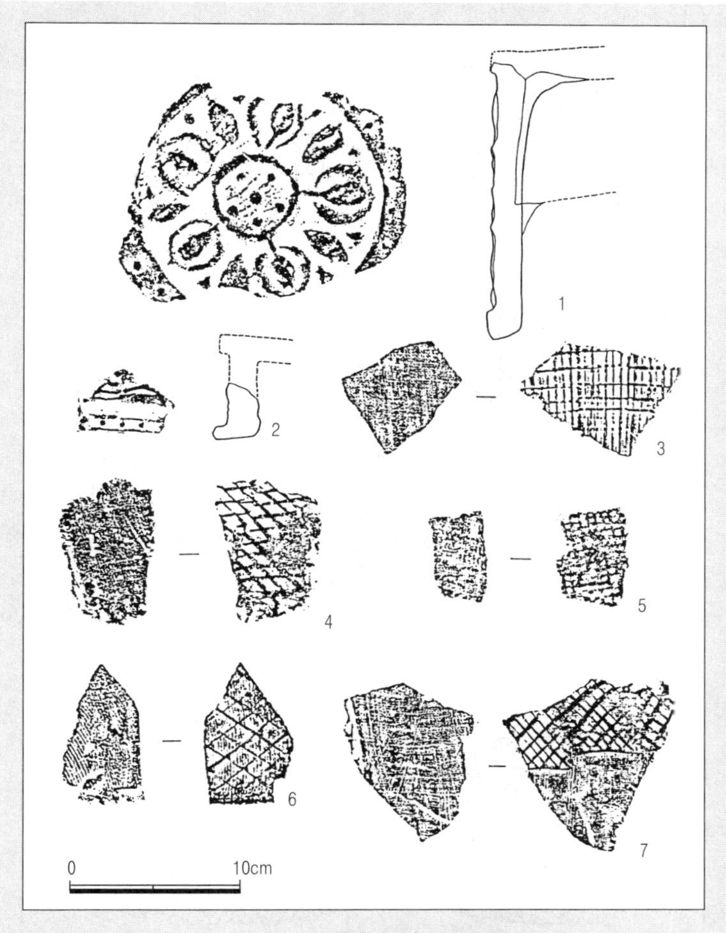

그림 9. 七甲山城址 出土 수막새기와 및 平瓦 各種 1

이 있고 (그림 9의 6)은 布를 분리할 때 생긴 찰과흔이 있다.

　⑤ 線條文瓦片(그림 10의 1과 11의 2) : 성도가 낮은 선조문와 편인데, (그림 10의 1)은 선조문 사이에 거의 직각으로 횡선이 지나가는 형식이며 이면에 布目痕이 있다. (그림 11의 2)는 太

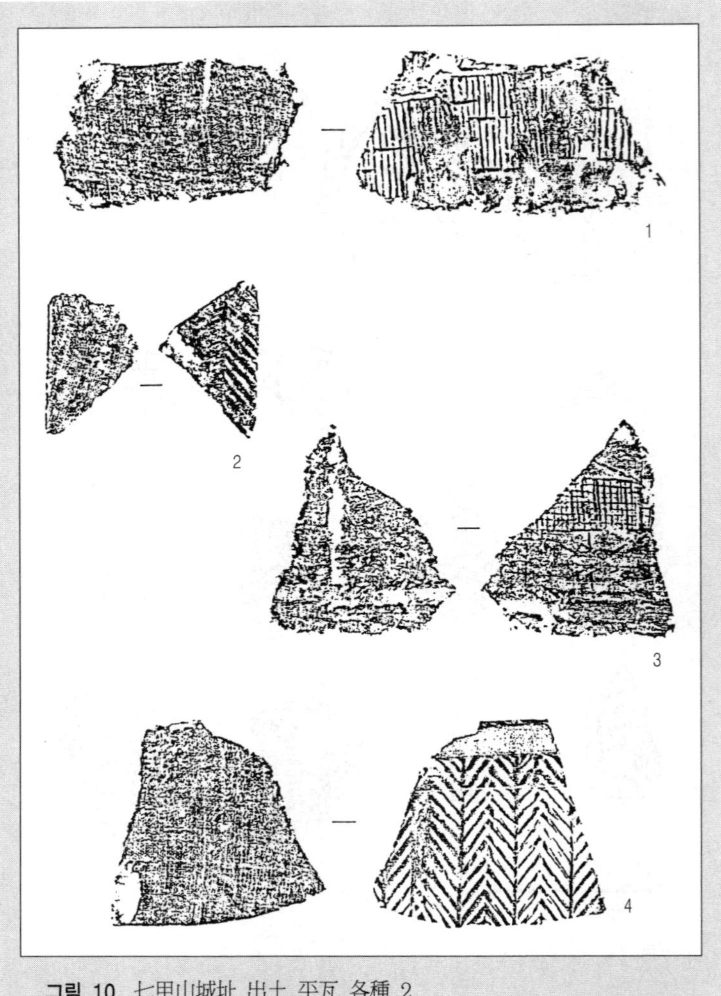

그림 10. 七甲山城址 出土 平瓦 各種 2

線式이며 횡선이 불규칙하게 배치되어 있다.

⑥ 魚骨文瓦片(그림 10의 2·4) : 太線式 魚骨文瓦片인데 이면에 포목흔이 있다.

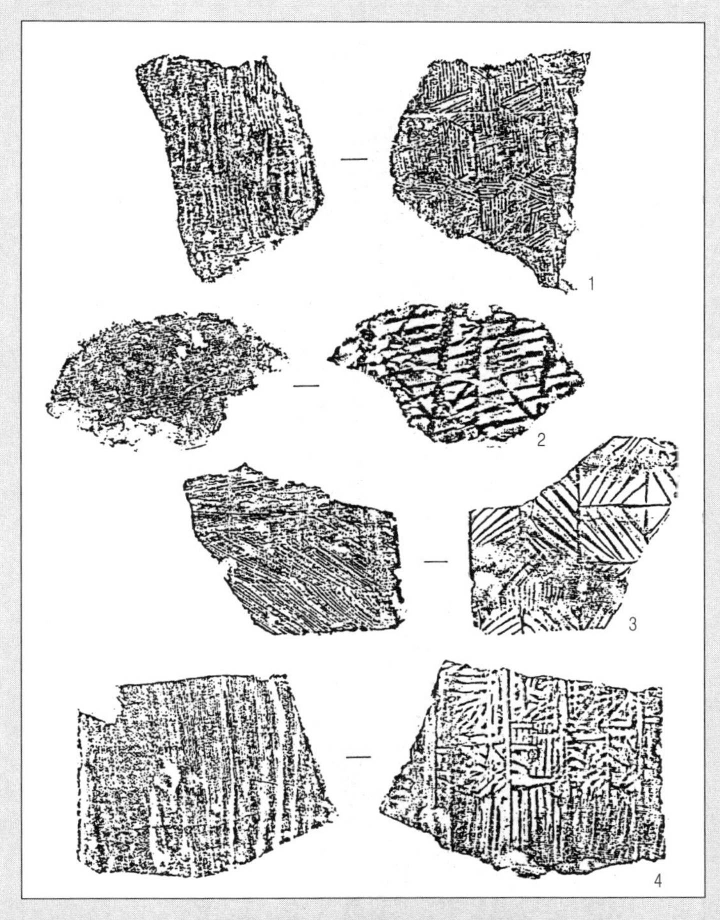

그림 11. 七甲山城址 出土 平瓦 各種 3

⑦ 複合文瓦片(그림 11의 1·3·4와 그림 12) : 線條文·稜形文이 복합 시문된 瓦片이다. (그림 11의 1)의 와편은 細線式이며 각기 방향을 달리하는 線條文이 시문된 특이한 문양이다. 이면에 布目痕이 있다. 나머지 3점은 선분의 굵기가 굵고 이면에는

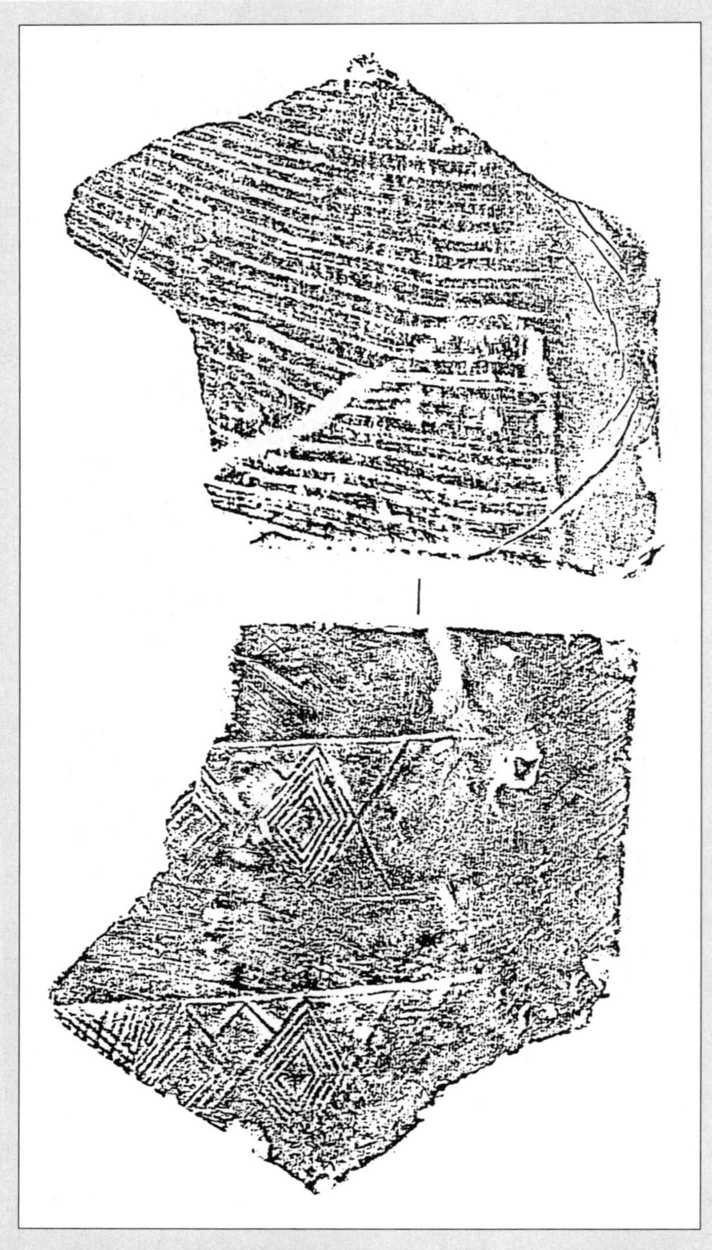

그림 12. 七甲山城址 出土 平瓦 4

사진 7. 道林寺址 石佛立像

사진 8. 七甲山城 出土 蠟石製佛像
片

사진 9. 七甲山城 出土 刀子

찰과흔이 있다.

4) 기타

① 蠟石製佛像片(사진 8) : 납석제 座佛의 파편인데 오른쪽 무
릎과 의습이 표현되어 있고 대좌의 일부도 확인된다. 잔존크기는
길이 5cm, 폭 4cm, 높이 2.7cm이다.

② 刀子(사진 9) : 刀部는 일부 파손되었으나 직선으로 처리되
었고 끝부분이 약간 위로 들려진 상태이다. 칼의 등부분은 한번
접어서 두껍게 하였고 슴베의 길이는 4.2cm이다. 전체길이 9.8cm
의 단조품이다.

5. 定山面 地域의 調査

1) 鷄鳳山城

(가) 遺蹟(그림 13·14)

이 성은 표고 210m인 鷄鳳山의 정상에 축조된 석축산성으로
서 성둘레는 560m이다. 성의 평면형은 圓形에 가깝고 성벽은 內
托工法으로 축조하였으며, 성벽내측에는 너비 10m의 內壕가 돌
려져 있다. 남벽은 백곡리에서 올라가는 소로가 통과하는 곳으로
서, 성벽의 높이는 4~5m정도로 남아 있다. 현존 남벽의 길이는
200m정도이며, 남벽 동반부의 일부 성벽 축조는 부분적으로 내
외협축을 한 곳도 있다. 이곳의 城壁外高는 4m, 內高는 1.5m내외
이다. 體城은 외면을 모서리에 맞추어 쌓고 안쪽으로 부정형 할
석을 채워 넣은 형태인데 성벽외면은 거의 허물어졌고 내부의
채워 넣은 성돌들만이 남아있다(사진 11).

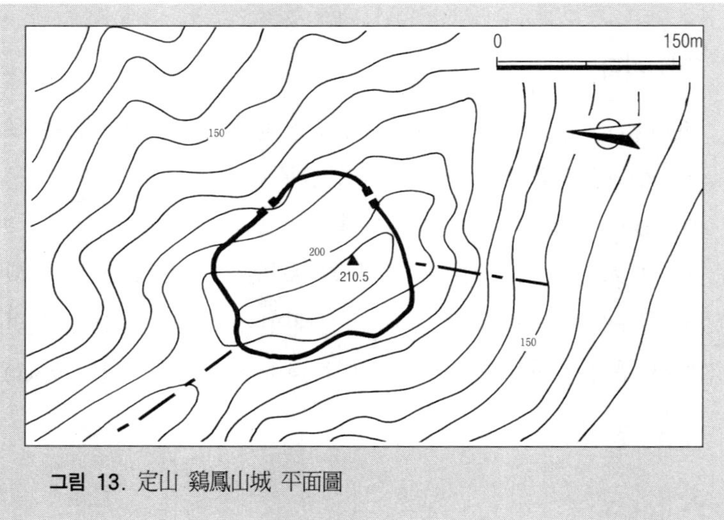

그림 13. 定山 鷄鳳山城 平面圖

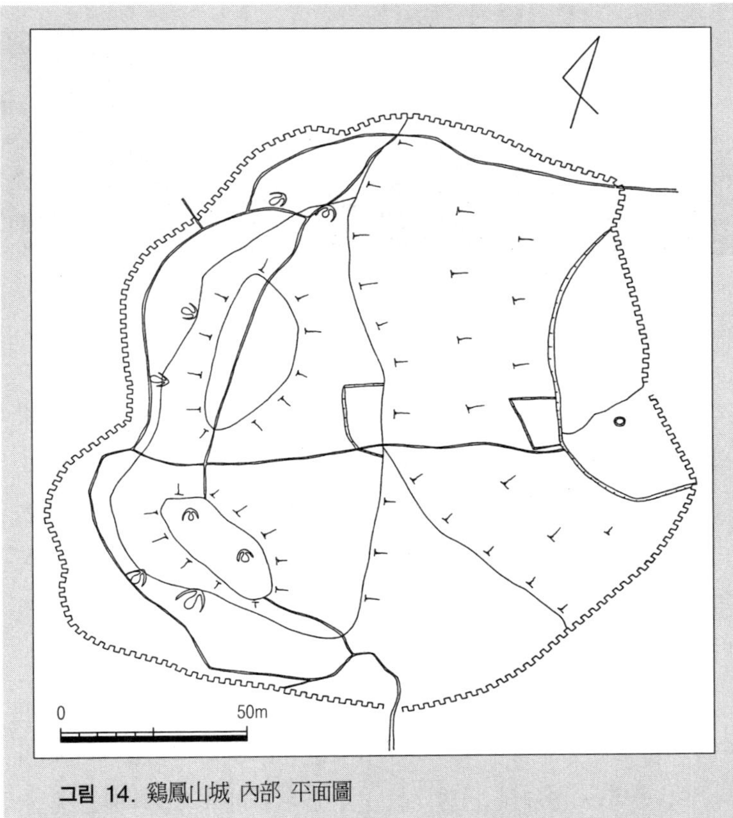

그림 14. 鷄鳳山城 內部 平面圖

서벽의 축조방법도 남벽과 동일하였으며 서벽의 전체 길이는
175m정도에 달한다. 서벽은 정상부에서 15~20m 떨어진 부분에
성벽이 축조되어 있고, 가장 잘 남아 있는 곳에서의 城壁外高는
5~6m에 달한다. 서벽이 이 산성의 主向으로서 성의 좌측 전방
에 白谷里山城이 있다.

북벽의 전체 길이는 105m에 달하며 북벽의 서반부 40m 정도
는 내탁에 의하여 축조되어 있고 성벽 외고는 4~5m에 달한다.

사진 10. 鷄鳳山城 遠景(白谷里土城→)　　사진 11. 鷄鳳山城 南壁 石築 狀態

북벽의 동반부는 토루상으로 잔존하며 城壁內高는 1~2m, 성벽 외고는 3~4m이다. 이 북벽의 동반부는 급경사면에 축조되었고, 동쪽으로 산의 지형이 경사져 있기 때문에 상당한 부분이 훼손되어 외견상 토루와 같은 형태로 잔존하는 것으로 추정된다. 북벽과 동벽이 만나는 곳은 거의 직각으로 꺽여지는 것이 특징이다.

동벽은 거의 일직선으로 달리고 있으며 전체 길이는 95m정도이다. 동벽에서의 성벽축조 또한 內托이며 성벽 외고는 4~5m이다. 이 동벽은 성내의 가장 낮은 곳에 위치하고 있기 때문에 水口도 있었을 것으로 추정되나 그 자취를 찾을 수 없었다.

성벽상의 문지는 南門址 1개소만 있을 뿐이다. 이 남문지는 백곡리에서 성으로 진입하는 유일한 통로이며, 현재도 소로가 나 있다. 문지의 폭은 4m이며, 좌우성벽의 흘러내린 城壁 때문에 開口部에 대한 정확한 조사는 불가능하였다(사진 12). 문지의 내측에는 10m 떨어진 곳에 비교적 높은 단을 형성하여 성내로 출입할 때에 좌측으로 꺽여서 들어갈 수 있도록 한 시설물이 있다.

성내에는 평탄한 지형
이 많고 이러한 곳에 건
물지가 있었을 것으로
생각되며 군데군데 밭으
로 경작되고 있다. 성의
서남부에는 高臺가 위치
하고 있어 시계가 매우
양호하며, 公州－靑陽간
도로가 내려다보인다.

사진 12. 鷄鳳山城 南門址(南→)

　성내의 우물은 동벽 중간부에 있으며 동벽에서부터 10m 정도
떨어져 있다. 1.8×1.8m의 정방형으로서 현재도 물이 솟아나고
있었다.

　(나) 遺物

　① 土器口緣部片(그림 15의 1) : 구연의 일부분만 남아 있고,
구연 상단에 凹部가 있으며 구순 상단은 약간 치켜 올라가게 처
리하였다. 자배기형 토기의 구연으로 생각되며 회백색 경질 소성
이다.

　② 土器頸部片(그림 15의 2) : 頸部에 1條의 單線波狀文과 1條
의 沈線이 있다. 회청색 경질 소성이다.

　③ 突帶附土器片(그림 15의 3·5) : 동체부의 파편인데 상하
1~2條의 突帶가 있고 格子文이 打捺되었다. 내면에도 格子文이
남아 있다. 회청색 경질 소성이다.

　④ 大甕頸部片(그림 15 4) : 頸部에 1條의 단선파상문과 1條의
突帶가 있는 大甕片이다. 胴部에는 格子文을 타날한 후 회전손빛

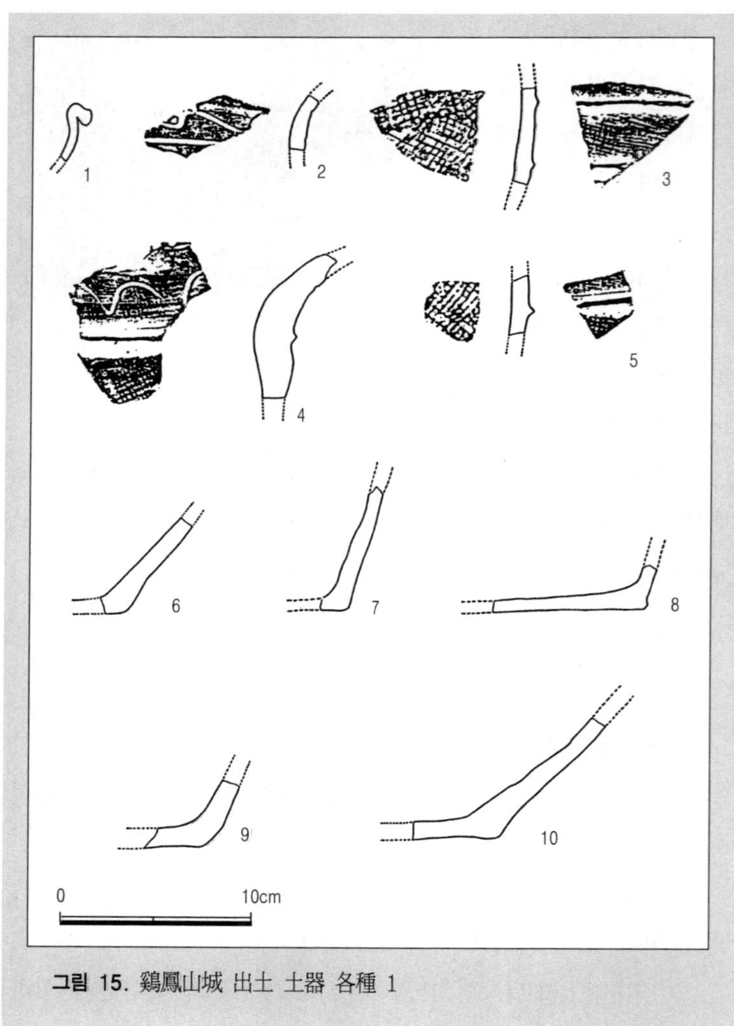

그림 15. 鷄鳳山城 出土 土器 各種 1

음하였다. 회청색 경질 소성이다. 두께 1.0~1.7cm이다.

⑤ 土器底部片(그림 15의 6~10) : 底部片으로서 胴體部에 格子文이 있는 것과 없는 것으로 구분되며 모두 平底이다. 회청색

경질 소성이다.

⑥ 土器片(그림 16의 1) : 胴體部의 小破片인데 2~3條의 沈線이 희미하게 돌려져 있다. 회청색 경질 소성이다.

⑦ 格子文土器片 (그림 16-2·3·5·7·8) : 格子文을 타날한 후 회전손빛음으로 조정하였으며 格子는 크지 않다. 회청색 경질 소성이다.

⑧ 土器片(그림 16의 4·6·9) : 표면에 문양이 없는 회청색 혹은 흑회색 경질 토기편들이다.

⑨ 格子文土器片(그림 16의 10) : 표면에 格子文이 打捺되었으며 內面에도 格子文 拍子 흔적이 남아 있다. 회청색 경질 소성이다.

⑩ 繩文土器片(그림 16의 11·12) : 표면에 승문을 타날하였으며 회청색 경질 소성이다.

⑪ 線條文瓦片(그림 17) : 표면에 선조문이 시문되었고 이면에는 細布目痕이 있다. 기와의 절단은 내측에서 瓦刀로 1/2절개한 후 절단하였다. 회청색 경질 소성.

⑫ 魚骨文瓦片(그림 17의 2) : 표면에 어골문이 시문되어 있으며 이면에는 布目痕이 남아 있다. 회청색 경질 소성.

⑬ 太線式線條文瓦片(그림 17의 4·5) : 線分이 굵은 太線式 線條文瓦片으로서 횡선이 있는 것이 1점 있다. 이면에는 포목흔과 함께 찰과흔이 있다. 회청색 경질 소성이다.

⑭ 無文瓦片(그림 17의 6) : 표면과 이면에 찰과흔이 있는 無文瓦片이다. 端部는 2cm쪽으로 손빛음하였다. 회청색 경질 소성이다.

⑮ 線條文瓦片(그림 17의 7) : 두께가 두꺼운 기와로서 선조문

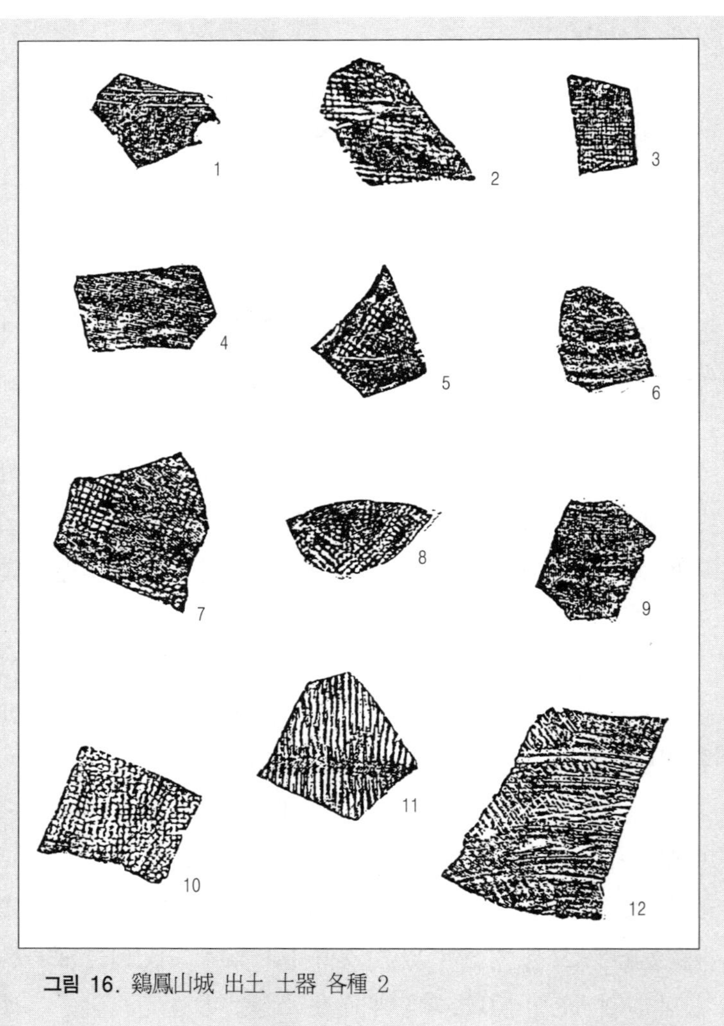

그림 16. 鷄鳳山城 出土 土器 各種 2

을 시문한 후 손빚음하였으나 일부 문양이 남아 있는 곳도 있다.
이면에는 찰과흔이 있으며 적갈색 연질 소성이다.

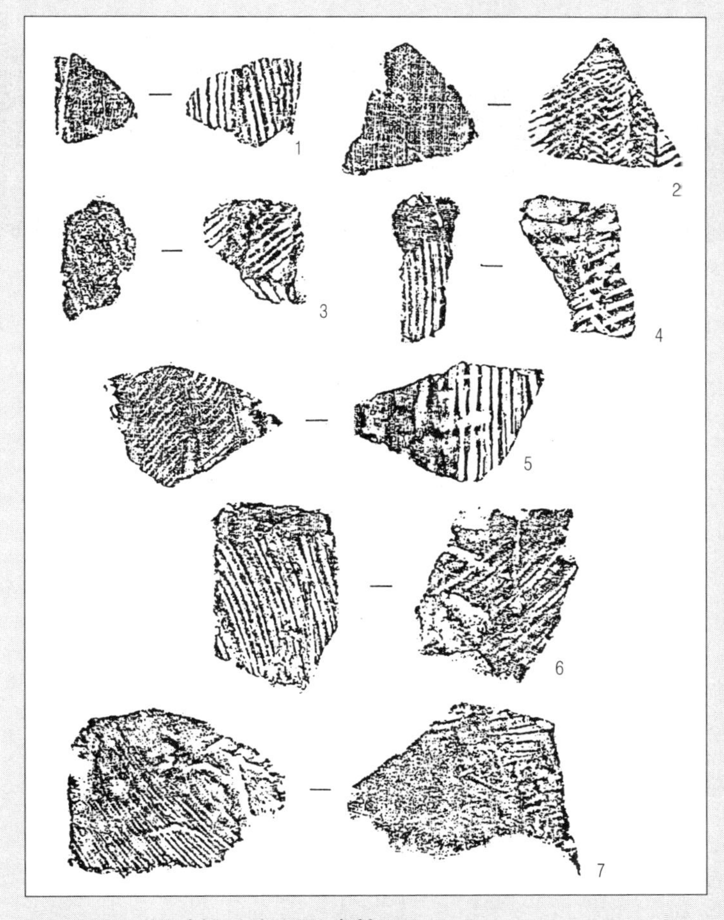

그림 17. 鷄鳳山城 出土 平瓦 各種

2) 白谷里土城

(가) 遺蹟

백곡리는 정산면 소재지에서 동쪽으로 2.5km 정도 떨어진 곳
에 위치하며, 속칭 '백실부락'이라고 불리워진다. 이 부락의 남쪽

사진 13. 白谷里土城 遠景(鷄鳳山城→)   사진 14. 白谷里土城 南壁 全景

에 白谷里土城이 위치하고 있는데 鷄鳳山에서 뻗어 내려온 구릉의 말단부에 해당된다(사진 13). 白谷里山城이 위치하고 있는 해발 80m의 야산을 현지 주민들은 '무능성'이라고 부르며, 이곳의 남과 서로는 충적평야가 전개되어 있다.

성의 평면은 동서 장축의 馬鞍形으로서 동서 길이가 약 130m 내외, 남북 폭이 넓은 곳은 70~80m, 좁은 곳은 30~40m이다. 城은 해발 80m내외의 곳에 거의 평탄한 지형을 이용하여 삭토에 의한 토축으로 축조되어 있으며 전체 둘레는 380m 정도이다(그림 18).

남벽은 길이 130m이고 城壁外高는 5~6m로서 잘 남아 있고, 성벽 외측으로 7~8m되는 곳에는 비교적 평탄한 지형이 밭으로 경작되고 있다(사진 14). 동벽 길이 40m 정도이고, 외고가 4~5m에 내고 0.7~1.2m로서 토루상으로 잔존한다. 동벽의 남단부에 성벽이 훼손되어 있어 이곳에서 성벽축조법을 살펴볼 수 있다. 성벽은 토축으로 하였고 일부 판축이었다고 추정되는 부분도 있다. 그 상부에 자연할석을 덮고 또다시 그 위에 흙을 덮은 형태였다. 자연할석의 위에 덮인 흙은 두께가 40~50cm인 것으로 보

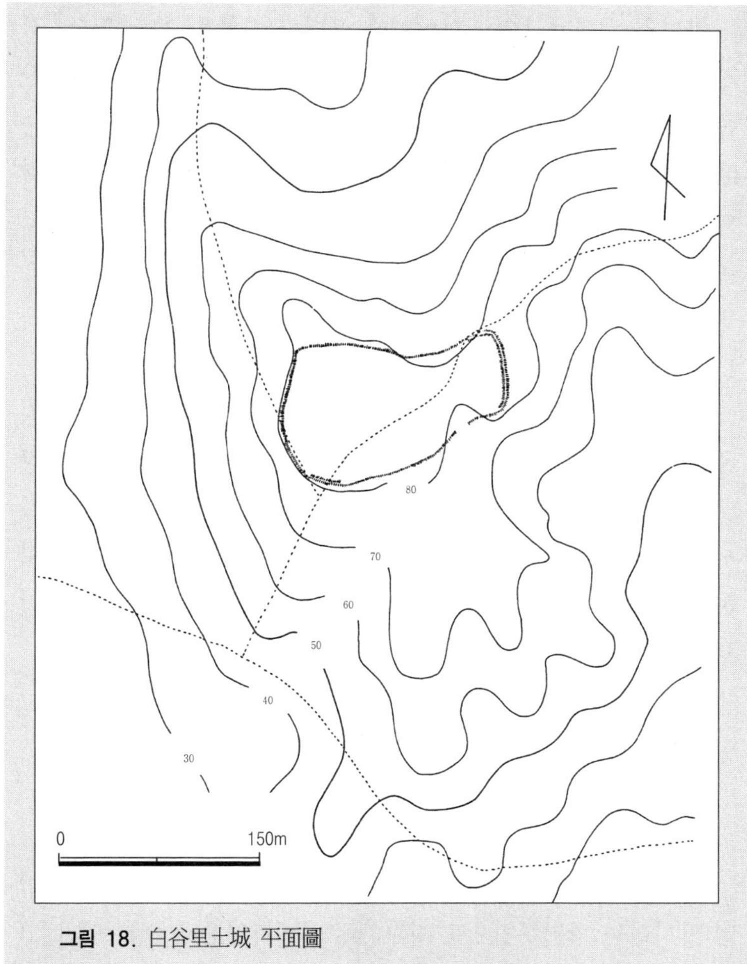

그림 18. 白谷里土城 平面圖

아 원래의 축성과 관계되는 것인지 아니면 토사의 매몰로 인한 것인지는 불분명하다. 동벽과 인접한 성내에는 민묘 3기가 위치하며, 그 중 1기는 성벽의 동북우에 근접하여 있어, 성벽이 원상태를 잃고 있다.

북벽은 길이가 110m 가량인데 북벽의 중앙부 20~30m가 경작 및 소로 등으로 인하여 훼손되어 있지만, 그 외의 부분은 잔존상태가 양호하다. 가장 잘 남아 있는 곳에서의 성벽내고는 0.5m내외, 외고는 4~5m이다. 서벽의 길이는 80m정도이고 성벽외고는 6~7m에 달한다.

성벽의 네 귀퉁이는 둥글게 처리되어 있으며, 서남 모서리는 원상을 유지하고 있는 것으로 판단되며 이곳에서의 성벽 내고는 1~1.2m, 외고 7~8m이다.

성벽상에는 門址로 추정되는 곳이 1개소가 있을 뿐인데, 그것은 남벽의 동쪽으로 2/3정도 되는 곳이다. 이곳은 성내에서 가장 낮은 곳이며, 門址와 水口가 있었을 것으로 추정되나 현재는 토사의 매몰로 인하여 원상을 잃고 있다. 따라서 문지의 폭을 정확하게 조사할 수 없었고 다만 4~5m폭의 함몰부가 門址였을 것으로 생각된다.

성내는 현재 동단의 일부를 제외하고는 전부 밭으로 경작되고 있으며, 이곳에 건물이 있었던 것으로 추정된다.

(나) 遺物

① 三足土器片(그림 19의 1) : 회청색 경질 소성의 삼족토기편인데 다리는 깎기수법으로 정교하게 처리하였고 足端은 약간 외반한다. 杯身은 깊지 않고 구연은 약간 돌출된 뚜껑받이턱에서 곧게 올라가 口脣은 약간 외반된다.

② 三足土器片(그림 19의 2) : 다리는 도구를 사용하여 각이지게 깎았으며 杯身은 얕다. 뚜껑받이턱은 수평을 이루며 구연부는 파손되었다. 회청색 경질 소성되었다.

③ 三足土器片(그림 19의 3) : 회청색 경질 소성의 삼족토기 파편으로서 杯身이 얕고 기벽은 두껍게 처리되었다. 뚜껑받이턱은 약간 돌출되었으며 구연부는 파손되었다. 다리는 도구를 사용하여 조정하였으나 깍은 면이 뚜렷하지 않다.

④ 三足土器片(그림 19의 4) : 삼족토기의 파편인데 구연부는 파손되었고 뚜껑받이턱이 길게 발달하였다. 다리는 뚜껑받이턱

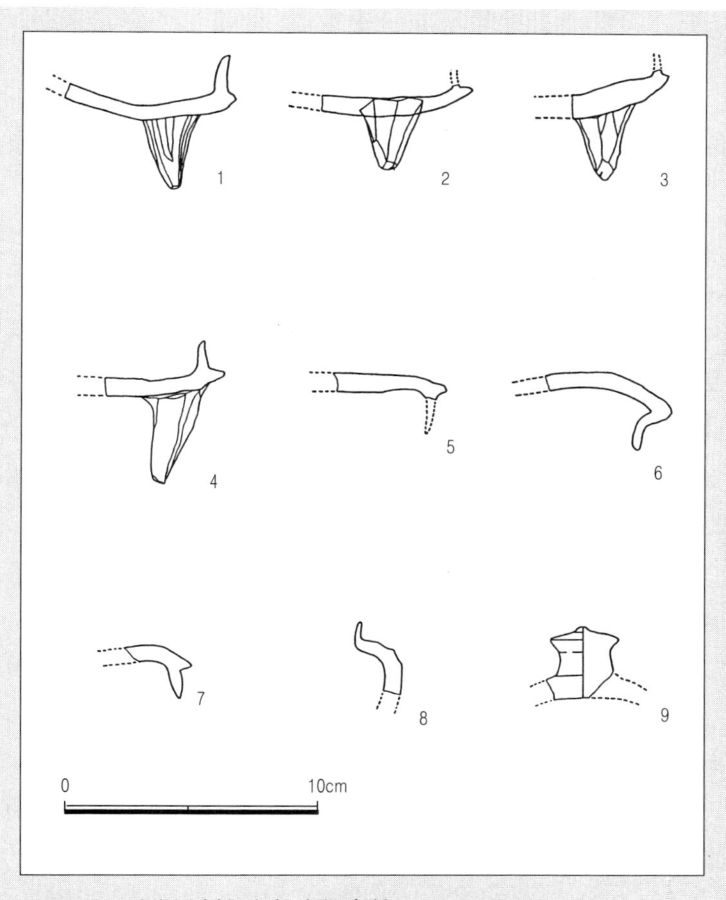

그림 19. 白谷里土城 出土 土器 各種 1

가까이 부착되었고 손으로 조정하였다. 회청색 경질 소성이
다.

⑤ 繩文土器片(그림 20의 1·3·5·6·8) : 회청색 경질과
회갈색 경질 토기편으로서 승문이 타날되어 있다. (그림 20의
1·6)은 서로 방향을 달리하는 선조문들로 문양이 구성되어 있
다.

⑥ 格子文土器片(그림 20의 4) : 회백색 연질 소성으로 격자의
크기가 0.8m내외이고 正格子이다.

⑦ 集線波狀文土器片(그림 20의 7) : 토기 동체의 小破片으로
얕게 표현된 2條의 沈線 상하에 集線波狀文이 시문되었다. 회청
색 경질 소성이다.

⑧ 土器片(그림 20의 2·12) : 문양이 없는 壺의 동체편으로서
(그림 20의 2)는 頸部가 일부 남아 있다. 표면의 색조는 회갈색
이며 내면은 회청색이다. (그림 20의 12)는 치밀하고 정선된 태
토를 사용하였고 회갈색 경질 소성이다.

⑨ 土器口緣部片(그림 20의 9·10) : 壺의 구연부 파편인데 구
연의 外反이 심하다. 口脣의 下端이 밑으로 쳐진 것이 특징이며
회청색 경질 소성이다.

⑩ 土器把手片(그림 20의 11) : 횡교식 손잡이 부분으로서 동
체에 일부분 線條文이 남아 있다. 회백색 경질 소성.

⑪ 土器底部片(그림 20의 13) : 회청색 경질 소성인데 平底의
일부분만 남아 있다. 동체부에는 문양을 타날한 후 지워없앴으나
일부 格子文이 남아 있다.

⑫ 蓋杯片(그림 20의 5·6·7) : 회청색 경질 소성의 개배편

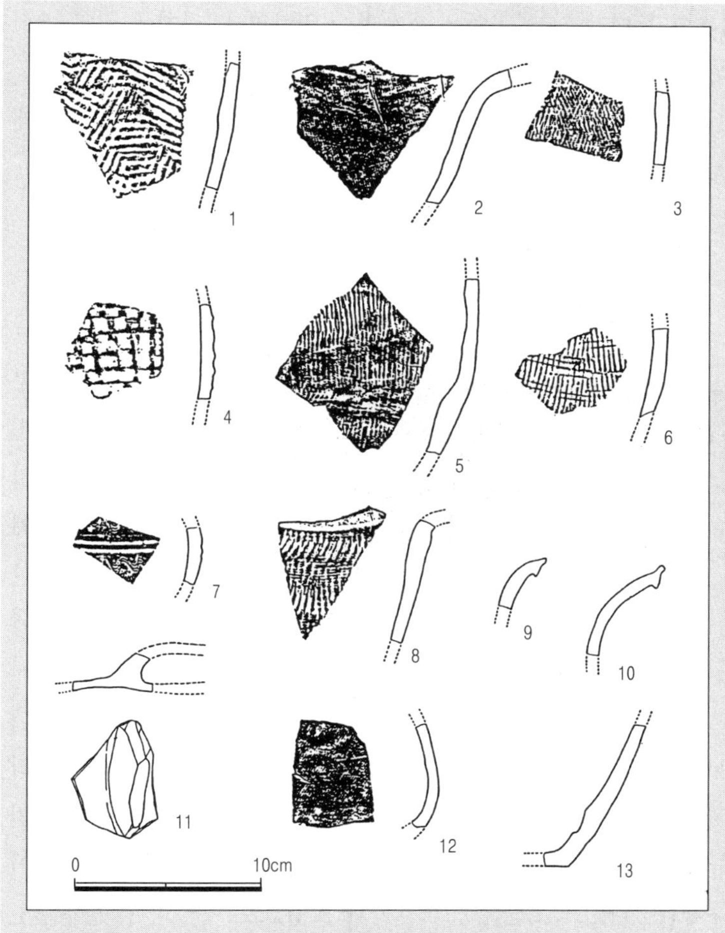

그림 20. 白谷里土城 出土 土器 各種 2

으로 (그림 19-5)는 비교적 大形이고 구연부가 파손되었다. (그림 19-6)은 윗턱을 둥글게 처리하였고 (그림 19-7)은 蓋身 턱 가장자리에서 한번 꺽인 형태이고 구연은 곧게 처리되었다.

⑬ 土器小壺片(그림 19의 8) : 토기 小壺의 파편인데 胴部에는

1條의 돌대가 있고 구연은 짧으며 직립하였다. 회청색 경질 소성이다.

⑭ 토기 뚜껑꼭지파편(그림 19의 9) : 종모양의 뚜껑꼭지인데 蓋身은 남아 있지 않다. 회청색 경질 소성이다.

3) 白谷里 古墳

(가) 遺蹟

사진 15. 白谷里古墳群 近景

이 고분은 '백실부락'의 동쪽 즉, 鷄鳳山城이 위치한 서쪽 사면과 서남쪽 사면에 분포하고 있다(그림 1 참조). 지표에 노출되어 있는 고분은 많지 않고 석재가 군데군데 노출되어 있으며(사진 15) 백제시대의 토기편이 산견된다. 그리고 '백실부락'의 민가가 있는 곳에서 50m 떨어진 산 사면에 주민들이 흙을 파내어 훼손된 부분이 있는데 이곳에서도 토기편이 수습되었다. 이 고분군은 석실분과 토광묘로 추정되며, 白谷里土城·鷄鳳山城과 관계가 있는 것으로 생각된다.

(나) 遺物(그림 21)

고분 출토의 토기편은 회청색 경질 소성으로서 정선된 태토를 사용하였으며 동체부와 저부파편이 수습되었다. 모두 동일 개체

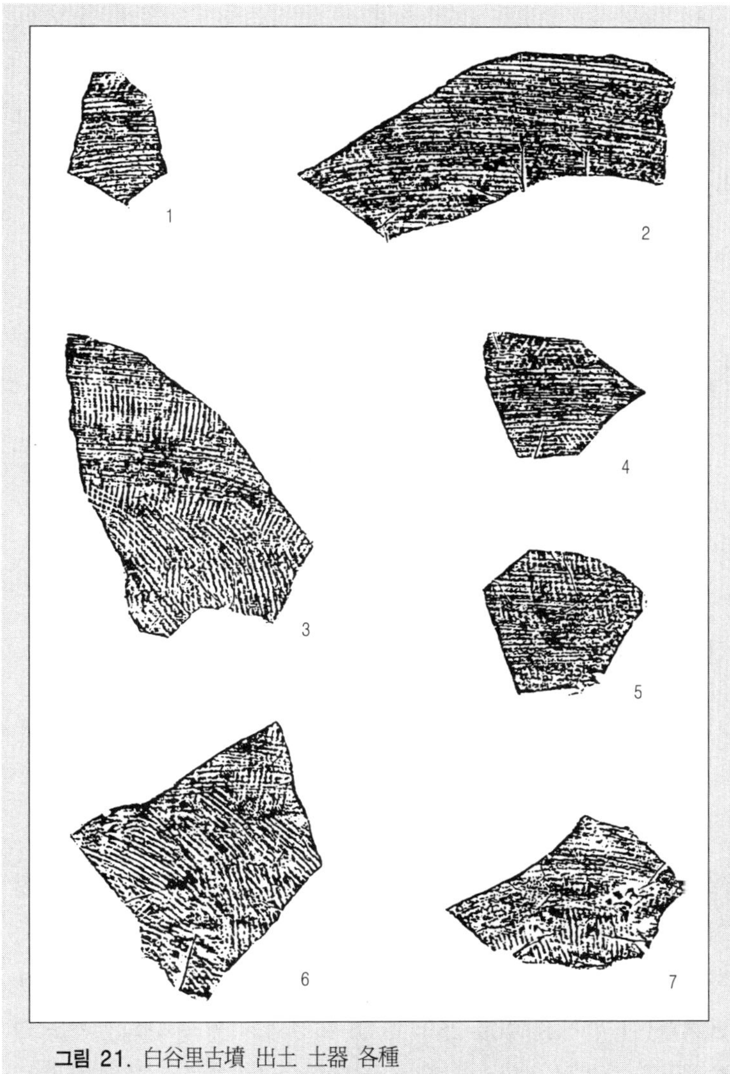

그림 21. 白谷里古墳 出土 土器 各種

의 파편으로 생각되며 동체 상부의 것은 회전손빚음으로 조정하
였고 저부 가까이는 승문이 타날되었다. 圓底로 추정되며 동체

상부에는 소성시 재가 흡착되어 회갈색을 띠고 내면은 회청색이다. 두께 0.4~1.0cm.

5. 考察

1) 七甲山 城址

칠갑산 소재의 성지에 대한 문헌기록으로는 『新增東國輿地勝覽』定山縣 山川條에

> 七甲山 在縣西十六里 有古城基
> 號慈悲城 又見 靑陽縣

이라고 하여 칠갑산에 옛 성터가 있고 慈悲城이라고 일컫는다고 한다. 또한 『大東地志』定山縣 城池條에

> 古城 在七甲山本豆率城
> 或 慈悲城

이라고 하여 古城이 칠갑산에 있으며 본래는 豆率城이나 慈悲城이라고 불리운다고 한다. 이 기록을 통하여 볼 때 七甲山 城址는 慈悲城 또는 豆率城이라 불리워졌음을 알 수 있고, 『新增東國輿地勝覽』이 편찬된 中宗 25年(1530) 이전에 이미 廢城되었음을 알 수 있다. 그러나 城이 언제 廢城되었는지는 문헌에 전하는 바가 없으며, 더 나아가 성의 축조시기에 대해서도 더 이상의 기록을 찾을 수 없다.

　　따라서 본 조사에서는 성의 축조시기와 성격을 규명하기 위하여 노력한 결과, 다음과 같은 몇가지 결론을 얻게 되었다. 그것은 첫째로 성벽의 축조시기를 알 수 있는 유물이 성벽절단 Tr.에서 출토되지 않았지만, 성벽축조방법을 통해 어느 정도 시기를 추정할 수 있었다. 즉, 남문지 부근의 잔존 성벽에 대한 조사에서 살펴본 바와 같이 내외협축으로 축성하였으나 성벽의 외면을 맞추지 않고 쌓은 점이나 동벽의 경우와 같이 축성법이 정교하지 않은 것을 들 수 있다. 특히, 동벽의 내측에 拾石群이 있고 성벽의 축조에 사용된 흙이 정선되지 않았을 뿐만 아니라, 성벽 폭이 2.5m에 불과한 것으로 보아 기존에 알려진 백제시대의 축성법과는 차이를 나타내고 있다.2) 이러한 七甲山 城址의 막다짐 축성법은 다른 곳에서 알려진 바가 없는 특수한 방법으로서 성벽의 축조과정과 관련하여 연구되어져야 한다고 생각된다.

　　둘째로 성내부의 건물지 및 道林寺址에서 출토된 유물 중에서 고려시대의 魚骨文 瓦片이 많다. 일부 統一新羅時代까지 올려볼 수 있는 단선파상문 토기편과 격자문 와편이 있으나3) 백제시대

---

2) 尹武炳·成周鐸 1977, 「百濟山城의 新類型」, 『百濟硏究』8.
　　지금까지 알려진 百濟時代의 城郭築造法은 木川土城·扶蘇山城·扶餘羅城·益山五金山城 등에서 조사된 바와 같은 版築技法과 扶蘇山城의 일부, 靑馬山城。 그 이외의 石築山城에서 살펴볼 수 있는 石築築城法이 있다. 그러나 정선되지 않은 土砂로 막다짐을 한 築城法은 아직까지 알려진 바가 없기 때문에, 七甲山城址의 築造時期는 百濟時代까지 올려볼 수 없다고 추정된다.
3) 單線波狀文이 시문된 土器 즉, 土甕의 年代에 대하여는 益山 彌勒寺址와 光州 武珍古城 出土 土器의 年代, 즉 大中年間(847~860)에 해당되는 것으로서 이 年代觀을 七甲山城址에도 적용시킬 수 있으리라고 생각된다.

의 토기편, 와편 및 통일신라시대의 초기에 유행한 印花紋 토기편이 출토되지 않는다.4) 이러한 성내부 출토 유물은 寺址의 존속시기와 관계되는 것으로 파악되며, 그 시기는 統一新羅末에서 高麗初로 추정된다.

셋째로 道林寺址와 城址와의 관계인데 이는 통일신라말 내지는 고려초에 창건된 사찰이 존속하고 있을 때 어떠한 특수 목적에 의하여 城壁의 축조가 이루어진 것이 아닐까 한다. 이것은 지표조사의 결과만을 가지고 논할 수 있는 단계는 아니지만, 성의 축조시기가 백제시대나 통일신라시대 초기라고 하는 고고학적 확증이 없는 한 무난한 견해라고 생각된다. 즉, 사찰이 존속하고 있을 때 주변 고을의 사람들이 이곳으로 난을 피하여 왔다가 성곽을 축조하기 시작한 것으로 추정되며, 아울러 축조시기는 통일신라 말 내지는 거란이나 몽고의 침입과도 관계가 있지 않을까 한다. 자세한 축조시기는 발굴조사를 통하여 규명되어야 하겠지만 성의 크기에 비하여 성내 가용면적이 많지 않은 점과 성의 입지조건이 군사적·전략적으로 중요한 지점이 아니기 때문에 이러한 성의 축조시기 및 성격에 대한 고찰은 더욱 설득력을 가질 수 있으리라고 생각된다.

2) 悅己縣의 治所

청양군 정산면은 백제시대의 悅己縣이었다고 알려져 있으며 이에 대한 문헌기록은 다음과 같다.

---

4) 統一新羅時代의 印花文 土器가 출토된 곳은 靑陽郡內에서는 알려진 바가 없지만 인근의 保寧郡 鎭中里 出土品(國立扶餘博物館 所藏品) 이 있어 참고가 된다.

A. 扶餘郡, 本百濟所夫里郡　唐將蘇定方與庾信平之　文武王十二
　　年　置摠管　景德王改名　今因之　領縣二　石山縣　本百濟珍惡山
　　縣　景德王改名　今石城縣　悅城縣　本百濟悅己縣　景德王改名
　　今定山縣5)

B. ……所夫里郡(一云泗沘)　珍惡山縣　悅己縣(一云豆陵尹城　一云
　　斗串城　一云　尹城)　……右百濟州郡縣　共一百四十七　其新羅
　　改名及今名　見新羅志6)

C. 都督府十三縣　嵎夷縣　神丘縣　尹城縣　本悅己　麟德縣　本古良
　　夫里縣　散昆縣　本新村　安遠縣　本仇尸波縣　賓汶縣　本比勿　歸
　　化縣　本麻斯良　邁羅縣　甘蓋縣　本古莫夫里　奈西縣　本奈西今
　　得安縣　本德近支　龍山縣　本古麻山7)

D. 定山縣　本百濟悅己縣　新羅改爲悅城縣　爲扶餘郡領縣　高麗改
　　今名　顯宗戊午　屬公州任內　後置監務　本朝太宗十三年癸巳　例
　　改爲縣監8)

E. 本百濟悅己縣(一云豆陵尹城)　新羅景德王改悅城爲扶餘郡領縣
　　高麗初改今名　顯宗九年屬公州置監務　本朝太宗十三年例改爲
　　縣監9)

F. 本百濟豆良尹城(一作豆陵尹城　一作豆率城　一作尹城　一作悅
　　己)　新羅景德王十六年改悅城　爲扶餘郡領縣　高麗太祖二十三
　　年改定山　顯宗九年屬公州後置監務　本朝太宗十三年改縣監　顯
　　宗五年　以靑陽來倂十五年析之(尹城時古址　在鷄鳳山下白谷
　　里)10)

---

5) 『三國史記』卷　第三十六, 雜志　五　地理三　扶餘郡條.
6) 『三國史記』卷　第三十七, 雜志　六　地理四.
7) 『三國史記』卷　第三十七, 雜志　六　地理四　都督府條.
8) 『世宗實綠地理志』, 公州牧　定山縣條.
9) 『新增東國輿地勝覽』, 卷　十八　定山縣　建置沿革條
10) 『大東地志』卷　五　定山縣　沿革條.

이상의 기록을 통하여 볼 때 定山縣은 백제시대의 悅己縣으로서 豆陵尹城·豆串城·尹城이라고도 불리워졌음을 알 수 있다. 백제시대의 지방행정제도에서 '縣'이라는 명칭이 보이는 것은 백제말기의 2·3례에 불과하다.[11] 따라서 백제시대의 어느 시기부터 縣制가 채용되었는지 알 수 없지만, 郡·縣이란 명칭과 함께 城名이 보편적으로 사용되고 있었음을 알 수 있다.[12]

당이 百濟故地에 熊津都督府를 설치하고 13縣을 두었는데 尹城縣이라고 불리워졌으며, 신라 경덕왕 16년에 悅城縣으로 개칭하였다. 그 후 고려 太祖 23(940)년에 현재의 지명인 定山으로 개칭하였으며 顯宗 9(1018)년에 공주에 예속시키고 그 후에 監務를 두었다. 조선 太宗 13(1413)년에 縣監을 두고 顯宗 5(1664)년에 인근의 靑陽縣을 定山縣에 병합하였다가 15년뒤에 다시 定山縣과 靑陽縣으로 나누었다고 한다.

그런데 여기에 문제가 되는 것이 B사료의 豆陵尹城·豆串城·尹城에 관한 위치 비정이다. 그것은 백제부흥운동군의 주요 거점[13]중의 하나였던 豆陵尹城의 위치에 대한 견해가 학자마다

---

11) 『三國史記』 百濟本紀 義慈王二年條

　　遺將軍允忠領兵 一萬攻新羅大耶城 城主品釋與妻子出降 允忠盡殺之 斬其首傳之王都 生獲男女 一千餘人分居國西州縣 留兵守其城

　　『三國史記』 同王二十年條

　　時佐平興首得罪流竄古馬彌之縣

　　그리고 『大唐平百濟碑銘』

　　凡置五都督三十七州 二百五十縣 戶二十四萬 口六百二十萬 이라고 하여 唐이 百濟故地에 州縣制로 편제하였던 것도 주목된다.

12) 『翰苑』

　　每方管郡 多者至十 小者六七郡 將皆恩率爲之 郡縣置道使 亦名城主

13) 百濟復興軍에 대한 기존의 硏究는 다음과 같다.

차이를 보이고 있기 때문이다. 먼저 豆陵(良)尹城을 周留城과 동일한 성으로 보는 견해로서 津田左右吉,[14] 池內宏,[15] 今西龍,[16] 池憲英,[17] 全榮來[18] 등의 研究家가 있다. 반면에 豆陵(良)尹城과 周留城을 각기 별개의 성으로 보는 견해는 李丙燾,[19] 盧道陽,[20] 沈正輔[21] 등의 研究家가 있다. 또한 周留城·豆陵(良)尹城의 위치비정도 각기 상이함을 알 수 있다.[22]

豆陵尹城에 대한 최초의 기록은 豆尸原嶽으로 나타나고 있으며 백제패망후 佐平 正武가 이곳에서 부흥군을 일으키고 있다.[23] 그리고 부흥군이 泗沘城을 공격하자 唐에서는 劉仁軌를 출병시키면서 신라에 수병을 요청하여 品日 등 11將軍이 출동하고 있으며,[24] 이때 신라군이 豆陵尹城을 공격하고 있다.[25] 그러나 신

<hr>

津田左右吉 1913, 「百濟戰役地理考」, 『朝鮮歷史地理』1.
池內宏 1934, 「百濟滅亡後の動亂及び唐·羅·日 三國の關係」, 『滿鮮地理歷史研究報告』14.
今西龍 1934, 「百濟略史」, 『百濟史研究』.
全榮來 1976, 『周留城·白江位置比定에 關한 新研究』.
盧道陽 1979·1980, 「百濟周留城考」, 『明知大論文集』12,.
池憲英 1972, 「豆良尹城에 대하여」, 『百濟研究』3.
沈正輔 1983, 「百濟復興軍의 主要據點에 關한 研究」, 『百濟研究』14.

14) 津田左右吉, 주 13)의 前揭書, 176쪽.
15) 池內宏, 주 13)의 前揭書, 84쪽.
16) 今西龍, 주 13)의 前揭書, 38쪽.
17) 池憲英, 주 13)의 前揭文, 18~28쪽.
18) 全榮來, 주 13)의 前揭書, 20쪽.
19) 李丙燾 1977, 『國譯 三國史記』, 89쪽 및 95쪽.
20) 盧道陽, 주 13)의 前揭文, 13쪽.
21) 池正輔, 주 13)의 前揭文, 162~165쪽.
22) 註 13)의 論稿 참조.
23) 『三國史記』卷 第五, 新羅本紀 第五, 太宗武烈王七年 八月條
　　百濟餘賤據南岑貞峴○○○城 又 佐平正武聚衆屯豆尸原嶽 抄掠 書羅人
24) 『三國史記』新羅本紀 太宗武烈王 八年條

라군은 1개월 6일여에 걸친 두릉윤성에 대한 공격에 실패하고 귀환하였다.26) 또한 文武王 3(663)년의 기록27)에서 豆陵尹城과 周留城이 별개의 성으로서 豆陵尹城은 위치가 청양군 정산면 鷄鳳山城으로 그리고 周留城은 舒川郡 韓山面의 乾芝山城에 비정된다고 한다.28)

따라서 豆陵尹城은 悅己縣의 異稱임을 알 수 있으며 鷄鳳山城과 白谷里土城에 대하여는 다음과 같은 문헌기록이 있다.

『世宗實錄地理志』公州牧 定山縣條에

　鷄鳳山古城 在縣東五里 周回 一百六十步 微險阻 內有井一 冬夏不竭 有軍倉

이라고 하여 鷄鳳山古城의 크기는 160보이고 성내에는 우물 1개소가 있고 軍倉이 있음을 알 수 있다. 그리고 『新增東國輿地勝

春二月 百濟殘賊來攻泗沘城 王命伊湌品日爲大幢將軍 迊湌文王 大阿湌良圖 阿湌忠常等副之 迊湌文忠爲上州將軍 阿湌眞王副之 阿湌義服爲下州將軍 武敭旭川等爲南川大監 文品爲誓幢將軍 義光爲郎幢將軍 往救之
25)『三國史記』新羅本紀 太宗武烈王八年 三月條
三月五日 至中路 品日分麾下軍 先行 往豆良尹(一作伊) 城南 相營地 百濟人望陣不整 猝出急擊不意 我軍驚駭潰北
26)『三國史記』新羅本紀 太宗武烈王八年 三月條
十二日 大軍來屯古沙比城外 進攻豆良尹城 一朔有六日 不克
27)『三國史記』新羅本紀 第六 文武王三年條
王領金庾信第二十八(一云三十) 將軍與之合 攻豆陵(一作良)尹城 周留城等 諸城皆下之 扶餘豊脫身走 王子忠勝忠志等 率其衆降
28) 沈正輔, 주 13)의 前揭文, 162~177쪽.

覽』定山縣 古跡條에

　　鷄鳳山城 石築周一千二百尺 內有 一井 又軍倉今廢

라고 하여 성은 석축으로서 크기는 1200尺, 성내에 우물 1개소와 軍倉이 있었으나 지금은 廢城이 되었다고 한다. 또한 『大東地志』 定山縣 城池條에

　　鷄鳳山古城 卽古邑城周一千二百尺井一

　이라고 하여 鷄鳳山城이 古邑城이었음을 알 수 있다. 이 기록들을 통하여 볼 때 백제시대의 豆陵尹城인 鷄鳳山城은 『世宗實錄』이 편찬될 때가지 邑城으로서 사용되었으며, 따라서 성이 廢城된 시기는 세종~중종대임을 확인할 수 있다. 성의 사용기간에 대한 것은 지표조사시 수습된 유물을 통하여서도 알 수 있다. 즉, 鷄鳳山城에서 수습된 와편 중에서 線條紋・魚骨紋이 많으며 토기편도 백제시대의 경질토기편, 통일신라시대의 단선파상문토기편 그리고 고려시대의 청자편 등의 존재를 통해서도 성의 사용시기를 짐작할 수 있다.
　그리고 白谷里土城에 대한 문헌기록으로는 『新增東國輿地勝覽』定山縣 古跡條에

　　白谷里 在白谷山下父老相傳本縣古基

라고 하였으며 同書 定山縣 山川條에

　　鷄鳳山 一名 白谷山 在縣 東九里

라고 되어 있다. 이 기록을 통하여 볼 때 白谷里는 鷄鳳山(일명 白谷山) 아래의 현재의 행정 지명과 동일함을 알 수 있고, 이곳에 父老相傳의 本縣古基가 있다는 것이다. 이 백곡리의 本縣 古基가 어느 시대의 定山縣 治所였는지 문헌 기록만으로는 알 수 없지만 白谷里土城을 지칭하는 것임은 쉽게 짐작할 수 있다.

　이 白谷里土城내에서 수습된 유물은 三足土器片, 蓋杯片, 赤褐色, 灰靑色土器片으로서 백제시대로 편년이 가능한 것들이다. 그리고 백제시대의 유물 이외에 통일신라·고려·조선시대의 유물이 전혀 출토되지 않은 것으로 보아 성의 사용시기는 백제시대에 국한됨을 알 수 있다.

　白谷里土城은 주변 평지와의 比高가 20~30m밖에 되지 않으며 배후에 있는 鷄鳳山城과 조합을 이루어 이 지역의 백제시대 治所(悅己縣의 治所)일 가능성이 높다. 더욱이 고분군이 鷄鳳山의 西麓에 있는 것도 이곳이 치소로서 중요시되었음을 알 수 있다. 그렇지만 백곡리토성에서 기와가 한 점도 수습되지 않았는데 이는 성내에 큰 건물이 없었음을 시사해 주는 것이다. 또한 백제부흥운동군의 주요거점으로서 鷄鳳山城이 중요시되었을 때 白谷里土城은 전술적인 요충지가 되지 못하였고, 이후 이 지역에서 鷄鳳山城이 차지하는 비중이 증대되었던 것으로 추정된다.

出典
成周鐸·朴泰祐 1991, 『靑陽地方 山城調査 報告書』, 靑陽郡.

第 3 編　百濟 末期 國境線에 대한 考察

百濟 末期 國境線에 대한 考察

1. 머리말

본고에서는 백제 聖王(523~554)이 泗沘(扶餘)로 천도(538)한 다음 660년 백제가 멸망할 때까지를 백제말기로 설정하고 이 당시 백제의 국경선을 고찰해 보기로 하겠다.

백제는 蓋鹵王(455~475)이 고구려 長壽王의 남침으로 패사하여 한강유역을 고구려에 내준 다음 文周王때 서울을 熊津(公州)으로 옮겼다. 그 후 백제는 다시 성왕 16년에 서울을 熊津에서 泗沘(扶餘)로 옮기고 신라와 합세하여 상실했던 한강유역을 되찾는데 성공했었다. 그러나 2년 뒤에 신라로부터 불의의 습격을 받고 한강유역의 지배권을 신라에 넘겨주게 되었다. 이 지역을 장악한 신라는 남북으로 세력을 확장해 나가게 되었고, 이에 따라서 백제는 점점 남쪽으로 세력이 위축되어 나가는 과정을 걷게 되었다. 이렇게 해서 고구려와 접경해 있었던 북쪽 국경선은 신라와의 접경지대로 바뀌게 되었다. 백제는 북쪽지역까지 신라와의 접경지대를 이루게 됨으로써 북·동·남 3면에서 신라와 대치하게 되어 양국간 국경선을 형성하기에 이르렀다.

백제는 신라와 3면에서 접경을 이루고 있었기 때문에 양국사이에는 끊임없이 치열한 접전이 이루어지게 되었다. 따라서 이 접전지대를 연결해 나가면 양국간에 형성된 국경선이 자연히 확정되리라고 생각된다. 이 접전지역에 대한 자료는 일차적으로 『三國史記』濟·羅本紀에서 찾아보았으며, 이것을 뒷받침하기 위해 그 동안 실시한 현지답사와 발굴조사자료를 활용해 고증하기로 하였다. 이와 같이 조사해 나가는 과정에서 백제말기에 가장 치열했었던 永同 陽山의 助川城 戰鬪場所를 찾아 내기에 이르렀고, 이 통로를 통해 신라의 5만군대가 백제의 요로인 '炭峴'을 넘어서 連山의 황산벌에서 階伯將軍과 최후의 격전을 하게 되었다는 것을 알아낼 수 있게 됨으로써 백제 '炭峴'의 위치비정에 대한 새로운 의견도 제시할 수 있게 되었다. 본고에서는 백제말기 백제의 북·동·남 3면의 국경선을 알아보고자 한다.

2. 北部 境界線

서두에서 언급한 바와 같이 백제 蓋鹵王(455~475)이 고구려 長壽王(413~491)에게 패사한 후 그의 아들 文周는 서울을 熊津으로 천도하였다. 東城王(479~501)때 힘을 기른 백제는 聖王(523~554)때 상실한 한강유역을 회복하려고 신라와 더불어 고구려의 세력을 한강유역에서 몰아 내는데는 성공하였으나 신라 眞興王(540~576)이 백제가 회복한 한강유역을 탈취하여 자국의 州縣

으로 삼고 이름을 新州[1]라 하여 양국은 극도의 적대관계로 변하였다(553). 이 곳을 발판으로 삼은 신라는 서해안으로 통하는 海路를 개척하여 眞興王 25년 이후에는 거의 해마다 中國 南北朝(齊·陳)와 교빙하는 통로를 개척하기에 이르렀다.

한강유역을 장악한 신라의 세력은 더욱 확장되어 6세기 말에는 지금 利川地方으로 비정되고 있는 伊川郡 夫鉢面 馬岩里 孝養山 山城을 근거지로 南川停[2]을 설치한 일이 있다. 이보다 앞서 金庾信 장군이 태어날 무렵인 595년경에는 이미 그의 아버지 舒玄이 지금의 鎭川으로 알려진 萬弩郡太守로[3] 부임했던 사실이 있다. 이로 미루어 볼 때 신라의 세력이 점점 남하하고 있음을 알 수 있다. 신라는 7세기 전반에는 그 세력이 더욱 확장되어 지금 稷山地方까지 내려왔음을 『三國史記』列傳 素那의 기사에서 볼 수 있다. 이에 의하면 素那는 白城郡 蛇山 태생인데 父子가 모두 용감하였다고 한다. 蛇山지방은 백제와 접경해 있었기 때문에 전쟁이 그칠 날이 없었는데 素那 父子는 백제군과 더불어 용감하게 싸우다가 전사했다는 것이다. 여기에 보이는 白城郡 蛇山縣은 본래 고구려의 郡縣[4](高句麗 奈兮忽)이었다고 하는 것으로

---

1) 『三國史記』4. 眞興王 12년조.
2) ① 『三國史記』4, 眞興王 29年條.
   ② 鄭永鎬 1985, 「新羅南川停址의 研究」, 『邊太燮博士回甲紀念史學論叢』, 69쪽.
   利川(南川停)까지 진출한 신라는 서해안까지 그 세력을 확장하는 데 성공하여 660년에는 太子 法敏이 利川을 거쳐 서해의 德積島까지 나가서 唐將 蘇定方을 영접하기도 하였다. 이것은 신라가 중부 서해안지대를 완전히 장악하고 있었음을 의미한다.
3) 『三國史記』42, 列傳 第二 金庾信(中).
4) 『三國史記』35, 雜志 第四 地理二 白城郡條.

미루어 보아 고구려의 세력이 이 곳까지 미쳤다가 신라의 소유로 들어간 것으로 보인다. 蛇山縣은 지금의 稷山지방으로서 이곳에 있는 蛇山城에 대해서는 이전에 지표조사를 실시한 바 있고,5) 본교 百濟硏究所에 의해 발굴되어 중간보고서6)가 나왔으며, 현재도 발굴조사중에 있다. 稷山地方을 신라의 최남단 기지로 볼 때 직산과 서북쪽으로 인접해 있는 平澤郡이 濟·羅 양국 중 어느 나라의 소유였는가 하는 것이 문제의 초점이 된다. 平澤地方은 아직까지 지표조사조차 실시한 바가 없어서 정확한 자료를 제시할 수 없으나, 文獻上으로 보아서는 고구려의 영역 이였던 것으로 알려져 있어,7) 稷山지방이 고구려 郡縣이었던 것과 같은 조건임을 알 수 있다. 따라서 天安 稷山과 平澤郡界로 연결되는 지역은 고구려의 세력권에서 신라의 세력권내로 바뀌게 되었음을 알 수 있다.

平澤郡과 남쪽으로 접하여 있는 군은 瑞山·泰安郡·唐津郡·牙山郡·天原郡인데, 『三國史記』地理志에 의하면 이 곳은 모두 백제의 郡縣이었던 것을 알 수 있다. 즉, 瑞山·泰安郡은 백제시대 基郡이었으며, 唐津郡은 槥郡이었고 湯井郡은 본래 백

---

5) 尹武炳·成周鐸 1977,「百濟山城의 新類型」,『百濟研究』제8집, 忠南大學校百濟硏究所.

6) 成周鐸·車勇杰 1985,「稷山 蛇山城 發掘調査 中間報告」,『百濟研究』제16집, 忠南大學校百濟硏究所.

7) 『三國史記』35, 雜志 第四 地理二 唐恩郡條. "唐恩郡 本高句麗 唐城郡, 景德王改名, 領縣 二, …振威縣 本高句麗釜山縣, 景德王改名 今因之."

　　振威縣은 華城郡 振威面으로 개편되어 내려왔으며 松炭市와 平澤市·郡이 연접되어 있다. 高麗太祖 23년에 水城郡에 편입되었으며, 동시에 平澤縣으로 개칭되었다(『東亞原色大百科事典』평택군조 참조).

제군이었다가 景德王때 溫水郡으로 개편되었는데 溫水郡에 영속
되어 있던 牙述縣이 고려때 牙州로 개편되었다가 朝鮮 太宗때
牙山으로 개편되었다.

그 동쪽에 인접해 있는 군은 天安·天原郡인데 天安·天原郡
은 백제시대 大木岳郡이었다. 이 大木岳郡은 景德王때 大麓郡으
로 개편되었으며 지금의 天原郡 木川面지역이다. 1984년 충남대
박물관팀에 의하여 木川土城이 발굴조사되었는데 이 토성은 순
수한 版築土城으로 구릉에서부터 평지에의 진출을 기도한 백제
시대 邑城格인 토성으로 추정되었다.8) 따라서 백제시대 大木岳
郡의 근거지가 木川지방이었음을 강하게 시사해 주고 있다. 木川
土城 배후에는 높은 黑城山이 가로막혀 있고 약 8km 북방에는
稷山 蛇山城이 위치하고 있다.

이와 같은 자료를 가지고 북쪽의 濟·羅 경계선을 구획해 보
면 신라의 남쪽 한계선은 平澤郡에서 稷山 蛇山城까지 연결이
되고, 백제의 북쪽 한계선은 瑞山·泰安·牙山·天安·天原의
木川으로 연결되는 선을 북쪽 한계선으로 하고 있었음이 밝혀진
다. 瑞山·唐津과 平澤郡사이에는 牙山灣으로 경계를 이루고 있
고, 백제 大木岳郡의 근거지로 비정할 수 있는 木川土城과 신라
의 근거지인 稷山 蛇山城과의 사이에는 車嶺山脈의 黑城山이 자
연분계선으로 이루어졌을 가능성이 높다. 따라서 북쪽의 濟·羅
국경선은 대략 牙山灣에서 黑城山으로 연결되는 接境線이 형성
된 것으로 판단된다(그림 1).

---

8) 尹武炳 1984, 『木川土城發掘調査報告書』, 忠南大學校博物館, 48~49
   쪽.

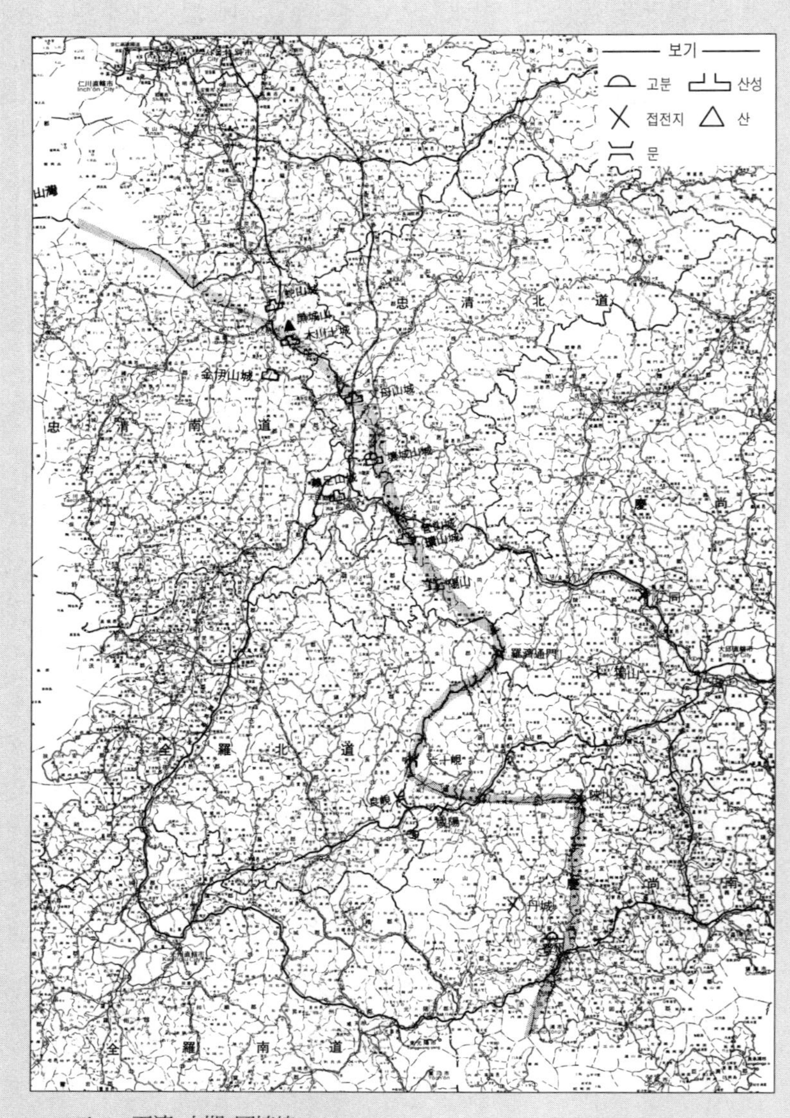

그림 1. 百濟 末期 國境線

3. 東部 境界線

　『三國史記』에 의하면 聖王 28년(550)에 백제는 道薩城을 공취한 일이 있고 고구려는 金峴城을 포위한 일이 있는데, 道薩城은 天安에 그리고 金峴城은 全義에 비정되고 있어9) 대체로 이 곳이 濟·羅間의 동북부 국경선 기점이 된다.

　백제 동부지역으로 잠정 작정한 天安 黑城山 아래 木川土城은 위에서 예시한 天安으로 비정되고 있는 道薩城이 위치하고 있었던 지방에 해당된다. 또 金峴城은 全義지방에 있었던 것으로 비정되고 있어 이곳이 백제의 동북부 최전방 기점이 된다. 이곳에서 전북 茂朱郡 羅·濟通門에 이르기까지의 濟·羅 경계선은 백제가 泗沘로 천도한 이후(538) 멸망할 때까지 양국간 가장 많은 접촉이 있었던 지역이다.

　동부 경계지역에서 濟·羅 양국간에 알려진 정확한 접전지역은 沃川지방으로 비정되고 있는 管山城 전투이다. 즉, 聖王은 서울을 熊津에서 泗沘로 천도하고(538) 국력을 배양한 다음 신라 眞興王과 동맹하여 高句麗의 공격에 나섰던 것이다. 그 결과 위에서 언급한 바와 같이 백제는 한강하류지역의 6郡을 점령함으로써 그 목적을 이루었으나, 2년 뒤에는 도리어 新羅郡의 공격으로 이 지역을 상실하고 말았다. 이에 격분한 聖王은 그 이듬해 (554) 7월 大加耶軍과 합세하여 신라를 직접 쳤으나 管山城 싸움에서 전사하고 말았다. 管山城이 있는 管山郡은 신라 景德王때 개명된 郡名이며 본래는 신라 古尸山郡이니 현재의 沃川郡10)이

---

9) 李丙燾 1977, 『國譯 三國史記』26, 聖王 28년 正月·3月條, 乙酉文化社, 406쪽.
10)『大東地志』上, 1982, 忠南大學校百濟研究所刊, 225쪽.

다.

天安 木川과 沃川 管山城(지금 環山城으로 비정됨)사이의 양
국 접경지대로 지목할 수 있는 곳은 淸州市 서쪽 飛下洞과 池東
洞사이에 있는 父母山城이다. 이 곳은 百濟 上黨縣이었다가 신라
新文王 5년에 西原小京을 설치한 곳이다.[11] 이 곳이 언제쯤 신
라의 영역으로 되었는지 정확하게 알 수는 없으나 아마도 고구
려 長壽王에 의한 蓋鹵王의 패사로 백제가 서울을 웅진으로 옮
기던 취약시기에 이루어진 것으로 보인다. 永同·沃川·懷仁·
文義(淸州)·鎭川으로 연결되는 선상의 방어문제가 濟·羅사이
에 중요한 의미를 가지고 있는 것이 6세기경의 상황이다. 오직
懷仁·淸州만이 『三國史記』地理志에 백제의 未谷·上黨으로 전
하고 나머지 지역이 모두 신라 영역으로 나오는 이른바 犬牙相
錯의 상태가 父母山城의 위치[12]라고 지적하고 있다.

文義에 있는 壤城山城[13]과 懷仁의 昧谷山城도 父母山城과 같

 최근 韓南大博物館에 의해 沃川과 인접한 錦山郡 秋富面 長垈里
일대에서 6세기 후반의 것으로 보이는 신라고분이 발굴되어, 이때
이미 신라의 세력이 이 근방까지 확장되었음을 추정케 해 주고 있
다.

11) 『新增東國輿地勝覽』卷 15 淸州牧條.

12) 權鍾川·車勇杰·朴杰淳 1987, 「淸州 父母山城과 그 周邊 遺蹟의
研究」, 『湖西文化研究』第6輯, 16쪽.

 한편 1983년도와 1990년도 兩次에 걸쳐 忠北大學校博物館에서 발
굴한 淸州 新鳳洞 百濟 古墳群發掘調査報告書에 의하면 이 고분군
들은 4~5세기경의 百濟古墳群인 것으로 판명되어 淸州地方이 初期
百濟時代까지 百濟領域이었음이 밝혀졌다. 이는 이 지역이 백제 세
력이 약화되어 熊津으로 천도하는 시기를 전후해서 新羅의 영역으
로 바뀌게 되었음을 시사해 주는 자료이다.

13) 拙稿 1988, 「第8編 文化遺蹟 第3章 山城」, 『燕岐郡誌』, 燕岐郡誌 編
纂委員會, 1046~1050쪽.

은 위치이며 한편 이 곳을 기점으로 하여 금강 상류를 사이에
두고 서쪽으로는 백제시대의 雨述郡이었던 지금의 대전직할시가
위치하고 있다. 이 대전시 동쪽 산릉에는 鷄足山城을 비롯하여
迭峴城·陵城·葛峴城·三丁洞山城 등이 신라를 대비해서 축조
되어 있다. 대전시 동남쪽에 위치하고 있는 三丁洞山城을 넘어
서면 백제 東城王때 설치한 것으로 알려진 "炭峴"[14]이 있으며,
이 곳을 넘어서면 위에서 언급한 바 있는 管山城(沃川 環山城)에
이르게 된다. 大田에서 沃川으로 통하는 이 통로가 백제 熊津時
代 濟·羅間의 통로였다.

　다음에는 永同郡 陽山面 지역으로 비정되고 있는 助川城(일명
刀比川城) 전투에 대해서 살펴보기로 하겠다. 助川城의 위치비정
이 永同郡 陽山面이라고 하는 것은 이미 밝혀진 바 있다.[15] 655
년 金庾信장군은 백제의 刀比川城(일명 助川城)에 쳐 들어가서
승리를 한 다음 百濟를 병탐할 것을 도모하였다고 한다.[16] 이로
써 660년 백제가 멸망하기 5년전에 永同郡內 陽山地方은 이미
新羅의 지배하에 놓이게 되었음을 알 수 있다.

　여기에서 660년 金庾信장군이 5만 군사를 거느리고 "炭峴"을

---

14) ① 『三國史記』東城王 23년조 7月 設柵於炭峴, 以備新羅.
　　② 李丙燾 1959, 『韓國史』古代篇, 震檀學會, 433쪽.
　　③ 池憲英 1970, 「炭峴에 對하여」, 『語文研究』제6집.
　　④ 李基白·李基東 1982, 「第5章 統一新羅와 渤海의 社會」, 『韓國
　　　史講座』1 古代篇, 一湖閣, 292쪽.
15) ① 鄭永鎬 1972, 「百濟助川城考」, 『百濟研究』제3집, 忠南大學校百濟
　　　研究所, 73~87쪽.
　　② 拙稿 1973, 「百濟助川城의 位置에 對하여」, 『百濟研究』제4집, 忠
　　　南大學校百濟研究所, 101~111쪽.
16) 『三國史記』42, 列傳 第3, 金庾信(中).

넘어 百濟를 공격하였다고 하는 통로를 잠시 살펴 보기로 하겠다.

신라 金庾信將軍이 660년 5만군대를 거느리고 백제를 공격하기 위하여 출발한 곳은 "金突城"[17]이다. 鄭永鎬는 『東史綱目』에 典據를 두고 尙州郡 牟東面 壽峯里 白華山에 있는 白華山城이 "金突城"이라고 조사 보고한 바 있다. 이에 의하면 성의 규모가 약 16㎞에 달하고 "대궐터", "內城・外城", "창터" 등 왕궁에 관련된 지명과 군사에 관련된 地名이 지금까지 전해 내려오고 있다 한다.[18] 金突城으로 비정되고 있는 白華山城이 있는 尙州지방은 沾解王(247~261)때 沙伐國을 뺏어 州를 삼았던 고장이며 眞德女王때 百濟를 정벌한 공으로 金庾信장군을 上州(法興王 12년 개칭)行軍大總管으로 삼았던 고장이다(景德王 16년 尙州로 개칭). 이 곳 尙州에서 百濟 黃山벌(連山)로 진격하려면 報恩(三年山城)을 거쳐 沃川・馬田・珍山으로 가는 통로와 尙州 牟東(白華山城)・永同 陽山(助川城)・濟原・錦山・珍山・黃山벌(連山)로 진격하는 두개의 코스가 있다. 전자는 報恩까지 소백산맥의 높은 산이 막혀 있어서 대군이 행군하기에는 불편한 통로이다. 따라서 金庾信장군이 5년 전에 점령한 바 있는 永同 陽山의 평탄한 통로를 선택하리라는 것은 당연한 일이라고 생각된다. 이는 白華山城을 신라군이 주둔한 "金突城"으로 비정할 수 있는 충분한 근거가 되기도 하는 것이다.

신라 金庾信장군이 이 통로를 선택해서 출발했다고 하면 백제 階伯장군과 최후의 전투를 벌인 連山 黃山벌에 이르는 중간 지

---

17) 『三國史記』5, 武烈王 7年 6月 21日條. 王次金突城. 7月 29日條. 自金突城 至所夫里城.

18) 鄭永鎬 1969, 「傳金突城調査」, 『尙州地區 古蹟調査報告書』, 檀國大學校博物館, 229~241쪽.

점에 백제의 요새지 "炭峴"이 위치하고 있어야 한다.

이와 관련된 기록을 『輿地圖書』에서 찾아 볼 수 있다.

珍同古縣基, 在郡西, 南十里梨峙, 南五里 炭峙百濟都扶餘時, 置邑於兩峴之間, 以關防備羅兵甲, 百濟滅亡之後, 麗朝廢之, 而移邑於今邑基,…19)

이 사료에 근거를 두고 조사해 본 결과 다음과 같은 사실을 알 수 있었다.

1/50,000 지형도의 錦山을 보면 珍山面 校村里 표고 148m 지점에 "숯고개"(炭峙, 炭峴)가 있다. '숯고개'북쪽에는 水心台(水深台)가 있고, 그 앞의 마을은 "浮岩里"라고 한다. 물이 깊어서 水深台라는 地名이 생겨 났을 가능성 또한 배제할 수는 없다. 이것은 '炭峴'(혹은 沈峴)20)이라고 하는 沈峴과 관련된 地名이라고 해석할 수도 있다. 또한 錦山에서 珍山으로 통하는 길목과 沃川·馬田에서 珍山을 통해서 '숯고개'(炭峙, 炭峴)에 이르는 三巨里 길목 표고 148m지점에는 浮岩里山城이 요소를 지키고 있으며, '숯고개'남쪽에는 珍山城이 축조되어 있다.21) 현지의 방어시설이 문헌과 동일한데 주목된다.

이 숯고개(炭峙, 炭峴)를 넘어서면 道山에 이르게 되고 이 곳에서 金庾信장군은 '分軍三道'해서 階伯장군이 '設三營'한 連山의 黃山벌로 진격하기에 이른 것이다.22)

---

19) 國史編纂委員會 1973, 「全羅北道 珍山 遺補」, 『輿地圖書』下, 1129쪽.
20) 『三國史記』28, 義慈王 20年 6月條.
21) 拙稿 1990, 「百濟炭峴小考」, 『百濟論叢』제2집, 百濟文化開發研究院, 16〜18쪽.

다시 원점으로 돌아가서 국경선 문제를 살펴보기로 하겠다. 金庾信장군이 655년 점령한 永同郡 陽山을 양국 경계선으로 확정할 수 있으며, 이 접경선은 茂朱郡 茂豊面에 있는 羅·濟通門으로 연결된다. 茂朱에서 이 통문을 지나 내려가면 慶尙北道 居昌에 이르게 된다.

4. 南部 境界線

남부 경계선은 羅·濟通門에서 南海까지 이르는 全羅南·北道와 慶尙南·北道의 경계지대를 말한다. 현재 四道의 경계선은 소백산맥이 영호남의 경계를 이루고 있고 산맥이 끝나는 지리산 부근에서는 섬진강이 분계선을 이루고 있으며 전남의 光陽과 경남의 河東이 兩道의 말단 경계선이다.

다음은 삼국시대 濟·羅 접전지대를 살펴 봄으로써 접경지역을 도출해 보기로 하겠다.

羅·濟通門을 지나 첫 번째로 나오는 濟·羅間 通路는 전북 長水와 경남 安義로 통하는 六十峴[23]이다. 이 통로를 통한 濟·羅 양국의 접전은 백제가 멸망한 다음 해인 661년(太宗 8년 夏4月 29日) 백제군이 지금 高靈地方인 加尸兮津[24]과 지금 居昌지

---

22) 拙稿 1975, 「百濟山城硏究—忠南 論山郡 連山面 所在 「黃山城」을 中心으로—」, 『百濟硏究』제6집, 忠南大學校百濟硏究所, 100~102쪽 참조.
23) 『新增東國輿地勝覽』卷39, 長水縣 山川條.
六十峴, 在北西十里, 慶尙道安陰縣界地, 自新羅時, 爲要害之地, 行人到此, 必盜劫掠, 須滿 六十人及過, 因名焉.
安陰은 지금의 安義로 居昌과 咸陽으로 통하는 길목에 위치하고 있다.

방으로 알려진 加召縣25)을 공격해 왔었다26)고 하는 기록이 있을 따름이고 패망 이전의 기록은 없다.

　두 번째의 濟·羅 통로는 전북 南原軍 雲峯에서 경북 咸陽郡 咸陽으로 통하는 통로이다. 이 곳으로 왕래하려면 八良峴을 넘어야 하는데 이 고개는 소백산맥을 넘어가는 험준한 통로이다. 이 고개에는 신라때 축조한 보루가 남아 있어 濟·羅간 교통의 요충지27)라고 전한다. 이 고개를 넘어서 義慈王 2년(善德王 11, 642) 백제장군 允忠이 大耶城으로 쳐들어가 城主인 品釋將軍 夫妻와 舍知·竹竹·龍石 등을 살해한 일이 있다. 品釋將軍의 부인은 金春秋의 딸28)이다. 大耶城이 위치한 이 지방은 지금의 陜川地方인데 일찌기 이곳은 金庾信將軍의 아버지 舒玄이 大梁州 都督이 되어 이 지방을 통치한 바 있고 또 金春秋의 사위인 品釋이 이곳을 통치하고 있었다고 한다. 이러한 사실은 이 지방이 정치·군사적으로 대단히 큰 비중을 가지고 있었다고 하는 것을 방증해 주고 있다. 大梁州는 大良州라고도 하는데 지금의 陜川地方이다.29)

---

24) 『新增東國輿地勝覽』高靈郡 古跡條.
　　新復縣, 金富軾云, 本加尸兮縣爲高靈郡領縣… 接縣四十里地名有加西谷者, 疑尸兮轉爲西.
25) 『新增東國輿地勝覽』居昌郡 屬縣條.
　　加祚縣, 在縣東 十五里, 本新羅加召縣, 因方言相近, 變召爲祚…
26) 『三國史記』5, 太宗武烈王 8年 夏 4月 19日條.
27) 『新增東國輿地勝覽』卷39, 雲峯縣 山川條.의"八良峴, 在荒山頁五里, 慶尙道 咸陽郡界也, 自新羅時, 號爲要害, 引月之賊, 亦踰是峴" 및 卷31, 咸陽郡 山川條의 "在郡西三十里, 全羅道 雲峯縣界 要害處也, 峴上有新羅古壘" 참조.
28) 『三國史記』5, 善德王 11年條. 및 『三國史記』28, 義慈王 2年條.
29) 『新增東國輿地勝覽』卷30, 陜川郡 建置沿革條.

백제가 雲峯地方을 개척한 것은 武王 17년(616)의 일이다. 즉. 母山城을 점령하고 同王 25년(624)에는 소백산맥을 넘어 速含·櫻岑·烽岑·旗縣·冗柵 등 6城을 점령하였다. 母山城은 일명 阿莫山城이라고도 하는데 지금 南原의 雲峯30)인 것으로 비정되고 있으며 速含은 지금의 咸陽31)이다.

이보다 남쪽으로 남해에 접하여 있는 晉州는 백제때 居列城32)이었던 바 신라 文武王때 이 곳을 점령한 후 州를 설치하였으며 神文王때 居陀州를 나누어서 晉州總管을 설치한 곳이다.

이와 같은 咸陽·陝川·晉州로 연결되는 백제의 南江地域 진출이 군사적인 일시적 점령인가 아니면 문화정복까지 병행한 장기점령인가 하는 것이 문제의 초점이 된다. 이에 대해 일시적 정복이 아니었다고 하는 것이 晉州 水精峯에서 발굴된 3기의 고분 가운데 2기가 百濟古墳33)이었다고 하는 사실로써 뒷받침되고 있다. 따라서 百濟末期 濟·羅의 접경지대는 지금의 小白山脈과 섬진강으로 연결되는 자연지세에 의한 경계분리가 아니고 강력한 백제세력이 小白山脈을 넘어서 咸陽·陝川·晉州까지 진출하여 이 곳을 新羅와의 접경지대로 삼았던 것을 알 수 있다.

---

30) 李丙燾 1977, 『國譯 三國史記』第5, 武王 3年條, 乙酉文化社, 413쪽.
31) 上揭書, 415쪽.
32) 『新增東國輿地勝覽』卷30. 晉州牧 建置沿革條.
33) 全榮來 1889, 「第5節 南江流域 占領期」, 『全羅北道誌』第1卷 第2編 歷史 第3章 三國時代, 全羅北 道刊, 383~385쪽. 全榮來는 「百濟南方境域의 變遷」(『千寬宇先生 還曆紀念 韓國史學論叢』1986, 161쪽)에서 武王 34년~義慈王 2년때까지 9년 동안 백제가 洛東江 流域까지 진출했었다고 제시하고 있다. 이것은 文獻上의 근거이므로 일시적인 점령지역으로 간주되어 접전지역으로만 처리했음을 밝혀둔다.

5. 맺음말

위에서 얻어진 자료를 가지고 정리해 보면 다음과 같은 결론을 얻을 수 있다.

첫째로 북부지역의 濟·羅 國境線은 고구려를 대신해서 漢江 流域을 장악한 신라가 그 세력을 확장해서 平澤과 稷山으로 연결되는 선까지 남하한 것 같다.

따라서 백제의 북쪽 국경선은 平澤과 牙山灣을 사이에 두고 마주 남쪽으로 접하고 있는 瑞山·唐津·牙山·天安 木川으로 연결되는 선이 북쪽 한계선으로 추정된다. 木川 뒤에 있는 車嶺 山脈의 黑城山이 양국 분계선으로 한정되었을 가능성이 높다.

둘째로 동부지역에 해당되는 濟·羅 國境線은 天安·木川· 全義를 기점으로 해서 淸原郡 飛下洞에 있는 父母山城과 文義 壤城山城으로 연결되는 선이며 이 곳에서는 금강상류를 따라 沃 川 管山城(環山城)까지 분계선을 이루고 그 남쪽으로는 永同 陽 山의 助川城으로 濟·羅 양국이 접경을 이루고 있었던 것으로 판단된다. 沃川의 管山城(環山城)과 永同 陽山의 助川城 전투는 양국간에 가장 치열했던 전쟁이며 이 통로가 양국간의 중요 통 로이었음도 밝혀졌다.

셋째로 남부 접경지대는 永同 陽山에서 茂朱의 羅·濟通門을 지나 소백산맥의 자연지세를 이용한 분계선으로 이루어졌다. 소 백산맥의 八良峴에 이르러 백제의 세력이 강세를 나타내서 咸 陽·陜川·晉州까지 이르는 南江流域까지 장악을 하고 신라와 접경을 하고 있었음을 알 수 있다. 특히 晉州地方이 『三國史記』地 理志에 百濟領縣으로 편성되어 있고 백제고분군도 있는 것을 감안해 보면 일시적인 점령지대가 아니었음을 입증해 준다.

넷째로 백제를 공격하기 위하여 신라의 5만 군사가 金突城을 출발하여 連山 黃山벌로 진격한 통로는 지금의 尙州 白華山城에서 黃澗·永同·陽山·錦山·珍山·連山 황산벌로 통하는 길이다. 그렇다고 하면 백제의 국방상 요로인 "炭峴"은 이 통로에 위치하고 있어야 할 것이다. 이번의 조사 결과 錦山에서 珍山에 이를 수 있고, 沃川에서 馬田을 거쳐 珍山에 이르는 三巨里요지에 "炭峴"(일명 炭峙, 숯고개)이 위치하고 있었음을 알아낼 수 있었다. 지명뿐만 아니라 문헌에서도 방증할 수 있는 자료가 발견되어 이와같은 심증을 더욱 굳히게 해 주었다.

끝으로 하나 더 밝힐 수 있는 사실은 북쪽 접경지대와 동쪽 접경지대에서는 신라의 세력에 밀려 백제가 많이 침식을 당한 반면에, 남쪽 접경지대에서는 백제의 세력이 상당한 부분까지 신라의 영토를 잠식해 들어갔다고 하는 사실이다. 아마도 이것은 신라가 동·북부 접경지대에 전력을 기울였기 때문에 빚어진 현상이 아닌가 한다.

본고를 발표한지 10년 뒤에 필자가 백제산성으로 규정하고 濟·羅 국경지역으로 판단했던 大田 동쪽 鷄足山에 있는 鷄足山城이 百濟研究所의 발굴조사에서 新羅系山城으로 밝혀지고 있어 문제점을 제기해 주고 있다. 앞으로의 발굴조사보고에 진상이 밝혀지기를 기대한다. 따라서 필자의 주장도 사실대로 밝혀지는데 따라 수정할 수 있음을 덧붙여 둔다.(2004. 2.)

出 典

成周鐸 1990, 「百濟末期 國境線에 대한 考察」, 『百濟研究』第21輯, 忠南大學校 百濟研究所, 141~153쪽.

第 4 編　韓國 古代山城의 日本傳播

韓國 古代山城의 日本傳播

1. 머리말

우리나라의 고대문화가 직접적으로, 또는 중국의 문물이 우리
나라를 거쳐 간접적으로 일본지역으로 전파되었던 것은 지리적
으로 보아 극히 자연스러운 일이었다. 특히 삼국 중 백제는 일본
고대문화의 성립에 큰 영향을 끼쳤다. 五經博士를 비롯하여 醫博
士・採藥士・易博士・曆博士・鑪盤博士・瓦博士・造寺工 등과
經史・醫藥書・曆本・天文・地理・陰陽五行・卜筮에 관한 書冊
이라든가 승려・악공・화원・불전 등의 전수가 그 예라고 할 수
있다. 또한 일본의 고대산성이나 도성의 축조에 있어서도 이러한
백제문화의 영향이 강하게 반영되어 있다.

현재 일본 서부지역에 잔존해 있는 산성들은 백제 패망직후
백제 사람들이 건너가서 축조하였다고 기록되어 있는 계보가 확
실한 산성과 계보 미상의 神籠石系山城의 2종류로 나뉘어져 있

다. 이에 대하여 小田富士雄은 전자를 조선식산성, 후자를 신롱석계산성으로 분류하고 있다.[1]

　본고에서는 편의상 백제인이 축조하였다고 하는 계보가 확실한 조선식산성을 백제계산성으로, 계보가 확실하지는 않으나 한국 고대산성과 유형이 같다고 생각되는 신롱석계산성을 한국계산성으로 분류하여 기술하고자 한다. 일본에 있는 백제계산성이란 구체적으로 삼국시대에 나당연합군에 의하여 멸망당한 백제인들이 일본 서부지역으로 망명한 후, 재기를 도모하기 위하여 축조한 산성이라고 할 수 있다. 그 대표적인 것으로는 서기 664～665년 사이에 축조된 大野城·水城·基肄成(椽城)과 667년에 축조된 金田城。그리고 698년에 改修된 鞠智城 등을 들 수 있다. 이들 가운데 대야성과 국지성에 대해서는 이미 검토한 바 있는데,[2] 이 중 대야성은 당시 扶蘇山城에 대해 자세히 밝혀진 것이 없어 주로 公山城과 그 구조를 비교하였었다. 그러나 현재 일본에서는 발굴을 통해 성의 형태나 축성술 등 상당히 많은 부분이 밝혀지고 있고, 백제 산성의 경우에 있어서도 근래 발굴을 통해 많은 자료를 얻게 됨으로써 양국 城制의 비교가 좀더 용이하게 되었다.

　본고에서는 이러한 자료들을 기초로 우선 일본 고대 성들 중에서 백제의 영향을 받아 축조된 것이 확실한 백제계산성들을

---

1) ① 小田富士雄編 1983, 『北九州瀨戶內の古代山城』, 名著出版.

　② 小田富士雄編 1985, 『西日本古代山城の研究』, 名著出版.

2) ① 成周鐸 1980, 「大野城小攷」, 『鏡山猛先生古稀記念文化論攷』, 鏡山猛先生古稀記念論文集刊行會.

　② 成周鐸 1988, 「鞠智城の性格」, 『先史·古代の韓國と日本』, 築地書館.

문헌기록을 바탕으로 선별하고, 도성체제·성의 규모와 입지조건·축성기법과 년대, 성의 기능과 구조 등 다양한 요소에 입각해 백제 도성 및 산성과 비교·고찰해 보고자 한다. 이러한 과정에서 문헌기록의 타당성여부와 백제 산성의 영향에 대한 구체적인 실상도 아울러 파악해낼 수 있을 것이다.

다음에는 잠정적으로 한국계산성으로 분류한 신롱석계산성에 대해 살펴보고자 한다. 이 한국계산성은 백제의 영향은 물론이려니와 여타 한국의 고대산성들과도 유형상의 유사성을 보여 주고 있어 이를 통해 한국 고대산성이 일본 고대산성에 끼친 영향을 찾아볼 수 있는데, 이러한 사실을 주로 성의 형태나 축성기법 등의 면에서 고찰해 보고자 한다.

2. 韓·日 古代山城의 構造的 特性

1) 韓國의 古代山城

한국의 고대산성은 1,300개소가 넘는 것으로 추정되고 있다. 이 산성들의 형식은 그 위치와 성벽의 통과선에 따른 입지적 조건에 의하여 테메형(鉢卷式)과 포곡형의 두가지 계통으로 분류되고 있다.

이 두 가지 형식 중 테메형산성은 입지적 조건으로 볼 때 山中腹보다 높은 위쪽에 자리잡고, 산 봉우리를 둘러싸고 있어 마치 시루(甑)에 띠를 두른 것처럼 둥그렇게 성벽을 축조한 형식이다. 그러나 평탄한 산정부를 둘러서 축조한 경우도 있으며, 산정에서 시작하여 한쪽 山腹에 걸쳐 완만하게 경사된 지형을 이용하여 비교적 넓은 면적을 포용하면서 축조된 것도 있다. 평탄한 산정부를 둘러서 축조된 성들로는 경주 月城이나 대구 達城, 그리고 서을 강동구에 있는 夢村土城을 대표적인 예로 들 수 있다.

한편 포곡형산성은 성안에 한 개 또는 그 이상의 계곡을 두고 그 주위를 둘러싼 산줄기의 능선을 따라서 성벽을 축조하는 형식을 말한다. 따라서 성벽 통과선이 능선으로부터 평지에 이르고 다시 평지에서 능선으로 이어져 그 기복에 있어서의 변화가 보다 심하다고 할 수 있다. 이러한 산성들은 계곡을 흐르는 물줄기를 한곳으로 모아 평지에 가까운 곳에 설치된 水口를 통하여 성 밖으로 유수를 내보내게 된다. 내부에 넓은 계곡이나 수원을 포괄한 축성법인만큼 앞서 말한 테메형산성보다 훨씬 큰 규모를 가지게 된다. 한국의 고대산성 가운데 남한에 있는 산성은 테메형이 그 주류를 이루며, 포곡형은 부여의 靑馬山城, 공주의 공산성, 한산의 乾芝山城, 직산의 蛇山城, 보은의 三年山城 등 그 수가 많지 않다. 한편 이러한 테메형산성과 포곡형산성이 결합해서 이루어진 것을 복합식산성이라고 한다.3)

한국의 고대산성은 또한 성벽 구조에 따라서 목책과 토축·토석혼축·석축산성 등으로 구분할 수 있다. 이중 목책은 쉽게 부식되기 때문에 남아 있는 예가 극히 드물긴 하나 서울 몽촌토성과 부여 부소산성에서 그 실체가 확인된 바 있어 백제의 경우 초기부터 말기에 걸쳐 목책시설이 사용되었음을 알 수 있다.

---

3) (補註) 백제 때의 복합식산성의 예로서 부소산성을 대표적으로 파악한 적이 있으나(尹武炳·成周鐸 1977,「百濟山城의 新類型」,『百濟研究』제8집, 忠南大學校 百濟研究所, 10~11쪽), 1990년대 이후 발굴 결과 테메식산성이 통일신라시대에 축조된 것으로 확인됨에 따라 앞서 주장을 철회한 바 있다(成周鐸 1998,「百濟 泗沘都城研究 三齣」,『百濟研究』28, 忠南大學校 百濟研究所).

토성을 축조하는 경우, 杵築技法이나 版築技法을 이용하여 축
조하는 것이 우리나라 고대산성의 통례이나 곳에 따라서는 석축
의 기저부 위에 토축을 하는 수도 있고, 수구 부근에서는 석축을
하기도 한다. 부소산성 북·동쪽에 있는 무너진 단면에서 이와
같은 기법이 이용되었음이 확인된 바 있다. 한편 토성의 안과 밖
에 垓子시설을 갖춘 곳도 있다.

석축성벽의 축조기법으로는 『華城城役儀軌』의 用語例에 의해
內托과 夾築으로 불리우는 두 방법이 삼국시대부터 채용되어 왔
다. 전자의 내탁기법은 외면에 대해서는 수직에 가까운 석벽을
구축하고 성 안쪽은 보통 토석을 채워서 쌓아 올려 보강(積心)
처리하는 것이 특징이다. 이에 반해 협축공법은 성벽 내외면을
모두 비등한 높이에 달하는 석벽면으로 구축한 것을 말하며, 그
대표적인 예로는 신라가 백제를 침공할 때 주요거점으로 삼기 위
하여 473년에 축조한 충북 보은의 三年山城을 들 수 있다.4)

산성에는 성문과 수구를 개설하는 것이 필수조건이다. 성문은
대부분이 무너지거나 파괴되어 그 실체를 알아보기 어려우나 수
구는 비교적 잘 남아 있는 곳이 있다. 옥천군 군서면에 있는 城
峙山城의 수구는 (사진 1)에서 볼 수 있는 것처럼 지상 2.7m 높
이에 두 개의 수구를 개설하였데, 크기는 서쪽 수구가 폭 70cm
높이 60cm, 동쪽 수구는 폭과 높이가 각기 55cm이다. 성벽 안쪽
에는 약 2m의 웅덩이를 만들어서 물이 고이면 수구를 통해 성밖
으로 出水하도록 되어 있다.5) 이와 같은 축조기법은 보은 삼년

---

4) 成周鐸 1976, 「新羅 三年山城研究」, 『百濟研究』제7집, 忠南大學校
　　百濟研究所 참조.
5) 成周鐸 1974, 「大田附近 古代城址考」, 『百濟研究』제5집, 忠南大學校
　　百濟研究所, 30쪽.

사진 1. 百濟 城峙山城 西壁 水口　　　　사진 2. 南漢山城 水口

산성이나6) 청주 養成山城에서도 볼 수 있다. 또한 축성시기는
늦지만 서울 南漢山城에 부설되어 있는 것과 같이 계곡에 수구
를 설치하여 직접 출수시키도록 한 곳도 있다(사진 2). 성문은
동서남북 4개소에 설치하는 것이 통례이나 규모와 지형에 따라
2~5개의 성문을 개설하는 경우도 있어 일정하지는 않다. 한편
성의 취약점을 보완하기 위하여 雉城을 부설하기도 한다.

　이상에서 한국 고대산성의 대략적인 성격을 알아보았거니와
다음으로는 고구려·백제·신라의 산성 및 도성에 대해 그 성격
을 좀 더 자세히 살펴보기로 하겠다.

　(가) 高句麗

『三國史記』에 의하면 夫餘系의 朱蒙이 남하하여 정착한 곳은

---

6) 成周鐸, 註 4)의 前揭文, 140~141쪽.

沸流水 근방 즉, 지금의 압록강 유역에 있는 桓仁地方이라고 한다.7) 이 곳은 지금의 桓仁縣城에서 동북쪽으로 7km 떨어진 표고 800m지점에 있는 남북 1,000m 동서 300m 크기의 석축산성인 五女山城에 비정되고 있다. 이와 같이 고구려가 초기부터 高山地帶에 근거지를 두고 있었던 것은 산이 많은 지형적 조건과 여타 주위환경, 수렵위주의 생활 등 여러 요인 때문이었을 것으로 생각되며 이러한 高地性 山城의 축조는 이후 고구려 산성축조의 전통이 되고 있다(그림 1의 ①).

고지성 산성에 근거지를 두었던 고구려는 유리왕 때(A.D.3) 國內城으로 도읍을 옮기고 尉那巖城을 축조하였다.8) 현재 길림성 집안현 경내에 있는 것으로 알려진 국내성은 둘레 2,886m로서 평지에 축조되어 있는 방형의 석성이다. 이 석축 성벽의 하층에서 토축 성벽 부분이 발굴되어 漢代 治所의 토성유지에 고구려가 석축으로 개수하여 사용한 것임을 추측케 해 주고 있다. 그런데 평지성인 국내성은 외침의 우려가 크므로 이러한 경우에 대비하여 산상에 축조한 것이 위나암성으로서 이는 現 縣城 서북쪽 2.5km지점의 丸都山 위에 있으며 세칭 山城子山城(일명 丸都山城)에 비정되고 있다. 이 성은 삼면이 높은 산으로 막혀 있고 남쪽만 트인 요지에 石築으로 쌓여진 산성으로서, 둘레가 7km에 달한다. 험준한 지형에 비해 성안에는 넓은 대지와 풍부한 수량이 확보되어 있어 평지의 국내성이 외침을 받을 경우, 이 산성에 들어와 장기전에 대비할 수 있도록 되어 있다(그림 2의 ②·③).

---

7) 『三國史記』 卷13, 高句麗 東明聖王 卽位年條.
8) 『三國史記』 卷13, 高句麗 琉璃明王 22年條.

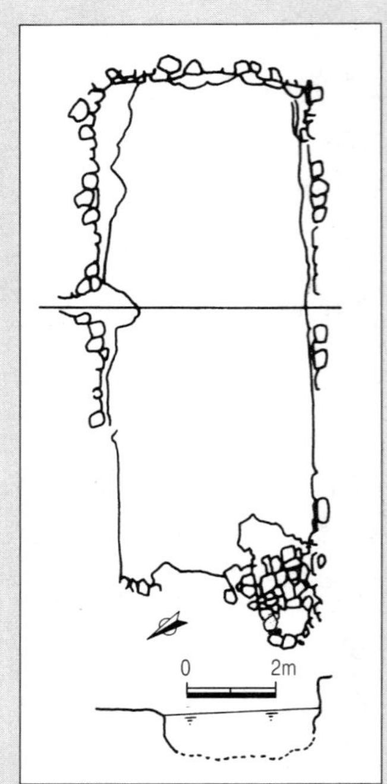

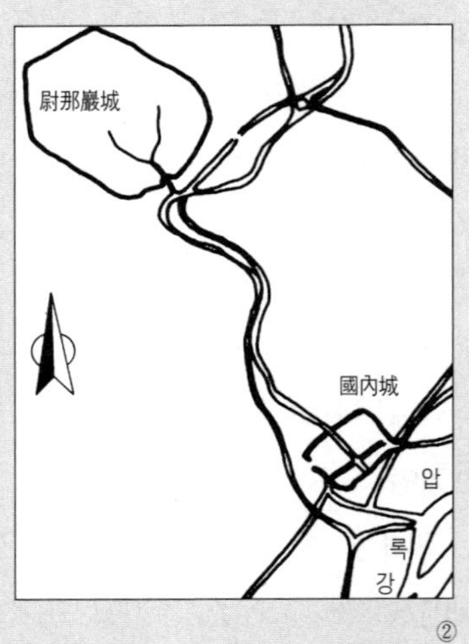

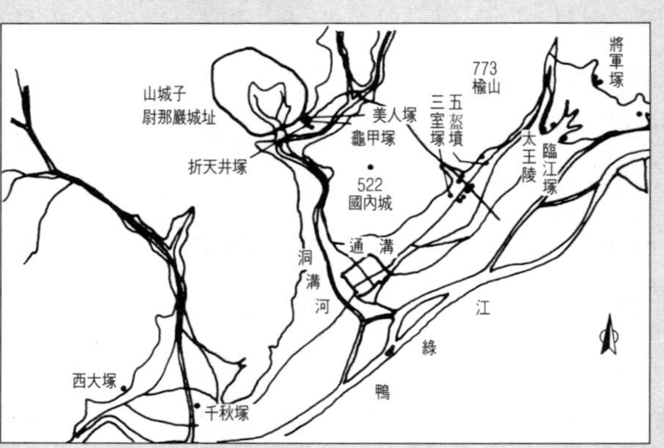

그림 1. 高句麗 山城(震檀學會, 『韓國史』 古代篇에서 轉載)
　　　① 五女山城 城內의 池水　② 國內城과 尉那巖城　③ 輯安地域
　　　遺蹟分布圖

　　이처럼 평지의 王城과 외침에 대비한 산 위의 방어용 산성으로 구성되어 있는 고구려초기 도성제를 국내성과 위나암성의 두 성에서 잘 엿볼 수 있다.

　　미천왕 14년(313)에 낙랑을 병합한 고구려는 계속 남쪽으로의 진출을 도모하여 장수왕 15년(427)에는 평양으로 천도하였다. 이 때의 평양 도성은 평지에 있는 안학궁과 그 뒷산에 있는 대성산성으로 구성되어 있어 초기 고구려 도성제를 답습하고 있다. 안학궁은 둘레 622m의 방형 토성으로서 北宮・中宮・南宮 및 東・西 兩宮의 5개소로 구성되어 있으며, 6개의 성문과 성밖에 해자가 부설되어 있다.9) 한편 표고 274m의 대성산에 있는 대성산성은 둘레 9,280m의 석축산성이다. 『周書』高麗傳에서는 평양성의 기능에 대해, “平壤城 其城東西六里 南臨浿水 城內唯積倉儲 器備寇 賊至日 方入固守 王則別爲宅於其側 不常居之10)”라 설명하고 있다.

　　고구려는 양원왕 8년(552)에 장안성을 축조하기 시작하여 평원왕 28년(586)에 천도하였는데 이는 지금의 평양시를 둘러싸고 있는 평양성이다. 장안성은 평지와 산릉의 자연지세를 이용하여 축조하였는데, 왕이 있는 내성과 관아가 있는 중성 그리고 일반 평민들이 거주하는 외성으로 구분되었으며 그 둘레는 23km이다. 그리고 내성 북쪽의 험준한 牧丹峯에는 지세를 이용한 산성 성격을 띤 북성이 축조되어 있다. 이처럼 고구려는 장안성에 이르러서는 평지성과 산성의 장점을 배합한 초기 도성제를 살리면서

---

9) (補註) 최근 日人 학자에 의하여 安鶴宮址는 고려때 건물지이며, 淸岩里土城이 大城山城과 한 셋트를 이루고 있다고 하는 주장도 제기되었다(1998. 12 附記).

10) 『周書』高麗傳.

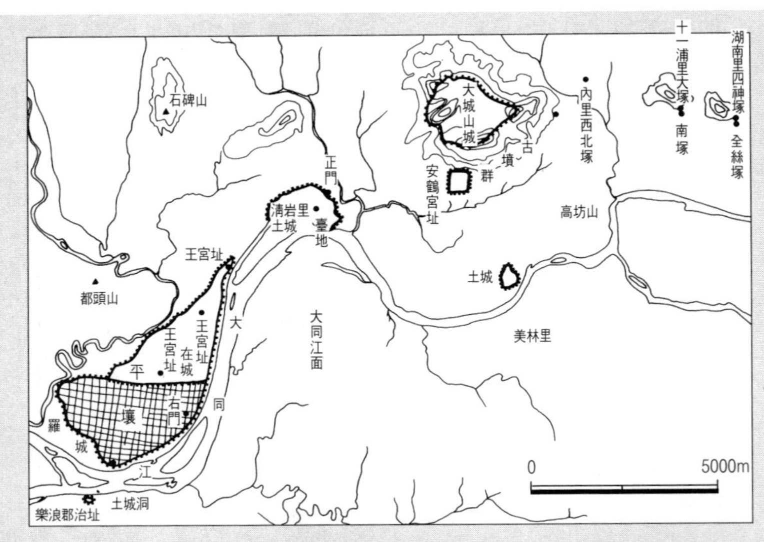

그림 2. 平壤 一帶의 高句麗遺蹟(震檀學會, 『韓國史』 古代篇에서 轉載)

이전에 왕성과 떨어져 축조되었던 환도성 같은 방어용 산성을 왕성 바로 뒤에 축조하고 이들 전체를 외곽으로 두르는 內城·外郭의 城制로 발달하고 있다(그림 2).[11]

(나) 百濟

聖王 16년(538) 熊津에서 천도하여 백제의 3번째 도읍지가 된 泗沘都城은 백제의 도성체제를 가장 잘 보여주고 있다.

扶蘇山城은 부여읍 쌍북리 표고 106m의 부소산에 위치하고 있다. 公山城의 지형과 마찬가지로 남쪽이 높고 북쪽이 낮으며, 금강이 북·서·남 3면으로 부소산을 돌아 흐르고 있고 남·서

---

11) 成周鐸 1988, 「韓·中古代都城築造에 關한 比較史的考察」, 『韓·中文化交流의 再照明』(忠南大學校 第一回 韓·中國際學術發表論文集, 忠南大學校 百濟研究所, 30~31쪽.

쪽으로는 넓은 들판이 있다. 부소산 전방의 약 1.5㎞지점에 표고 121m의 錦城山이 자리잡고 있을 뿐 여타 지역은 평탄하다.

부소산성은 軍倉址를 둘러싸고 있는 1,400m의 테메형산성과 泗沘樓를 둘러싸고 있는 700m의 테메형산성이 있고, 이 두 개의 테메형산성을 연결하는 포곡형산성으로 구성되어 있는 복합식산성으로서 그 둘레는 2,200m이다. 성은 대부분이 토축으로 되어 있고 필요에 따라서 석축한 부분도 있으며, 안쪽에 해자가 부설되어 있는 부분도 있다. 성은 남향을 하고 있고, 성 안은 지형이 험하고 골짜기가 커서 사용면적이 적다. 부소산성 동문지 부근과 서문지 부근에서 축조되기 시작한 羅城(郭城)은 남쪽 中井里와 軍守里로 이어지고 있는데 그 둘레는 약 6.3km(2000년도 조사)이다.

한편 동쪽 나성 밖에 있는 표고 118m의 烏石山에는 둘레 6.5km에 달하는 백제 최대의 산성인 청마산성이 있으며, 서쪽으로 금강 건너편에 있는 蔚山과 浮山에도 산성을 축조 배치하여 사비도성을 수호하는 역할을 하게 하고 있다(그림 3 참조).

(그림 3)에서 볼 수 있는 A-A 지점과 B-B 지점을 1981년 절개하여 조사해 본 결과, 성벽축조에는 판축기법이 사용되었고[12] 4차에 걸친 초·개축이 있었던 것으로 판명되었다. 초축시기는 동성왕대로 추정되었으며 4차 수축시기는 조선시대로 추정되고 있다.[13] 부소산성에서 중심이 되는 위치에 있는 군창지 서쪽부분의 발굴에서는 3개의 수혈식 건물지와 防護 木柵의 시설이 있었던 것으로 확인되었는데, 이는 군사시설로 추정되며 후술할 일본 基肆城의 성격과 관련되어 주목된다. 이곳 대형 저장공

---

12) 尹武炳 1982, 「扶蘇山城城壁調査」, 『考古學報』13, 韓國考古學研究會.
13) 尹武炳, 註 12)의 前揭文.

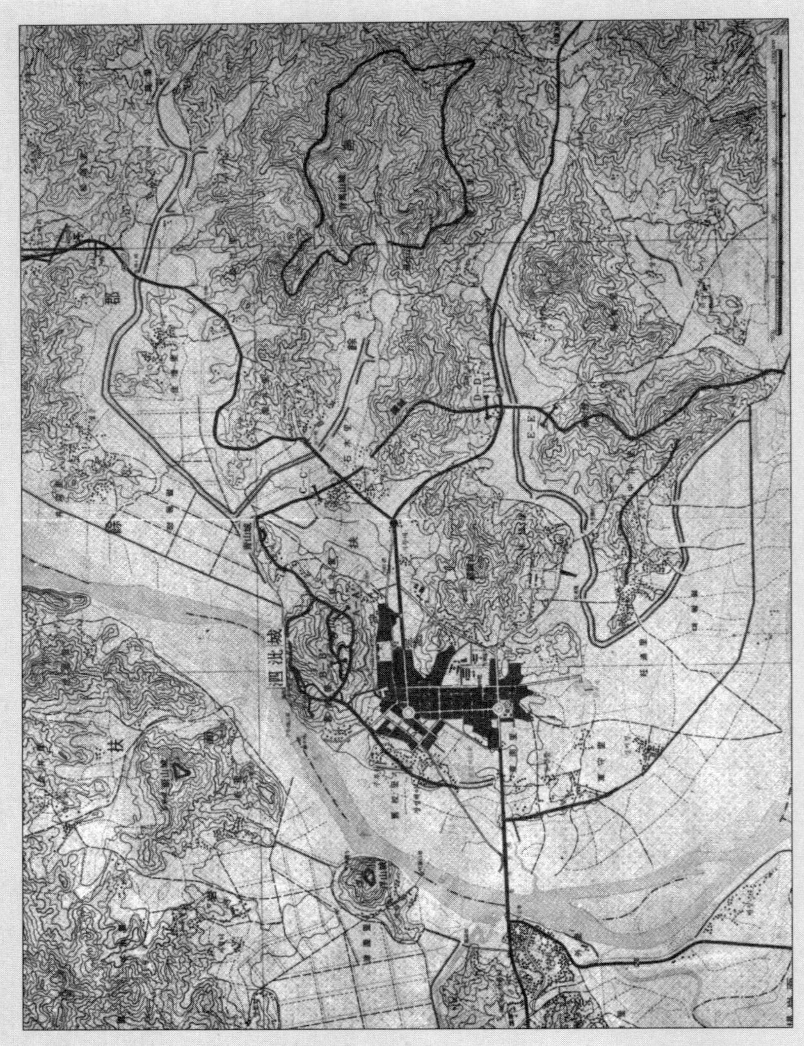

그림 3. 泗沘城과 周邊山城

안에서 중국 唐高祖 4년(621)때에 주조된 開元通寶가 수습된 바
있다.14)

현 부여박물관이 위치하고 있는 앞뜰 확장발굴에서 東岸
6.25m, 北岸 6.3m, 南岸 5.4m의 백제시대 방형 석축 연당지가 조
사보고된 바 있고,15) 1987년에는 남북으로 교차하는 도로망이
발굴되었으며,16) 1988년에는 그 북쪽에 건물지 일부가 확인되었
다(報告書 未刊). 이 모든 자료들을 종합해 볼 때 사비시대 왕궁
지는 현재 부여박물관부근에 위치하였으리라고 짐작된다.

한편 부소산성의 축성시기와 관련하여 주목되는 것은 동성왕
대의 수렵기사이다. 사비도성으로 천도하기 이전인 동성왕대에
이미 3차에 걸쳐서(490년 1차, 501년 2차) 泗沘東原과 西原에서
수렵을 한 일이 있는데 이는 아마도 천도를 위한 사전답사의 성
격을 지녔던 수렵으로 추측된다. 그러나 부소산성이나 왕궁축조
에 관한 직접적인 기사는 없고 다만 무왕 31년(630)에 사비궁실
을 중수하였다고 하는 기록이 있을 뿐이다. 이로 미루어 그 이전
에 이미 궁실이 축조되어 있었음을 알 수 있다. 부소산성의 축성
과 관련된 기사 또한 전연 없고 다만 무왕 6년(605)에 '築角山城'
이라고 하는 기사가 있다. 이 角山城은 (그림 3)에서 볼 수 있는
바와 같이 부소산성 동쪽 약 500m지점에 있는 둘레 약 500m의
테메형산성이다. 지금도 이곳 주민들은 이곳을 '풀뫼' 또는 '뿔뫼'
라고 부르고 있어 순수한 우리말이 한자화 되면서 靑山城 또는

---

14) 張慶浩 · 洪性彬 1984, 「扶蘇山城內建物址 發掘調査略報告」, 『文化
    財』第17輯, 文化財管理局.
15) 尹武炳 1989, 『扶餘官北里 百濟遺蹟 發掘報告(I)』, 忠南大學校 博物
    館.
16) 『朝鮮日報』, 1987.11.10, 20492호.

角山城이라는 이름으로 불리우고 있음을 알 수 있다.[17]

사비도성에는 또한 왕궁을 중심으로 둘레 약 6.3km의 나성(곽성)이 축조되어 있는데 이에 대한 문헌기록을 예시해 보면 다음과 같다.

A. 都下有萬家　分爲五部曰　上部・前部・中部・下部・後部　統兵五百人　五方各有方領一人　以達率爲之(『周書』百濟傳).

B. 其都曰居拔城……畿內爲五部　部有五巷　士人居焉　五方各有方領一人　方佐貳之　方有十郡　郡有將(『隋書』百濟傳).

C. 百濟全盛之時　十五萬二千三百戶(『三國遺事』卞韓　百濟條).

D. 百濟國　舊有五部　分統三十七郡　二百城　七十六萬戶 (『三國遺事』南扶餘　前百濟條).

위의 『周書』와 『隋書』의 기사로 보아 백제 사비도성은 성내에 上部(東部)・下部(西部)・前部(南部)・後部(北部)의 4부와 왕궁이 있는 중부까지 합쳐 5부제도로 통치된 것이 분명하다. 그런데 도성중앙에 표고 121m의 금성산이 있어서 질서정연한 坊里制度가 이루어지기는 어려웠을 것이므로 아마도 자연부락 단위를 중심으로 하여 통치되었을 것으로 추정된다.

이상에서 미루어 볼 때 전체적인 사비도성의 구조는 평지성(왕궁+나(곽)성)+산성(구릉성산성+고지성산성)으로 구성되어 있음을 알 수 있다. 이 도성체제는 공산성에서도 확인되고 있고 멀리는 백제 초기도성인 河南慰禮城으로 비정되고 있는 夢村土城과 漢山城에서도 이러한 도성체제가 확인되고 있다.

---

17) 成周鐸　1984,「百濟初期城址」,『百濟城址硏究』, 東國大學校大學院博士學位論文, 111쪽.

하남위례성으로 비정되고 있는 몽촌토성은 표고 44.8m의 구릉에 위치하고 있는데 곳에 따라 판축을 하여 축조하였으며, 성 동북쪽에는 270m길이의 외성이 있으나 왕궁지는 확인되지 않고 있다. 왕궁지의 위치는 부소산성의 경우를 생각해 볼 때 성안보다는 성밖 남쪽이었으리라고 추정된다. 한편 漢山城은 3세기 경에 현 남한산성 부근의 고지에 축조되었던 것으로 생각되나 아직 그 실체는 확인되지 않고 있다. 자료가 부족하기는 하나 백제 초기에도 평지성과 산성이 결합된 도성체제를 갖추었으리라고 생각되는 것은 백제를 건국하였다고 전하는 溫祚·沸流集團이 夫餘·高句麗系로 고구려의 도성체제가 자연스럽게 도입되었으리라는 점과 또한 이후의 도성에 항상 평지성과 산성이 결합된 형태를 취하고 있는 점 때문이다. 그러나 백제는 고구려의 평지성＋고지성산성의 도성체제와는 달리 현지 자연지세에 알맞도록 강을 배후에 두고 구릉지대 앞에 도성을 축조하고 있다. 또한 이러한 도성을 통치함에 있어서는 東·西·南·北·中의 5부제도가 채택되었는데 이는 고구려에서 유래하여 백제 전시대에 결쳐 실시되었던 것으로 보인다.

성의 기능면에서 볼 때 배후에 있는 구릉성산성은 몽촌토성이나 부소산성의 경우, 현재까지 군사시설로 추정되는 건물지만 발견되고 있어 군사적 목적의 비중이 컸었음을 추측케 한다. 그러나 공산성의 경우처럼 園林의 역할도 하였으리라고 짐작되는데,18) 특히 부소산성에 있어서는 서쪽 泗沘樓가 있는 지역의 전망이 매우 좋아 이같은 심증을 더욱 굳혀 주고 있다.

---

18) 李殷昌 1986, 「高句麗 園林史研究」, 『韓國傳統文化研究』第二輯, 曉星女子大學校 韓國傳統文化研究所, 117~203쪽.

(다) 新羅

『三國史記』의 기록에 의하면 婆娑尼師今 22년(101)에 월성을
축조하고 왕이 이곳으로 옮겼다고 한다. 현 경주박물관 서북쪽에
있는 이 월성의 해자는 일부 발굴되긴 했으나 초축연대에 대해
서는 아직 결론을 내리지 못하고 있어 이것이 문헌과 같은 시기
의 것인지는 불확실하다.

월성은 둘레 2.4km에 달하는 토성으로서 이 성을 중심으로 하
여 궁전이 있었을 것으로 추정되고 있으며, 통일 후(660~668)에
도 그 시설이 계속 확장되어서 안압지와 임해전 등이 증축되고
있다. 慈悲王 12년(469)에는 坊里制가 정하여지고 炤知王 12년
(490)에는 시장이 개설되면서 성내에는 동·서 兩市가 생겼다.
도성 중앙에는 120m의 남북대로가 있었고 월성 앞에 주거지역이
형성되어 있었다(그림 4).[19]

신라는 건국할 때부터 멸망에 이르기까지 약 천년동안을 한
곳에 정주하여 있었기 때문에 초기의 유적은 찾아볼 수 없는 형
편이다. 신라는 월성에 나성과 같은 방위시설을 만드는 대신에
동쪽에 明活山城(466), 남쪽에 南山城(591), 서쪽에 仙桃山城, 북
쪽에는 西兄山城 등을 축조하여 방위시설을 보강하였는데, 이 산
성들의 축조시기는 대략 5세기 후반에서 6세기 후반에 걸쳐 있
다(그림 5).[20]

신라의 산성 가운데 대표적인 것은 보은읍에서 동쪽으로 2km
떨어진 城舟里에 있는 三年山城이다. 이 산성은 자비왕 13년

---

19) 尹武炳 1971, 「역사도시 경주의 보존에 대한 조사」, 『문화재의 과
　　학적 보존에 관한 연구(Ⅰ)』, 과학기술처, 131~133쪽.
20) 成周鐸, 註 11) 前揭文, 32~33쪽.

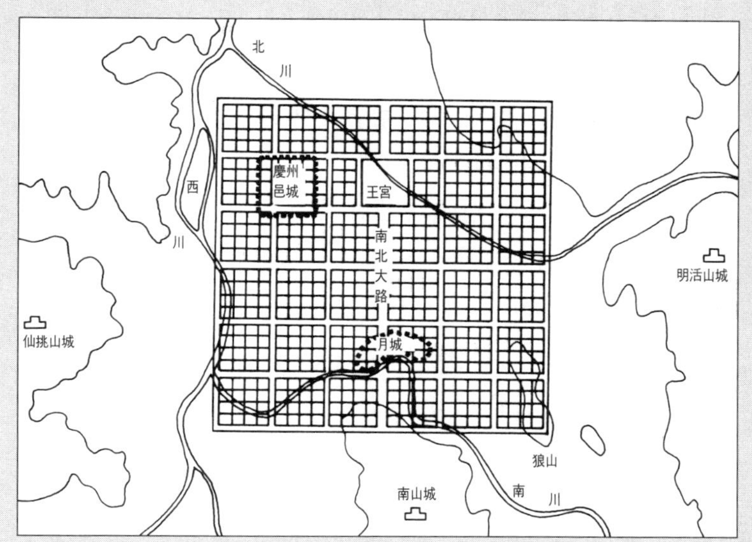

그림 4. 尹武炳의 新羅王京 復原圖

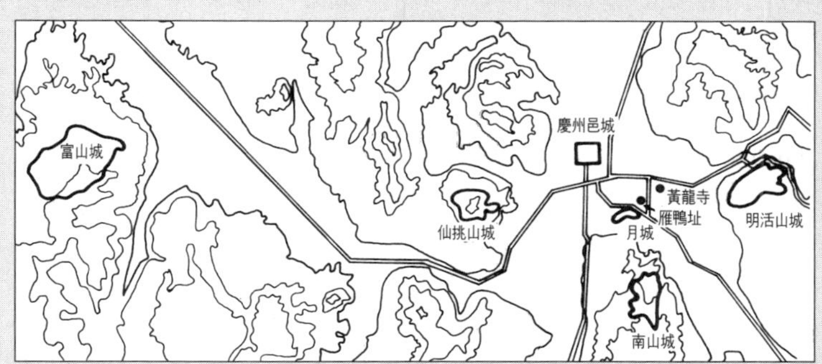

그림 5. 慶州 周邊 遺蹟

(470)에 초축하고 16년뒤인 소지왕 8년(486)에 개축한 둘레 1,680m의 포곡형 석축산성이다. 성벽축조는 폭 13~20m의 협축이 기본으로 되어 있으나 지형에 따라 내탁외축을 한 부분도 있다. 동서에 각 1개소의 문지가 있었던 것만은 확실하나 남북 2개소의 문지는 불확실하다.

삼년산성은 동쪽 성벽에 부설된 수구가 특징적인데, 이 수구는 지상에서 1m되는 곳의 성벽에 높이 65cm, 폭 40cm정도의 크기로 개설되어 있다. 또한 성의 취약지점에는 둘레 25m, 높이 8.3m의 치성을 축조해서 보완하고 있는데, 이러한 치성은 모두 7개소가 있다(그림 1 참조).[21]

2) 日本의 古代山城

(가) 百濟系山城

660년 백제는 동·서로 협공하여 쳐들어온 나당연합군에 의하여 멸망하였다. 그러나 멸망 직후 福信과 道琛이 중심이 되어 周留城(금강 입구부근)에 근거를 두고, 일본에 가 있던 왕자 豊을 맞이하여 왕으로 삼아(661) 백제 부흥운동을 펼쳤다. 그 결과 200여성이 호응하여 나당연합군을 괴롭혔다. 이때 백제 부흥운동군의 근거지는 任存城(大興)과 지금의 대전부근에 있었던 것으로 비정되는 眞峴城·支羅城·尹城·大山·沙井城 등이었다. 풍왕은 고구려와 왜에게 원병까지 청하여 당군에 대항하다가 663년 부흥군의 근거지인 주류성이 함락됨으로써 백제 부흥운동은 종말을 고하게 되었다.

---

21) 拙稿, 註 6)의 前揭文, 139~142쪽.

  부흥운동에 실패한 백제의 유신들은 패전한 일본군과 함께 일
본군의 본거지였던 구주지방으로 철수하여 나당연합군의 위협에
대비하는 성을 쌓기에 이르렀다. 이때의 상황을 『日本書紀』와
『續日本紀』에는 다음과 같이 기록하고 있다.

    E. 664년(天智3) 是歲 於對馬嶋・壹岐島・筑紫國等 置防與烽 又
        於筑紫 築大堤貯水 名曰水城(『日本書紀』).
    F. 665년(天智4) 秋八月 遣達率答㶱春初 築城於長門國 遣達率憶
        禮福留・達率四比福夫於筑紫國 築大野及椽二城(『日本書
        紀』).
    G. 667년(天智6) 築倭國高安城・讚吉國山田郡屋嶋城・對馬國金
        田城(『日本書紀』).
    H. 698년(文武2) 令大宰府繕治大野・基肄・鞠智三城(『續日本
        紀』).

  위의 기록에 나타나듯이 백제 멸망직후인 664년부터 667년까
지의 4년동안에 일본에는 水城・大野城・基肄城 (記夷・椽이라
고도 쓰이는데 이후 基肄로 통일함)・高安城・屋嶋城・金田城
등이 축조되고, 22년뒤인 698년(文武 2년)에는 大宰府로 하여금
大野・基肄・鞠智의 3성을 繕治하게 했다고 한다. 이들 산성의
분포는 (그림 6・7)과 같다. 이 산성 분포도에서 보는 바와 같이
백제 멸망이후 일본에 축조된 산성들은 일본 서부지방인 關西地
方과 九州地方에 집중되어 있음을 알 수 있다. 이들 산성가운데
백제인의 관직과 이름이 명시되어 축조된 성은 구주 福岡縣 筑
紫郡에 있는 대야성・기이성이다. 수성 또한 축조자로서 벅제인
의 이름은 명시되어 있지 않지만 대야성・기이성과 밀접한 관계
가 있는 위치에 축조되어 있는 점으로 미루어 대야성・기이성

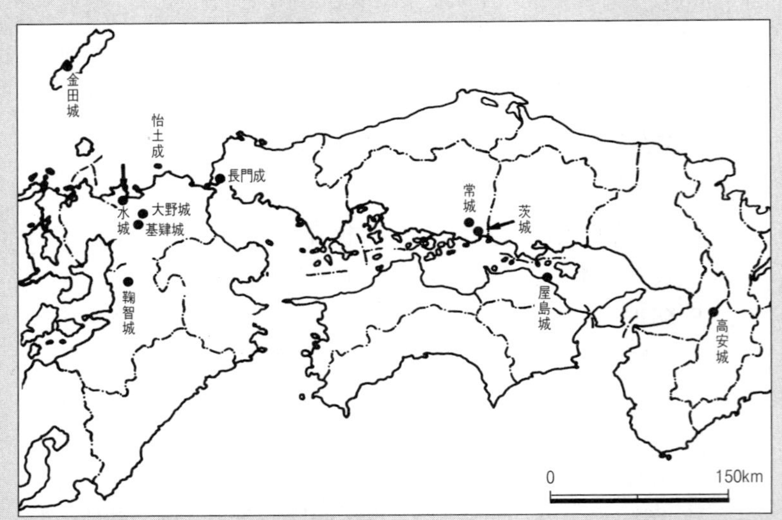

그림 6. 百濟系 山城 分布圖(九州歷史資料館 1988, 『大宰府展』, 10쪽에서 轉載)

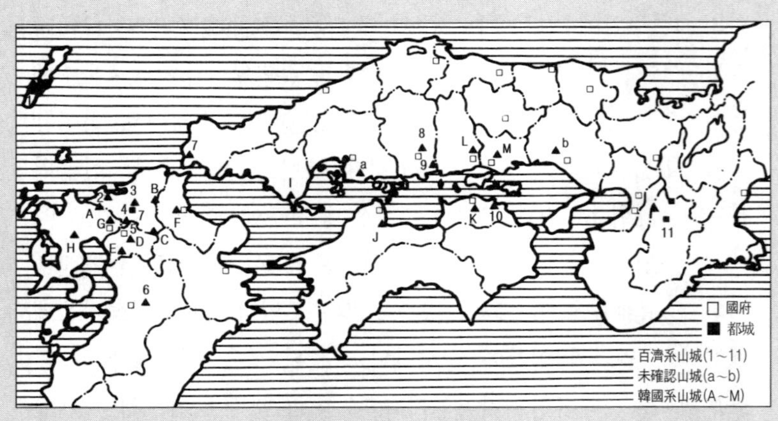

그림 7. 日本의 古代山城 分布圖(葛原克人 1985, 「古代山城の特色」, 『西日本 古代山城の硏究』, 402쪽에서 轉載)

등과 같은 계열의 성으로 볼 수 있을 것 같다. 그 밖의 산성들도 모두 백제 멸망직후에 축조된 것들이어서 백제계산성에 포함시켜 검토해야 할 것이다. 그러나 일단 문헌과 유적이 일치하는 산성인 대야성·수성·기이성 등과 지명 및 지형에 있어서 백제 도성지와 유사함을 보여 주고 있는 鞠智城을 중심으로 백제산성의 영향여부를 중점적으로 검토하고자 하며, 나머지 백제계산성들에 대해서는 그 특성만을 간략히 살펴 보기로 하겠다.

① 大宰府都城

위에서 언급한 바와 같이 백제가 멸망한 직후 백제인들이 일본에 건너가서 축조한 성은 大野城·基肄城·水城 등인데, 이 성들의 중심지는 筑紫大宰府로서 이 지방을 통치하던 치소였다. 따라서 大宰府는 한 지방의 정치·경제·문화의 중심지로서 백제의 도성이나 縣治所에 있어서의 縣城에 해당된다고 할 수 있다.

이 大宰府 政廳址의 배후에 大野城이 있고, 이와 마주하여 바라다 보이는 남쪽 8km지점에 基肄城이 있으며 정청의 서쿡쪽 2km지점에 水城이 있다. 水城은 福岡平野와 玄海灘의 취약지점을 보호하기 위하여 축조한 나성(외곽) 성격을 가지고 있는 평지 토성이다. 정청을 중심으로 하는 3개의 성이 한 조를 이루어서 大宰府都城을 구성하고 있다(그림 8).

大宰府의 정청은 '都府樓'라고 불리워지고 있는데, 그 유적은 현재 복강현 축자군 大宰府에 있다. 정청은 대재부의 중앙관청격으로 그 위치는 성곽의 중앙북단에 해당되며 뒤에는 대야성이

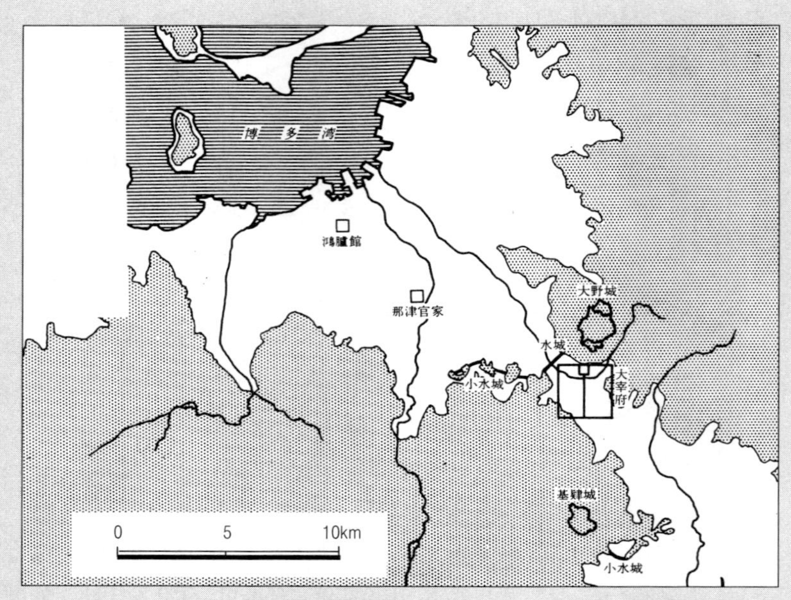

그림 8. 大宰府都城 構造(石松好雄・桑原滋郎 1985, 『大宰府と多賀城』, 4쪽에서 轉載)

있고 서북쪽으로 나성(곽성)격인 수성이 있으며, 남쪽으로 기이성이 있다.

대재부에는 남·북을 중심 축선으로하여 동·서에 각각 12坊, 남·북 22條의 條坊制가 있었고[22] 북쪽 중앙의 4町(432m)에 각종 관청이 배치되어 있었다. 1條·1坊은 1町·4方에 해당되므로 대재부는 동·서 2.6km, 남·북 2.4km이다.[23] 이 정청을 중심으로 한 성곽안에 관아시설이 있고 그 주변에는 官人과 일반 주거지구가 있었던 것으로 알려져 있다. 그런데 이러한 조방제가 대

---

22) 鏡山猛 1968, 『大宰府都城の研究』, 風間書房, 1쪽.
23) 九州歷史資料館 1988, 『大宰府』, 23쪽.

재부 초창기부터 존재하였다고 하는 주장24)에 대하여 회의적인 견해도 있다.25)

② 大野城

일본 福岡縣 筑紫郡 大宰府市 大野山 표고 410m의 서쪽 昆沙門天 부근을 최고봉으로 하여 동쪽 持國天 부근(표고 354m)을 향한 산의 능선을 따라서 축조되어 있다. 산세는 남쪽이 높고 북쪽이 낮은 지형이다. 성은 토루와 군데군데의 석축성벽으로 돼어 있으며 총 둘레는 8.65km에 달한다.26)

성의 형태는 전체적으로 보아 남·북으로 길고 동·서로 짧은 폭을 가져 菱形의 평면형을 하고 있다. 남쪽에는 口上谷의 가장 높은 위치를 다시 구획하고 있는데, 이곳은 남·서향을 하고 있는 '大石垣'과 남·동향을 하고 있는 '大宰府' 입구까지 약간의 山谷地形을 이룬 곳을 에워 싸면서 따로 독립된 하나의 테데형 산성처럼 되어 있다. 또 북쪽으로는 '百間石垣', '北石垣'·'小石垣'으로 이어진 성벽이 또 다른 소형의 포곡형구역을 이루고 있는데, 성벽은 '屛風岩'으로 빠져 나가고 있다. 따라서 전체적으로 보면 3개의 구역으로 크게 구분되어, 남·북 두개의 산성을 동·서의 성벽이 연결시킨 듯한 평면형을 보여 주고 있다(그림 9). 대야성은 이 세 부분이 동시에 축조된 것인지, 아니면 각기

---

24) 鏡山猛, 註 22)의 前揭書, 103쪽.
25) 石松好雄·桑原滋郎 1985, 『大宰府と多賀城』, 岩波書店, 64~78쪽
26) 小田富士雄 1985, 「朝鮮式山城と神籠石」, 『日本古代山城研究』 384쪽의 (表 1). 이에 대해서는 다른 표현도 있는데 葛原克人 1985, 「古代山城の特色」, 『西日本古代山城の研究』, 402쪽의 (表 2. 古代山城一覽表)에서는 8.6km라 하고 있다.

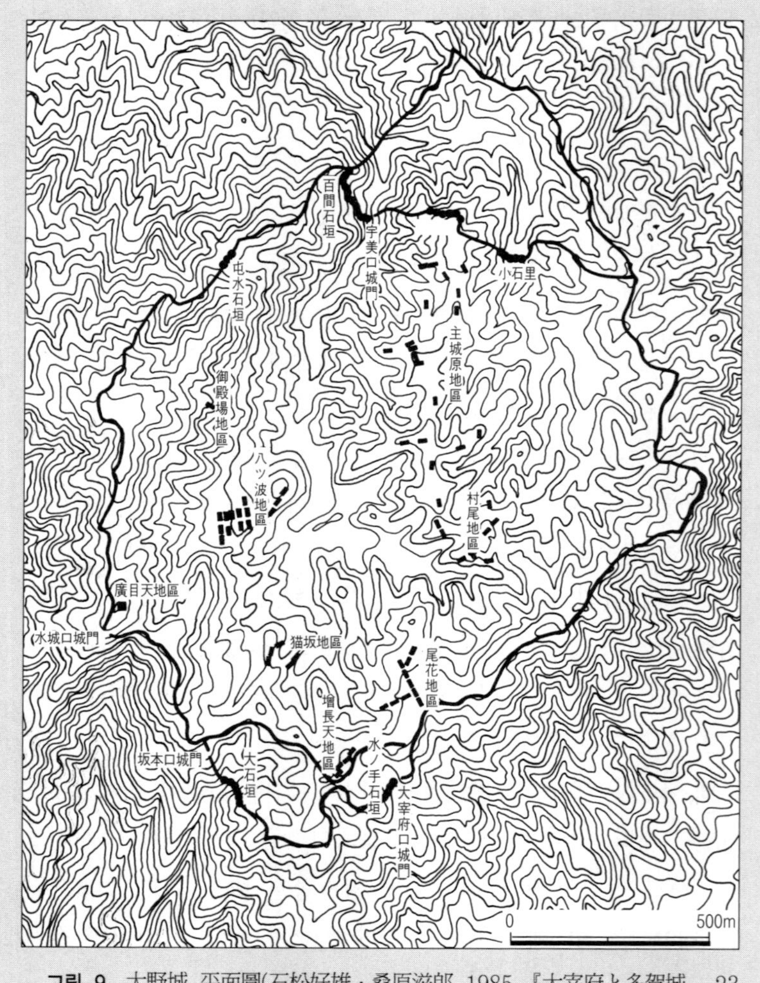

그림 9. 大野城 平面圖(石松好雄·桑原滋郎 1985, 『大宰府と多賀城』, 23쪽에서 轉載)

연대를 달리하여 축조된 것인지 아직 밝혀져 있지 않다.

대야성의 성벽은 대부분이 토성(토루)이고, 골짜기와 문이 있었던 곳을 제외하고는 석축으로 된 부분이 많지 않다. 토루는 아직 발굴조사가 이루어지지 않아 그 축조방법에 대하여 자세히 알 수 없으나, 坂本口地區의 일부에 대한 조사에서 해자를 동반한 토루의 일부가 발견된 바 있다. 해자는 폭 1.2m, 깊이 1m의 U자형의 단면을 가지는 것과, 폭 0.85m, 깊이 0.6m의 것이 거의 나란히 있다. 또 성벽 윗면을 평탄히 깎고 남쪽부분을 급경사가 되도록 가래같은 공구로 깎아낸 흔적이 몇 군데서 발견되고 있다. 윗부분은 높이 1.35m에 경사각도 73°, 그 아랫단은 높이 1.0m에 30°, 그 아래의 제3단 부분은 53°의 기울기로 자연암반을 깎아낸 것이다. 이처럼 삭토한 것과는 달리 판축상의 토루는 여러 곳에서 그 흔적을 볼 수 있다. 토루의 정상부는 폭 5m로 추정된 바 있으나 자세한 것은 아직 알려지지 않고 있다.

石壘의 경우는 '大石垣'의 경우처럼 성밖에 계곡을 이룬 부분에 주로 축조되었는데, 기본적으로는 내외협축의 형식을 가지고 있다. 그 단면을 보면, 외측면은 하단의 암반상으로 차츰 내경하다가 거의 직립시키고 있으며, 상단의 폭은 4m전후인 것으로 계측되었다.27) 百間石垣은 四王寺川이 흘러 나가는 북쪽문의 석축성벽으로 길이 170m에 달하는데, 성벽은 구불구불하게 산상을 향하여 쌓여졌고, 상단폭은 3.4m이다. 小石垣은 윗면 폭이 4m로 사다리꼴 모양의 단면을 보이고 있다. 대재부 입구의 석루는 역시 내외협축이고 외측 성벽은 거의 수직에 가까우나, 안쪽은 경사도가 작고 무너져 있다.28)

대야성의 문지는 북쪽에 1개소, 남쪽에 3개소가 있는 것으로 알려져 있다. 남쪽의 대재부입구 성문은 출입문 좌·우의 성벽

---

27) 福岡縣 敎育委員會 1976, 『特別史跡 大野城跡』, 4쪽.
28) 鏡山猛, 註 22)의 前揭書, 135쪽.

이 일부 남아 있고 문초석으로 보이는 信枋石이 남아 있다. 신방
석은 敷石面에 박혀 있는데 그 중간쯤에는 문초였던 석재가 있
어 초축시기의 것이 아니고 개수하였던 것임을 알 수 있다. 현존
하는 문초석은 문구 석축간격 5.3m내에 있고, 圓柱座徑 52.8cm,
문지도리홈의 직경 약 0.3m, 圓柱座 중심간 거리는 5.61m, 軸受
孔間은 4.68m이다. 坂本口 성문은 이중으로 된 토루의 남쪽 외곽
으로 흔적이 남아 있고 水城口 성문은 성의 서·남단에 초석이
남아 있다. 柱痕은 圓柱의 모습을 보이고 있으며, 주공간격은
4.8m이고, 축수공은 圓形에 간격이 3.8m이다. 원주와 축수공사이
의 틈은 문설주홈의 자국이 장방형으로 나타나 있다. 북문지는
百間石垣이 있는 도로부근인데, 이미 유실되고 다만 문초석 2개
가 발견된 바 있다. 그 형식은 水城口 수문의 것과 비슷한데, 수
구에 대해서는 현존하는 유구가 없다.[29]

　한편 대야성에는 남·북 약 2km, 동·서 1.5km, 성의 둘레
6.2km안에 8개군으로 형성된 70여동의 건물지가 있다(그림 9 참
조).[30] 이들 건물지들은 3×4간, 3×5간, 3×6간의 3종류가 있는
데 3×5간이 주류를 이루고 있으며, 掘立式과 礎石式의 건물로
되어 있다. 665년 대야성 축조 당시에는 굴립식건물이 세워졌으
나, 그후 필요에 따라 중·개축된 것으로 추정된다. 70여동의 건
물지 가운데 37동이 발굴조사되었는데 대부분이 總柱式建物이다.
대재부 성문 입구의 尾花地區에 있는 건물지 발굴조사에서는 탄
화미가 출토되어 이 건물이 창고였음을 분명히 해 주고 있다. 창
고에 물자를 비축해 두고 일단 유사시에는 방어와 비축기지로

---

29) 鏡山猛, 註 22)의 前揭書, 140~141쪽, 그림 67.
30) 石松好雄·桑原滋郎, 註 25)의 前揭書, 29~30쪽.

사용할 목적에서 대야성을 축조했던 것으로 판단된다.[31]

③ 水城

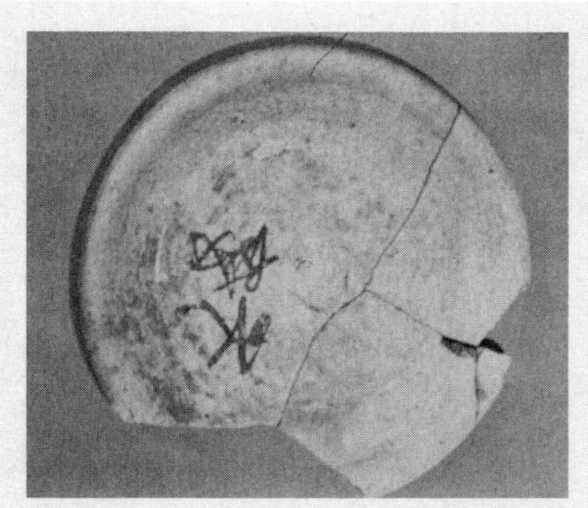

사진 3. '水城'銘 墨書土器(九州歷史資料館 1988, 『大宰府展』, 12쪽에서 轉載)

앞에 예시한 사료에서 보는 바와 같이 '水城'은 백제 멸망직후인 664년에 축조되었는데 큰 둑을 만들고 저수를 하여 '水城'이라 불렀다 한다. 이 수성은 福岡平野에서 대재부에 이르는 교통의 요지에 위치하고 있다. 1978년의 토성조사에서 '水城'이라고 쓰여져 있는 토기가 발견됨으로써 이 유적이 수성임이 증명되었다(사진 3).

'水城'이라고 불리우는 이 유적은 길이 1.2km, 높이13m에 기저부 폭 80m로서 순수하게 토축으로 되어 있는데 토루의 바깥쪽은 적의 침입에 대비하여 70°의 급경사를 이루고 있으며, 안쪽은 50°의 완만한 경사를 이루고 있다. 동·서 2개소에 성문을 설치했던 흔적으로 보이는 초석들이 남아 있다. 1975년 발굴조사에서는 수성의 제방이 인공적으로 축조된 것과 제방을 가로지르는 木樋이 부설되어 있음이 확인되었다. 제방 밖에는 폭 60m, 깊

---

31) 石松好雄·桑原滋郎, 註 25)의 前揭書, 33∼35쪽.

이 4m의 해자(堀)를 부
설하고 있다. 이 물을
해자에 도입하기 위해
서 木樋을 이용한 것으
로 판단되어 水城이 고
도의 설계와 기술에 의
하여 축조되었음을 추측
케 한다. 수성은 664년
초축된 이래 8세기까지
그 모습을 유지했던 것
으로 추정되고 있다.[32]

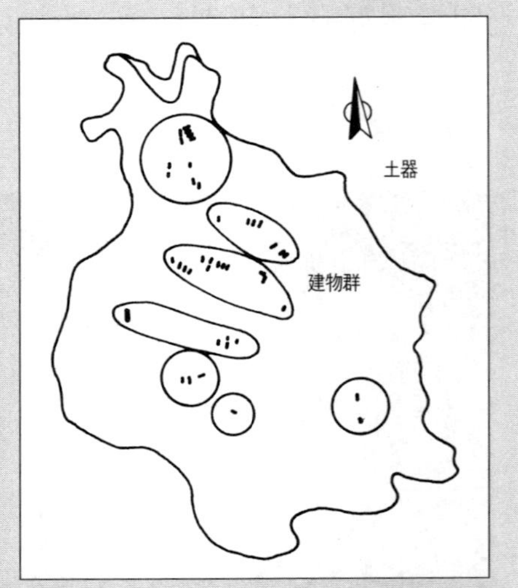

그림 10. 基肄城(九州歷史資料館 1988,
『大宰府展』, 13쪽에서 轉載)

④ 基肄城

基肄城은 佐賀縣 三養基郡 基山町의 표고 415.2m의 최고봉인
基山에 위치하고 있다. 성의 형태는 북쪽에서 남쪽으로 흐르는
筒川을 산의 능선을 따라 둘러싸고 있는 포곡형으로서 둘레는
3,885m에 달하고 수문 2개, 성문 4개가 있다(그림 10).[33] 대재부
도성을 중심으로 남쪽에 있는 기이성은 북쪽의 대야성과 남북으
로 마주 대하고 있으며, 성이 위치하고 있는 산의 높이도 두 성
이 비슷하다.

其肄城은 대부분 성벽이 토축으로 되어 있는데 그 흔적이 비
교적 잘 남아 있다. 토축으로 된 성벽의 외측면은 급경사를 이루

---

32) ① 鏡山猛, 註 22)의 前揭書, 115~126쪽.
　　② 石松好雄・桑原滋郎, 註 25)의 前揭書, 13~22쪽.
　　③ 九州歷史資料館 1988, 『大宰府』, 11쪽.
33) 鏡山猛, 註 22)의 前揭書, 152~166쪽.

고 있으며 내측은 평탄한 형태로 남아 있다. 이로 보아 성벽축조 시 외측 산 경사면을 깎아 토성의 안쪽면을 메웠던 것으로 생각된다. 성벽은 산의 굴곡을 따라 자연스럽게 굴곡을 이루고 있고, 토성의 높이 1.5m, 폭 2.5m정도가 보통이다. 토성의 안쪽에는 폭이 10m이상 되는 것도 있지만 통상 2m정도의 평탄한 땅이 둘리워지고 있다. 일부 석축으로 된 성벽은 수문과 같이 낮은 위치에 있으며, 특히 남문지 석축 잔존부분은 할석을 橫積한 모습을 보여 주는데, 외측의 높이는 8.5m, 내측의 높이는 4m인 협축형이다. 상단의 폭은 3.3m이며 석축의 경사도는 거의 수직에 가까워 외면은 3/10, 내면은 4.5/10정도의 기울기를 하고 있다.[34]

基肄城의 성문은 남문－수문, 동남문－佛谷門址, 동북문, 북문－北御門의 4개가 있고, 수문은 남수문과 불곡수문의 2개가 있다. 남문과 남수문은 대야성의 百間石垣에 상당하는 것인데, 문지는 현재의 도로부분에 있었던 듯하나 초석은 아직 발견된 바 없다. 현존하고 있는 남쪽 수문은 暗渠式의 下面開口형태로 되어 있다. 수문바닥에는 평탄하게 돌을 깔고 양쪽에 3단을 쌓은 후, 천정을 큰 개석으로 덮고 있어 마치 횡혈식석실과 같은 모습을 하고 있다. 출수구인 외측부근의 경우, 높이 1.28m, 폭 1.15m이며 바깥쪽으로 경사가 완만하다. 수문의 길이는 9.5m, 높이 1.4m, 폭 1m로써, 일본에 있는 백제계산성 중에서 가장 잘 남아 있다(사진 4).[35] 이 수문의 안쪽에서 서쪽으로 55m정도 되는 곳에 폭 3m쯤의 석축부분이 남아 있는데, 이는 성벽이 아니고 급경사의 단애를 이룬 외면의 석축부에 물이 흐를 때 깎이는 것

---

34) 鏡山猛, 註 22)의 前揭書, 158쪽.
35) 鏡山猛, 註 22)의 前揭書, 158～159쪽.

을 방지하기 위한 목적
으로 만든 것이라 할
수 있다.

동남문은 佛谷門이라
부르기도 하는데, 여기
에서 토축성벽이 끊어
지고 석축부분의 일부
가 남아 있다. 이곳에는
성으로 출입하는 소규
모의 문과 작은 수구가

사진 4. 基肄城 水門과 城壁

있었으리라고 생각된다. 이곳에는 성으로 출입하는 소규모의 문
과 작은 수구가 있었으리라고 생각된다. 동북문은 초석 2개가 남
아 있다. 이 문은 동쪽 토루의 요소를 잘라서 성문을 개설했는데
그 폭은 6m, 깊이 3m이며, 양단에 문초석을 설치하고 있다. 북문
은 북쪽의 분수령에 있으며, 석축의 일부분으로 보이는 단을 이
룬 적석이 동측벽을 구성하고 있다. 이곳은 토성이 문지에서
좌·우로 바깥쪽을 향해 돌출되어 U자형을 이루고 있다.[36]

기이성 안에서 확인된 초석군에 의하면 이곳에서는 모두 40여
개소의 건물지가 있었던 것으로 조사되었는데, 이 가운데 규모를
확실하게 알 수 있는 건물지는 25개소이다. 25개의 건물지는 5×
3간의 건물이 19개소로 주류를 이루고 있으며, 이곳의 초석은 대
야성의 초석과 마찬가지로 창고군으로 추정되고 있다.[37]

1977년 조사에서도 대야성 건물지와 같은 5×3간의 초석건물

---

36) 鏡山猛, 註 22)의 前揭書, 161쪽.
37) 鏡山猛, 註 22)의 前揭書, 162~165쪽.

이 확인되어 기본적으로 성격을 같이 하고 있음이 확인되었다. 다만 지형을 최대한 이용하고자하는 기이성의 독특한 일면도 보여 주고 있다.38)

⑤ 鞠智城

鞠智城은 熊本縣 鹿本郡 菊鹿町 북쪽 최고처인 표고 168.9m의 'シヤカンドン'을 기점으로 서쪽 164.4m의 灰塚에 이르기까지 토성으로 축조되어 있는데, 동·남쪽은 표고 145.2m에서 125m에 이르는 자연지세를 이용하고 있다. 따라서 북·서쪽은 높고, 동·남쪽은 낮은 지형으로 되어 있다. 뒤에는 初田川과 木野川이 흐르고 있어 자연적 방비역할을 하고 있다. 앞에는 迫間川이 흐르고 있고 넓은 들판을 끼고 있으며 서쪽에는 有明海가 있다(그림 11).

성의 둘레는 3.5km로써 마름모꼴의 장방형에 남향을 하고 있다39)..토성의 형태가 가장 잘 남아 있는 서쪽 성벽은 西山地區土壘라고 불리워지고 있으며, 폭이 7~8m 내지 40m에 이르고 바깥쪽은 懸崖로 되어 있다. 인공적인 삭토에 의해 형성된 듯한 정상부를 삭토하여 판축한 토성이 斷續되어 있다. 그 높이는 대개 1m전후로써 장소에 따라서는 2m 가까운 곳도 있고, 소실된 부분도 있으며, 단면은 사다리꼴(梯形)모양을 하고 있다.

국지성으로 출입할 수 있는 길은 4곳이 있는데 그 중 米原村으로 출입하는 동북로만이 초석유구가 없고 나머지 3곳에는 초석이 남아 있다. 남서쪽의 池の尾の門礎石·남쪽의 堀切門礎

---

38) 基山町 敎育委員會 1977, 『基肄城跡』, 26쪽.
39) 成周鐸 註 2)의 前揭文, 162~163쪽.

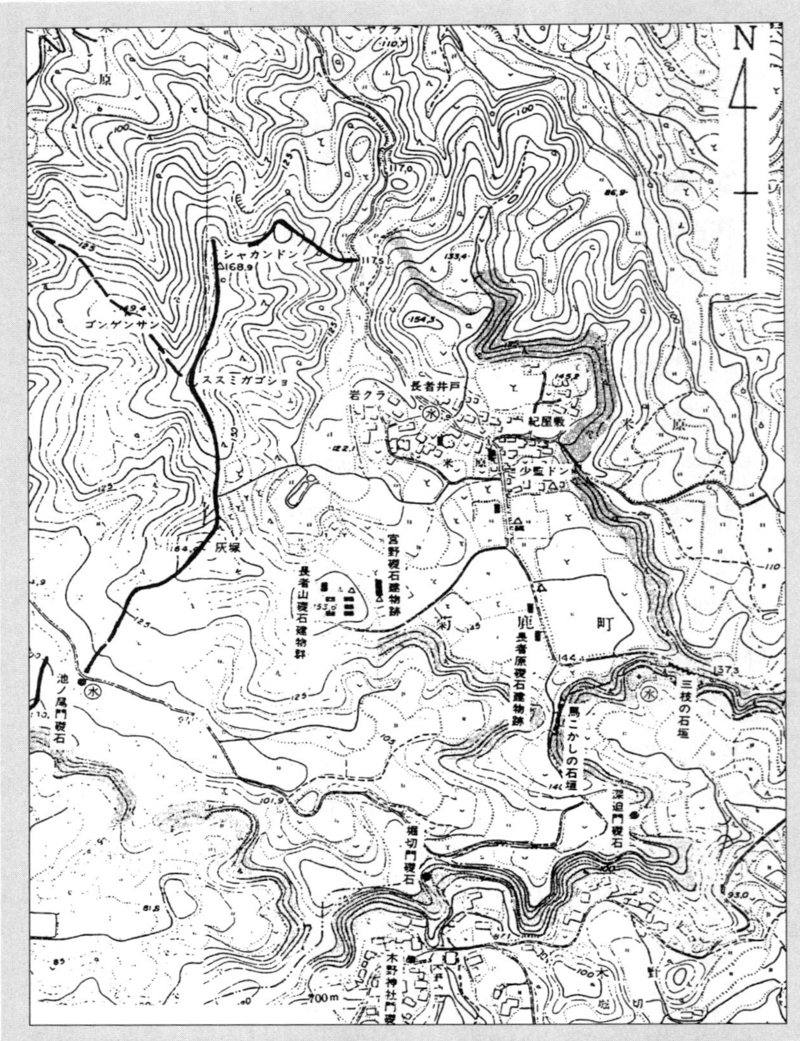

그림 11. 鞠智城 地形圖(乙益重隆 1984, 「大野城」, 『北九州瀬戸內の古代山城』, 274쪽에서 轉載)

石·동남쪽의 深迫門礎石 등 남아 있는 3개소의 초석유구들은 모두 성의 남쪽에 있다.

남쪽 堀切門초석이 있는 곳은 堀切部落의 木野神社 방면에서 깍아지른 듯한 작은 협곡으로 올라가는 곳에 있으며, 성안의 평탄한 부분에서는 약 20m아래에 있다. 초석은 화강암의 커다란 판상석 1매를 사용했는데, 표면은 평평하고 매끄럽도록 깎여져 있고 길이 2.66m, 폭 1.84m, 두께 20~25m이다. 초석 한쪽에 치우쳐서 門扉의 회전축을 집어 넣었던 구멍이 있는데, 상부 직경 16m, 깊이 15m에, 하부 직경은 10m이고, 구멍의 남쪽이 마멸되었으며, 바닥에 鐵銹가 남아 있다. 이와 똑같은 초석이 굴절부락의 목야신사 석단위에 있어 이 두 개를 맞추어 보면 좌·우의 回轉軸受의 孔穴 중간사이의 간격은 7척(2.1m)에 달한다.

池の尾の城門터에는 초석 한개가 밭에 노출되어 있는데 원위치에서 이동된 것이다. 화강암으로 된 초석은 장경 1.43m, 단경 1.15m로서 한쪽에 치우쳐 직경 17cm, 깊이 14cm의 축수공이 있고 역시 철수가 있던 흔적이 있다. 이곳으로부터 약 600m 떨어진 동남쪽에 이와 관련되는 것으로 보이는 초석이 남아 있다. 이밖에 深迫城門礎石 위에 있는 밭 가운데의 지표 아래 1.2m 적색 토사이에서 약 3.3m의 간격을 가진 직경 45cm, 깊이 55cm의 주혈 2개가 발견된 바 있다.[40]

국지성 서쪽 16km 떨어진 곳에는 江田船山古墳이 있다. 이 고분은 백제 蓋鹵王(455~475)에서 武寧王(501~523)사이 백제의 영향을 받아 조성된 고분으로 알려져 있다. 이 고분은 당시 상당

---

40) 乙益重隆 1983,「鞠智城の歷史」,『鞠智城跡』, 熊本縣 教育委員會, 15쪽.

한 세력을 가지고 있던 지배계급의 고분으로 추정되고 있다. 이 밖에도 5세기 전반경 백제에서 도입된 횡혈식고분이 20여기정도 남아 있다.41)

⑥ 城山山城址(金田城址)

城山山城址는 長崎縣 下縣郡 美津島町 표고 275m의 城山에 있다. 淺茅灣에 면하여 있으며 북쪽에는 높은 산이 돌출해 있으며 서쪽에는 箕形浦가 깊이 만입해 있고, 동쪽으로는 洲藻浦가 있다. 성은 북쪽의 정상부에서 동쪽의 천모만을 향해 있는 작은 3개의 골짜기를 에워싸고 있으며, 정상에서의 전망이 매우 좋다. 서북쪽으로는 대한해협 건너편에 한반도가 있다.

서북쪽이 높고 동남쪽이 낮아지는 자연지형을 이용하여 축성되어 있는 金田城은 정상부가 평탄하며, 산의 능선은 鞍部形을 형성하고 있기 때문에 산성은 馬鞍形을 이루고 있다. 자연지세를 이용하여 축성하고 있으므로 성벽의 형태는 불규칙적이다. 동향의 작은 골짜기는 북으로부터 一の木戶·二の木戶·三の木戶라고 불리워지며 이곳에 성문과 수구가 있다. 성의 둘레는 2.2km이다.

성벽은 석축으로 되어 있으며 자연절벽 부분에는 성벽이 없는 곳도 있다. 석축높이는 1.5m 내지 2m로서 할석으로 암반위에 축조되어 있다. 폭 4m이상의 협축된 곳도 있다.

一の木戶에는 성벽 밖으로 길이 9m, 폭 4m, 높이 6m의 치성이 있다. 치성 안쪽의 완만한 경사를 이룬 곳에 석단이 있어 오르내리기 쉽게 되어 있는데 이곳의 기저부 폭은 8m이다(사진

---

41) 成周鐸 註 2)의 前揭文, 165쪽.

5).

　一の木戶의　성문유구
는 없으며 골짜기로 빠
지는 길이 있을 뿐이다.
二の木戶에는 동향한 문
지가 있는데 폭은 2m정
도로서 초석이 남아 있
다. 三の木戶는 남향한
개구부가 문지이며 그
폭은 4m이나 문 안쪽으
로 점차 좁아져 북단의
폭은 3.2m로 되어 있다.
문지에는 길다란 門道에
3개의 문비가 있었던 것
으로 판단된다.42)

사진 5. 金田城 雉城(九州歷史資料館 1988,
『大宰府展』, 75쪽에서 轉載)

⑦ 其他

　長門城의 위치는 山口縣의 四王寺說, 茶臼山說, 門司市의 古城
山說, 下關市 長府町의 唐櫃山說 등이 있으나 확실하게 밝혀져
있지 않으며, 香川縣 高松市 屋島에 있는 屋島城은 높이 4m, 기
저부 폭 9m, 윗부분 폭 4m정도의 석축이 남아 있다.

　이밖에 廣島縣 芦品郡에 있는 常城。廣島縣 福山市 藏王町에
있는 것으로 생각되는 茨城。大阪府 八尾市의 高安城。福岡縣 糸
島郡 前原町 高祖山의 怡土城 등이 있으나 성의 유적이 불확실

---

42) 岡崎敬 1985, 「城山山城址(金田城址)」, 『西日本古代山城の研究』, 314
　　쪽.

하거나 연대가 불확실하여 형식상 분류·비교가 어려운 관계로 상술은 생략한다(그림 5의 백제계산성분포도 참조).

(나) 韓國系山城

현재 西日本지방에 남아 있는 한국계산성은 14개소로 알려져 있다. 이들의 소재지와 표고·성둘레·수문·성문 등은 다음 (표 1)과 같다.

표 1. 일본에 있는 한국계산성 일람표(葛原克人 1985, 「特色」, 『西日究』, 東京:名著出版에서 인용, 日本에 있는 古代山城 分布圖 참조)

區分	名稱	所在地	舊國名	標高(m)	全周(km)	水門	城門
A	雷山	福岡縣系島郡前原町	筑前	400	2.3	2	
B	鹿毛馬	福岡縣嘉穂郡穎田町	筑前	50 - 80	2.2	1	
C	杷木	福岡縣朝倉郡杷木町	筑前	150 - 245	2.25	2	
D	高良山	福岡縣久留米市御井町	筑後	312	2.8	2 - 3?	
E	女山	福岡縣山門郡瀬高町	筑後	200	3.0	4	1
F	御所ケ谷	福岡縣行橋市	豊前	250	2.6 - 3.0	1	5
G	帶隈山	佐賀縣佐賀市久保泉	肥前	178	2.4	3	1
H	おつぼ山	佐賀縣武雄市橘町	肥前	66.1	1.87	4	2
I	石城山	山口縣熊毛郡大和町	周防	359.7	2.53	4	2
J	永納山	愛媛縣東予市	伊予	132.4	2.55	2	3
K	城山	香川縣坂出市西壓町他	讃岐	462	4.0	1	1
L	鬼ノ城	岡山縣總社市奧坂	備中	400	2.8	5	3
M	大廻·小廻	岡山縣岡山市草ヵ部	備前	200	3.5	3	3
N	(假)安藝城	廣島縣豊田郡安藝津町	安藝	500		1	

위에서 예시한 산성들 가운데 근래 가장 많이 조사보고된 'おつぼ山 山城'과 '鬼ノ城'에 대해서 살펴보기로 하겠다.

① おつぼ山 山城

福岡縣 武雄市 橘町 小野原에 있는 표고 342m의 杵島山에 위

치하고 있다. 북서쪽으로 넓은 평야가 있으며, 有明海쪽으로 통
하는 교통의 요충지에 자리잡고 있는데 중심부의 구릉성 산이
61.8m의 おつぼ山이다(그림 12).

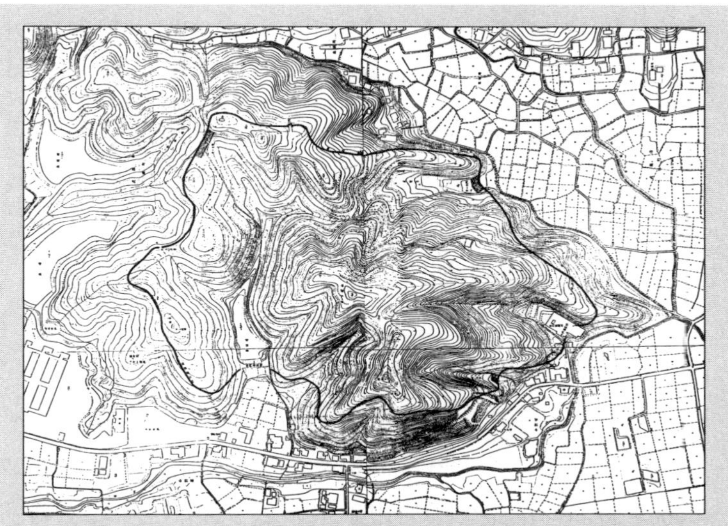

　　구릉을 따라 列石이 돌려져 있는데 길이는 1,866m가량 (잔석
부분 총 1,280m)이다. 현재 2개조의 석축수문과 鞍部에 축조된 2
개소의 토성, 그리고 동·남 2개소의 문지가 확인되었다. 열석
위쪽에는 최고 2m의 판축토성이 축조되어 있는데, 폭 약 9m의
토축을 위해서 열석이 전면 기초의 역할을 하고 있음이 판명되
었다. 폭 3m가량의 列石線이 단절된 곳은 통로인 듯하며 안쪽
좌·우에 굴립식 柱穴이 있다. 폭 9m의 골짜기에 축조된 석축은

토축의 폭과 일치한다. 列石 전면에는 약 30cm의 주혈이 3m간격
으로 있는데, 그 깊이는 약 1m로서 10° 정도 열석 쪽으로 내경
되어 있다. 이는 열석 앞에 사방 1m의 구멍을 파고 그 안에 기
둥을 세운 다음 주변을 흙으로 다지는 방법을 취한 것이었다. 제
1수문 앞쪽의 습지에서 3개의 기둥뿌리를 발굴하였는데, 이들 기
둥자국은 판축시 널판을 지탱하기 위한 받침대의 기능을 했던
것으로 보인다. 동문지 부근의 열석 전면에서 炭化板材가 발견된
것이 그 증거라고 할 수 있다. 성안의 요소 10여개소를 시굴해
보았지만 내부시설의 유적은 없었다.43) 벽돌 한장을 빼어낸 듯
한 수구의 설치는 특이하다.

  ② 鬼ノ城44)

  鬼の城은 岡山縣 總社市 鬼城山(표고 403m)에 위치하고 있다.
이곳은 瀨戶內海의 북부인 중부지방의 吉備高原 남단으로 표고
약 400~500m쯤의 고산지대이면서도 준평원처럼 보이는 지대인
데, 성은 산정을 두른 둘레 2.8km의 대규모의 석축성벽과 토성으
로 축조되어 있다. 산정에서 보면 남에서 동으로 總社平野가 내
려다 보이고, 북에서 서로는 산맥이 이어져 있다(그림 13).

---

43) ① 小田富士雄 1985, 「朝鮮式山城と神籠石」, 『西日本古代山城の硏
　　　　 究』, 名著出版, 379~380쪽.
　　 ② 鏡山猛 1983, 「おつぼ山 神籠石」, 『北九州瀨戶內の古代山城』, 名
　　　　 著出版, 122~132쪽.
44) 이하의 내용은 주로 鬼の城學術調査委員會에서 펴낸 『鬼の城』
　　 (1980)과 高橋護 1985, 「鬼城山・築地山」, 『考古學ジャーナル』; 『北
　　 九州瀨戶內の古代山城』를 참고하였다.

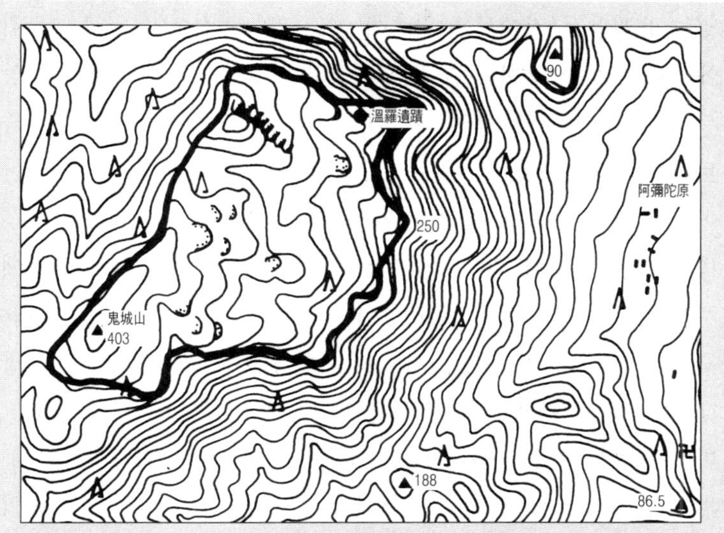

그림 13. 鬼城山 地形圖(高橋護 1984, 「鬼城山・築地山」, 『北九州瀬
戶內の古代山城』, 242쪽에서 轉載)

최고처는 성의 서쪽 끝부근으로 현재의 진입로와 제3성문이
있는 쪽이다. 정상에서 15m쯤 아래를 감아돌린 성벽은 북향하며
뻗은 산줄기를 따라 외향한 사면을 이용하였고 지형에 따라 굴
곡을 이루며 북북서의 끝인 제2성문에 이르는데, 이 제2성문의
안쪽에 또 하나의 山峰이 있다. 평면형태는 매우 불규칙하게 산
능선을 이용하고 천연의 절벽을 활용하였는데 동남향한 5개의
작은 골짜기마다 수구가 있다.

성벽구조를 보면 土壘와 石壘가 잔존해 있는데 하단에는 열석
이 있어서 神籠石의 경우와 비슷하다. 제1수문이 있는 12壘狀 구
간의 경우, 외측의 아랫부분은 1.8m높이의 4단적석이 있고 그 위
에 토루를 쌓았다. 내외의 석축 폭은 6.8m～7.1m이다. 제2수문이

있는 15壘狀 구간에서는 외측에 최고 8단의 적석이 있고, 그 위에 수평으로 판축한 토루가 있다. 전체 높이는 6m에 이르며 상부 폭은 7m이다. 토성의 최하위부이자 외측 석축의 최상부 판축 토성에는 한변 50cm의 수구가 할석을 이용하여 탁자형으로 만들어져 있으며, 성벽의 중간을 통과하는데 폭은 7m이다. 석축의 성벽은 각을 이루며 꺾여 있다. 토루상태가 양호한 28壘狀 구간에서는 토루의 상면폭이 6.5m~6.8m이다. 제3수문이 있는 30壘狀 구간에서도 수구는 제2수구와 비슷한 구조를 가지고 있다. 전망대처럼 만든 38壘狀 구간에서는 협축법처럼 상면이 나타나 있고 벽의 두께는 5.3m~6.8m이다. 39壘狀 구간에서는 외측성벽의 前端에서 성내 7.5m지점에 외측선과 평행한 열석이 있어 성벽의 폭을 알 수 있다. 제4수문이 있는 48壘狀 구간에는 수구의 내측에 입수구형태의 구조가 있다. 제5수문유구가 있는 55壘狀 구간에는 석축의 상단에 0.4×0.6m의 通水口가 있다.

구간별로 상세히 조사한 결과, 鬼の城은 성벽이 원칙적으로 협축법으로 쌓여졌고 평균 폭은 7m, 높이는 6m로 나타났다. 또 하나의 특징은 외측을 높이 석축하고, 이 석축의 위에 판축의 토루를 더 쌓은 것이다. 성내의 장폭은 남서에서 북동으로 직선거리 894m이고 직교하는 단축은 최소 106m, 최대 602m이다.

이 鬼の城에서 가장 주목되는 점은 석루 위에 토루를 판축한 점과 수구의 형식이라고 할 수 있다. 5개의 수구 가운데 제2수구가 가장 완전한 외형을 보여 준다. 제2수구는 集水處까지 잔존해 있다. 집수처는 水口背面인 성벽 내측에 폭 2.6m, 길이 3.8m쯤을 파내고 석재를 부설한 것이며, 이러한 형식의 경우 집수처의 물은 일정한 수위 이상이 될 때 성벽의 중간을 통과하여 출수구로 나가게 된다. 출수구는 입면이 장방형을 이룬 것이며 그것이 석축벽의 상단이고 판축 토루부분의 하단에 만들어진 것이다.

위의 표에서 예시한 바 있는 14개소의 한국계산성 가운데 おつぼ山 山城과 鬼ノ城만을 살펴 보았으나 나머지 산성들도 분포지역, 입지조건, 규모, 축성기법 등에 있어 모두 공통점을 가지고 있다.

3. 日本古代山城에 나타난 韓國古代山城의 影響

1) 百濟系山城

(가) 都城體制

앞서 언급한 바와 같이 대재부도성은 정청인 都府樓가 있었던 위치가 중심이 되어 배후에는 대야성이 있고 앞에는 基肆城이 있으며 서쪽에는 나성격인 水城이 있다. 그리고 정청 앞에는 조방제의 도시가 형성되어 있었으리라고 추정되고 있다. 이러한 도성체제는 평지성((정청＋나성(곽성)＋고지산성(대야성＋기이성))으로 구성되어 있다.

백제 사비도성의 경우도 위에서 언급한 바와 같이 평지성(왕궁＋나성(곽성))＋산성(구릉성산성(부소산성)＋고지성산성(청마산성))으로 구성되어 있으며 이로 볼 때 도성의 체제면에서 일본의 대재부도성과 유사성을 보여 주고 있다.[45]

---

45) ① 鏡山猛, 註 22)의 前揭書, 180쪽.
　　② 石松好雄・桑原滋郎, 註 25)의 前揭書, 3〜5쪽.
　　③ 成周鐸 1988, 「百濟都城築造의 發展過程에 대한 考察」, 『百濟研究』제19집, 忠南大學校 百濟研究所.

그러나 도성의 지배체제에 있어서는 백제가 사비도성에서 볼 수 있듯이 동·서·남·북·중의 5부제도를 실시했던 것에 대하여 대재부도성의 경우는 조방제를 채택했던 것으로 생각되고 있어, 양자가 상이점을 보여 주고 있다. 그리고 나성의 형태에서도 대재부는 서북쪽 일부에만 나성이 있었던 것에 반해 사비도성은 나성이 도성을 둘러싸고 있는 것으로 판단되고 있다.[46]

(나) 規模와 地形

백제 사비도성은 평지에 둘레 9km에 달하는 나성이 축조되어 있고 배후에는 표고 106m의 부소산에 둘레 2.2㎞의 복합식산성이 있으며 나성 동쪽밖의 표고 118~233m의 烏石山에 둘레 6.5km의 청마산성이 석축으로 축조되어 있다. 부소산의 경우 남고북저형의 지형이며, 청마산성은 서쪽만이 트인 둥그런 포곡형 산성으로서 백제산성 가운데 가장 큰 규모이다.

대재부도성의 경우, 평지의 가용면적은 부여보다 훨씬 넓으나 나성격인 수성은 둘레가 1.2km에 불과하다. 도성뒤에 있는 표고 410m의 대야산은 고지성산성에 해당되는 지형으로서 부소산과 같이 남고북저형이며, 성의 둘레는 부소산성의 약 4배인 8.65km에 달한다. 두 성이 모두 남고북저형이므로 유수처리를 위한 집수처가 북쪽에 설치되어 있다.

기이성은 표고 415.2m에 둘레 3,885m에 달하는 포곡형산성이다. 청마산성과 비교될 수 있는 이 산성은 고지성산성이라는 점

---

46) (補註) 2000년도의 나성 조사에서 서나성은 존재하지 않는 것으로 파악되었다(충남대학교 백제연구소 2000, 『부여 동나성·서나성 발굴조사 약보고』.)

에서는 청마산성과 비슷하나 규모에 있어서는 훨씬 작다. 기이성은 서쪽에 출입구가 있었을 것으로 생각되는 청마산성과는 달리 북고남저형으로서 수구와 출입구가 주로 남향을 하고 있다.

국지성은 표고 168.9m의 シヤカンドン을 기점으로 125m에 이르는 자연지세를 이용하여 축조된 둘레 3.5km에 달하는, 백제계산성으로서는 유일한 구릉성산성이다. 국지성은 배후에 初田川과 木野川이 흐르고 남쪽에는 迫間川이 흐르고 있어, 북에서 서남쪽으로 금강이 흐르고 있는 부여 사비도성과 지형이 유사하다. 한편 국지성의 입지조건이 서울 몽촌토성이나 경주 월성, 대구 달성과 같은 구릉성지형이라는 점에서 다른 백제계산성과 성격을 달리하고 있는 일면이 있다.

(다) 構造와 築城技法

대야성의 평면구조는 남쪽과 북쪽에 두개의 테메형산성이 있고, 중앙에 포곡형산성이 있는 복합식산성이다. 백제 부소산성의 경우에서 볼 수 있는 바와 같이 성 동남편의 군창지가 있는 테메형산성과 서쪽의 사비루가 있는 테메형산성을 중앙의 포곡형산성이 연결하는 복합식산성으로 구성되어 있어 양자가 기본적인 산성구조에서 유사성을 보여 주고 있다.47)

대야성의 경우도 토성에 대한 발굴조사가 아직 이루어지지 않고 있어 복합식산성내의 각 산성에 대한 선후관계를 알 길이 없다. 이와 같이 두 성 모두 복합식산성을 구성하게 된 경위가 불확실하여 양자의 형태를 직접적으로 비교하는 데에는 무리가 있

---

47) (補註) 주 3)에 언급한 것과 같이 부소산성이 복합식산성으로 되어 있다는 견해는 철회한다.

는 것이 사실이지만, 일단 기본유형이 비슷하다는 점은 지적할
수 있다.

대야성에는 북쪽에 1개, 남쪽에 3개의 문지와 문초석들이 남
아 있다. 부소산성에는 동·서에 1개씩의 문지와 남쪽에 2개소,
그리고 북쪽 수구쪽으로 문지가 있었을 것으로 추정되나 확실하
지는 않다. 남쪽 2개의 문지가운데 현재 발굴중인 서편문지는 고
려시대 유구로 알려져 있다. 문지에 대한 발굴이 이루어지면 보
다 확실해지겠지만 일단은 양쪽 모두 기본적으로 4개씩의 문지
를 개설했던 것으로 추정된다.

성의 축조방법을 보면 대야성의 토성 동쪽단면에서 판축으로
시공되어 있음이 확인된 바 있고[48] 부소산성도 판축기법을 사용
하고 있어 양자가 동일기법으로 토성을 축조하였다. 또한 요소요
소에 석축을 한 흔적이 공통적으로 나타나고 있다. 그러나 대야
성의 百間石垣은 내외협축으로 되어 있는데 반해 부소산성에서
는 석재로 내외협축한 곳이 발견되지 않고 있다. 다만, 百間石垣
에서 석축을 견고하게 하기 위하여 중간에 힘받이돌(根石, 力石)
을 넣고 축조한 방법이 連山에 있는 백제 黃山城에서도 확인된
바 있다.[49] 한편 대야성과 부소산성에는 곳에 따라 해자시설이
부설되어 있는 공통점도 있다.

대재부도성의 나성역할을 하던 수성은 1.2km에 불과하여 사
비도성의 9km에 달하는 나성(곽성)과는 비교가 안될만큼 작다.
두 성이 모두 판축기법으로 시공하였다는 공통점은 있으나, 수성

---

48) 成周鐸, 註 2)의 前揭文, 605쪽.
49) 成周鐸 1975, 「百濟山城研究」, 『百濟研究』제6집, 忠南大學校 百濟研
    究所, 76쪽.

의 경우에는 木樋을 이용하여 물을 도입하는 고도의 기술을 요
하는 기법을 사용하였고, 해자도 부설되어 있는데 반해 부여 사
비도성에서는 이와 같은 시설이 아직 발견된 바 없다. 이로 보면
수성이 부여의 나성보다 한단계 발전된 시공기법을 사용하였다
고 할 수 있다.

대재부 남쪽 약 8km지점에 있는 기이성은 포곡형산성으로서
유사시에 도피하기 위한 피난용산성의 성격을 갖고 있었던 것으
로 보이며, 대부분이 토축이나 주요부분은 석축으로 되어 있다.

부여 사비도성에서 기이성과 같은 역할을 하였던 것은 나성
동쪽에 있는 청마산성이다. 이 산성은 토석혼축의 포곡형산성으
로서 피난을 목적으로 축조했던 것으로 판단된다. 현재 남아 있
지는 않지만 성의 문지는 부소산성과의 연결을 위해 수구가 서
쪽에 개설되어 있었을 것으로 추정되는 서쪽에 있었으리라고 판
단된다.50)

金田城에는 (사진 3)에서 볼 수 있는 바와 같이 치성이 있다.
백제 공산성의 경우에도 치성이 부설되어 있으나 연대는 불확실
하다. 그밖에 대전부근에 있는 三丁里山城。陵城。城峙山城.51) 그
리고 신라의 三年山城에도 치성이 부설되어 있다. 다만 신라의
삼년산성은 圓形의 치성이나 백제계의 치성은 四角形으로 되어

---

50) 文化財管理局 1976, 「扶餘 靑馬山城」, 『文化財大觀』史籍篇(下), 82쪽.
51) 成周鐸 1974, 「大田附近古代城址考」, 『百濟研究』5, 忠南大學校 百
    濟研究所, 27~31쪽. 이중 三丁里山城의 雉城은 北雉城이 길이
    4m50, 넓이 5m70, 높이 2m, 南雉城이 길이 7m, 넓이 4m30, 높이
    3m가량으로 측정되었으며, 陵城은 길이 5m30, 넓이 5m50, 높이
    4m20가량으로, 城峙山城은 확실치 않으나 무너진 형태로 보아 길이
    2~3m, 넓이 4m, 높이 1m가량인 것으로 각기 측정되었다.

있어 차이를 보이고 있다. 이 치성의 부설기법은 고구려의 慈母山城과 大城山城 등에서도 볼 수 있다.[52]

(다) 城의 機能

대야성은 대재부도성 배후의 표고 410m에 있는 둘레 6.2km의 복합식산성이다. 성안에 있는 70여동의 건물지는 주로 창고용으로 쓰였던 것으로 알려져 있다.[53] 기이성의 경우도 대야성과 같은 창고용 건물지가 25개소 있었던 것으로 확인되었다.[54]

부여 사비도성의 경우에도 군창지와 같은 군사용 창고가 있었음이 밝혀져 양쪽 산성의 성격이 비슷했음을 알 수 있다. 이 도성 배후에 있는 구릉성 산성들은 한편으로는 공산성과 같이 원림역할도 하였던 것으로 생각된다.

사비도성의 피난용산성인 청마산성은 발굴이 이루어진 바 없어 어떠한 성격의 건물지와 부대시설을 갖추고 있었는지 알 수 없으나, 도성과의 위치 등으로 보아 기이성과 같은 역할을 하였던 산성임을 추정할 수 있다. 고구려 평양성에 대해 설명한 『周書』高麗傳의 기사는[55] 이 같은 피난용산성의 기능에 대해서 잘 설명해 주고 있다.

대재부의 도성 지배체제는 앞서 지적했듯이 左郭과 右郭의 조방제였던 것으로 추정되고 있으나 사비도성에서는 5부제도가 실시되었던 것으로 보여져 양자가 다른 점을 엿볼 수 있다. 이러한

---

52) 田村晃一 1988, 「高句麗の城郭について」, 『百濟研究』제19집, 忠南大學校 百濟研究所.

53) 石松好雄・桑原滋郎, 註 25)의 前揭書, 29~30쪽.

54) 鏡山猛, 註 22)의 前揭書, 161쪽.

55) 註 9 참조.

지배체제의 차이는 앞으로는 연구과제 중의 하나라고 할 수 있다. 또한 국지성은 강전선산고분이 부근에 있어서 이 성의 성격을 짐작케 해 주므로 좀 더 폭을 넓혀 조사할 필요가 있을 것으로 생각된다.

2) 韓國系山城

일본에 있는 한국계산성이 한국고대산성과 유사한 점과 상이한 점을 鏡山猛은 다음과 같이 지적하고 있다.[56] 먼저 유사점으로는,

첫째, 산능선의 분수령 몇m 외곽에 토성(壘)을 축조하고 있는 점.

둘째, 골짜기에 수문을 설치하고 수량이 많은 곳은 通水孔을 개설하고 있는 점.

셋째, 성문의 시설이 있는 점.

넷째, 산세를 이용한 것이 기본적으로 같은 점 등을 들고 있고,

상이점으로는

첫째, 神籠石土壘의 기저면에는 열석이 있는데, 한국고대산성에는 없는 점.

둘째, 神籠石에는 柵柱가 있지만 한국고대산성에는 없는 점(산성의 柵柱有無에 대해서는 아직 조사되지 않고 있다. 앞으로의 조사에 따라서 결정될 문제이다).

셋째, 한국고대산성은 성문이나 그밖의 건물에 초석을 사용하

---

56) 鏡山猛 1985,「古代の城塞」,『西日本古代山城の研究』, 名著出版, 208쪽.

고 있는데 비해서 신롱석산성에는 초석이 없는 점 등을
제시하고 있다.

또한 關野貞은 '朝鮮式山城(神籠石)은 앞에 넓은 평야가 있는
산위에 축조하며, 그 위치는 항상 군사상 요충지에 있다'고 지적
하였다.57) 高橋誠一은 판축토성, 목책, 해자의 존재 등을 들어
이들 산성이 백제계산성과 같은 계통이라고 주장하고 있는데,58)
이들은 지형면에서도 한국 고대산성과 유사한 점을 가지고 있다.
그 몇 가지 예를 들어 보기로 하겠다.

福岡縣 久留米市 御井町에 있는 高良山 神籠石은 동서로 연결
된 큰 산맥의 서쪽끝에 위치하고 있는 고량산의 표고 312m의 높
은 산위에 둘레 2.8km의 포곡형산성을 축조하고 있으며, 수문도
설치되어 있다. 이곳은 옛날부터 여러 차례에 걸쳐 영웅호걸들의
용병근거지가 되어 왔다고 한다. 女山神籠石은 福岡縣 山門郡 瀨
高町 표고 200m의 산위에 둘레 3km에 달하는 포곡형산성으로
축조되어 있으며 수문 4개소와 성문 1개소가 부설되어 있는데
동쪽으로 큰 평야를 끼고 있다. 城山神籠石은 香川縣 坂出市 西
壓町 표고 462m의 높은 산위에 둘레 4km에 달하는 포곡형산성
으로 축조되어 있으며 수문 1개소와 성문 3개소가 부설되어 있
다. 앞의 (표 1)에서도 예시한 바와 같이 일본학자들이 말하는
신롱석계산성은 일본 서부지방에 집중되어 있으며, 높은 산위에
2~4km에 달하는 규모가 큰 포곡형산성을 축조하고 있다. 또 수

---

57) 關野貞 1985, 「所謂神籠石は山城址なリ」, 『西日本古代山城の研究』,
名著出版, 103쪽.
58) 高橋誠一, 「古代山城の歷史地理」, 『西日本古代山城の研究』, 名著出
版, 254쪽.

문과 성문도 갖추고 있으며 그 지방의 교통의 요충지에 축조하고 있는 공통점을 가지고 있다. 따라서 이들 신롱석계산성이 있는 곳의 지형은 대야성이나 기이성의 지형과 같은 성격을 띤 것이며 한국고대산성의 지형과도 유사한 관계를 가지고 있다. 한국계산성은 일단 유사시에는 산성에 들어가 적에 대항하고자 하는 의도에서 축조된 것으로 왕궁을 그 산아래의 평지에 축조하고 있는데, 대야성과 대재부와의 관계도 같다고 할 수 있다. 高良城 서쪽에 있는 御井町은 옛날 國府가 있었던 곳이었기 때문에 府中이라고 불리워져 왔는데, 이곳은 평소 영주가 거주하던 一國의 정치중심지였음에 틀림이 없다. 이로 미루어 다른 신롱석계산성의 소재지도 이와 마찬가지로 산 아래에 영주의 저택을 설치했을 것으로 보여진다.59)

좀 더 구체적으로 말하면 신롱석계산성이라고 불리우는 한국계산성의 특징은 列石에 있는데 위에서 예시한 おつぼ山 山城을 비롯하여 각 유적의 조사결과, 열석 위에 높이 수미터에 달하는 판축토루가 있는 것이 확인되었으며 이것은 토루의 기저부에 조성된 토사의 붕괴를 저지하기 위한 열석이었던 것으로 판단되고 있다. 이와 더불어 한국계산성의 특징적 구조물로 수구를 들 수 있다. 한국계산성은 반드시 1개이상의 골짜기를 에워싸서 축성하고 있다. 즉, 한단계 낮은 골짜기부분을 가로막기 위해서는 열석이나 토루와 똑같은 기능을 가지고 있는 방어시설을 축조해야만 하는데, 이와 같은 경우 가장 문제가 되는 것은 골짜기에서 흘러내리는 물의 배수처리인 것이다. 항상 배수가 될 수 있는 通水路를 꼭 설치해야만 하기 때문이다.

---

59) 關野貞, 註 57)의 前揭文, 104쪽.

다음, 산성으로서의 神籠石에서 필요로 하는 것은 城門이다. 한국계산성에서 출입구가 있었던 것은 石城山神籠石의 畓石의 존재에서 이미 예상된 일이지만 おつぼ山이나 석성산 조사에 의해서 그 형태가 한층 더 명백해지고 있다. 신룡석의 성문으로는 골짜기 석축의 일부를 열어서 출입구로 만드는 형식과 토루의 일부를 열어서 출입구로 만드는 형식이 있다. 또한 답석과 같은 문초석이 있는 것이 있고 굴건식 문주를 가지고 있는 것도 있으나 모두가 성문을 축조하기 위하여 만들어진 것이라고 생각된다.60)

井上秀雄은 한국계산성의 성격에 대해서 百濟·新羅·加羅諸國의 6세기 산성에서 볼 수 있는 왕도와 지방행정 중심지의 수호내지 상징으로서의 성격 및 일본 독자의 거석사용과 전투능력 중시의 성격을 엿볼 수 있는데, 이 두가지 성격은 전술한 바 있는 백제계산성(朝鮮式山城)의 성격과 거의 같으며 특히 후자의 성격은 근세 일본성곽의 성격과 일치하고 있다고 주장하고 있다.61)

全榮來는 이 계보불명의 신룡석산성에 대해 경사면에 내탁을 한 판축적심층의 외저변이나, 협축토성 양변의 기저에 護石을 돌린 축조방법 등이 五金山城에 있는 護石列의 예와 유사한 점을 들어 이들이 한반도에서 전래했음을 주장하고 있다.62) 또 尹武

---

60) 田村晃一, 「'神籠石'に關する若干の考察」, 『西日本古代山城の研究』, 名著出版, 227~228쪽.

61) 井上秀雄 1987, 「東アジアの中の古代朝鮮の城郭」, 『東アジアと日本－考古·美術篇』(田村圓澄博士古稀記念會編, 東京:吉川弘文館, 540쪽.

62) 全榮來, 「古代山城の發生と變遷」, 『西日本古代山城の研究』, 名著出版, 484쪽.

炳은 일본의 神籠石遺跡과 木川土城 유적에서 확인된 石列, 版築城體, 木柱의 3개요소가 공통된 점이라고 지적한 바 있다.63) 목천토성의 城 저부 폭은 5.6m로서 그 안과 밖의 벽면 아래를 따라서 석열을 병행해서 축조하고 있다. 석재는 길이 30~50cm정도의 것을 사용하여 2단으로 축조하였으며 그 높이는 30cm정도인데, 일본에 있는 열석은 가공석재를 사용하였으며, 本柱를 열석의 前端面에 배열한 점이 한국 것과 차이가 있다. 일본에서는 이를 목책용으로 보기도 하나 내부열석의 존재가 확인된 예도 있어, 목책용 기둥이라기보다는 판축공사용의 立柱로 생각하는 것이 타당할 것 같다.64)

한편 충남 천원군 직산에는 지표조사에서 7세기 전반에 축조된 복합식산성으로 보고된 바 있는65) 蛇山城이 있는데, 이에 대한 최근의 발굴조사에서 외곽 동벽의 외측면 하단에 2~3단의 석축열이 있고 일부는 더욱 외측까지 석재를 깔았음이 확인되었다. 구간은 3.42~3.56m씩으로 폭 10~12cm, 깊이 18cm의 角柱를 築列石上에 세우고 있는데, 구간사이는 수평이 아니고 사면을 이룬 직선이 되도록 맨 윗층의 석축열로 조정하였다. 구간을 나눈 角柱와 석축열 전면에 다시 직경 40~50cm, 깊이 50~70cm의 圓柱穴이 있어 おつぼ山 山城의 列石前面에 있는 주혈공과 같은 양식임을 엿볼 수 있다.66)

---

63) 尹武炳,「木川土城の版築工法」, 註 56)의 前揭書, 578~579쪽.

64) 尹武炳, 註 63)의 前揭文.

65) 尹武炳·成周鐸, 註 3)의 前揭文, 18~19쪽.

66) 車勇杰 1988,「百濟의 築城技法」,『百濟의 國家發展과 城郭』(第四回 百濟研究國際學術大會發表要旨文), 忠南大學校 百濟研究所, 76~77쪽;『百濟研究』제19집, 1988).

鬼の城의 경우, 御所ヶ谷神籠石과 같이 성벽 중간에 만들어진 수구는 백제와 신라의 국경지역에 있는 대전부근 城峙山城(사진 1)[67])이나 보은 三年山城[68])의 수구개설 방법과 같은 방법으로 축조되어 있다.

이와 같이 한국계산성은 위치, 규모, 구조, 축성기법 등 대부분이 일본에 있는 백제계산성과 유형을 같이 하고 있음을 알 수 있다. 이들은 거의 포곡형산성들이라고 하는 점에서 그 특수성을 찾아 볼 수 있으므로 한국의 포곡형산성, 그 중에서도 백제의 포곡형산성에서 그 원류를 찾을 수 있을 것 같다. 그런데 지금까지 조사보고된 바로는 백제시대의 포곡형산성은 6세기후반에서 7세기초에 축조된 청마산성과 부소산성, 그리고 5세기후반에 축조된 것으로 추정되는 공산성 등 수례에 불과하며, 신라에 있어서는 A.D.473년에 축조하였다고 하는 연대가 확실한 삼년산성을 들 수 있을 뿐이다. 따라서 삼국시대 백제와 신라의 포곡형산성의 원류는 고구려의 포곡형산성에서 찾아 보아야 할 것이다.

고구려의 포곡형산성의 효시는 앞의 '高句麗山城條'에서 서술한 바와 같이 유리왕 22년(A.D. 3)에 축조하였다고 하는 尉那巖城에 비정되고 있는 山城子山城(일명 丸都山城)이라고 할 수 있다. 이 산성은 둘레 7km의 포곡형산성이다. 遼寧省 撫順市 표고 70~140m의 산위에 남향해서 골짜기를 에워싸고 축조한 北關山城(高爾山城)도 둘레 4km의 포곡형산성이며, 吉林省 柳河縣에 있는 羅通山城도 東城의 둘레 3,479m, 西城의 둘레 3,737m에 달하는 포곡형산성이다(그림 14).[69]) 이밖에도 앞에서 예시한 바 있는

---

67) 田村晃一, 註 60)의 前揭文.
68) 成周鐸, 註 11)의 前揭文.

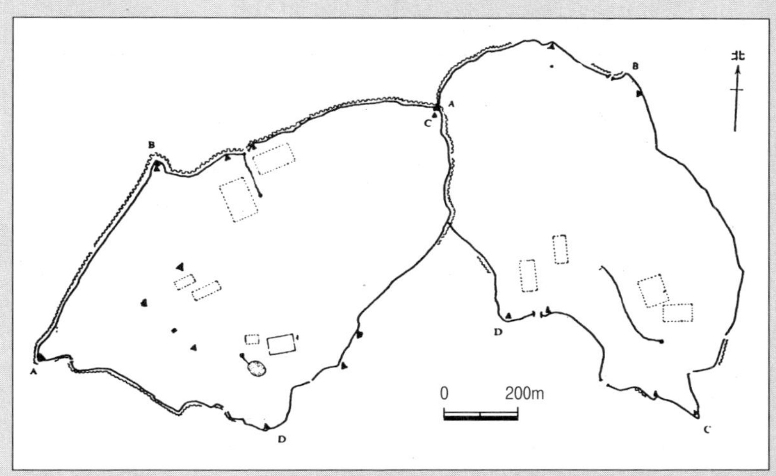

그림 14. 羅通山城 平面圖(田村晃一 1988, 「高句麗の城郭について」, 『百濟研究』第19輯에서 轉載)

대성산성을 비롯하여 황해남도 長靑山城과 황해북도 鵂鶹山城, 평안북도 白馬山城 등도 그 예로 들 수 있다. 이로 미루어 볼 때 시기적으로나 양적으로 백제나 신라보다 고구려에서 포곡형산성이 선행해서 축조되었으리라는 것을 쉽게 짐작할 수 있다.

다음에는 한국계산성의 연대문제에 대해서 고찰해 보기로 하겠다. 한국계산성은 이에 대한 문헌의 기록이 전혀 없고, 또 城 내외에서 확증할 만한 유물과 유적이 발견된 바 없기 때문에 축조년대에 대한 견해가 다양한데 이를 정리하면 다음과 같다.

---

69) 全榮來 1987, 「古代山城の發生と變遷」, 『東アジアと日本―考古·美術篇』, 名著出版, 499〜501쪽.
田村晃一 1988, 「高句麗の城郭について」, 『百濟研究』제19집, 忠南大學校 百濟研究所.

표 2. 韓國系山城 築造年代에 대한 諸說

학 자	연 대
金 錫 亨	彌生時代 後期
白 鳥 庫 吉	五世紀 初頭 以前
關 野 貞	三世紀~六世紀 初葉 頃
坪 井 淸 足	六世紀 初葉
八 木 奘 三 郞	六世紀 頃
原 田 大 六	六世紀 末~七世紀 前半
齋 藤 忠	七世紀 前半~中半 頃
鏡 山 猛	七世紀 中葉 以後

위의 표에서 6세기 초엽 또는 그 이전으로 보는 것은 지방호족과 결부시켜서 대내적으로 보는 견해이고, 7세기전반 또는 후반으로 보는 것은 大和政權과 결부시켜 대외적으로 보는 견해이다.70)

이 가운데 原田은 축조시기의 상한선을 583년(敏達紀 12) 백제에서 소환된 達率日羅 등이 한반도 남부의 긴장관계에 대처해서 요소에 축성할 것을 진언한 때에 초점을 맞추고 있는데, 이같은 견해에 小田富士雄도 동의하고 있다.71) 그러나 아직은 한국계산성들의 정확한 축성시기를 확정지을만한 자료는 제공해주지 못하고 있는 단계이다.

한국고대산성은 木柵－土城－土石混築－石城이 순으로 발전했으며, 테메형의 소규모산성이 대규모의 포곡형산성보다 선행

---

70) 田村晃一, 「'神籠石'に關する若干の考察」, 註 69)의 前揭文, 232쪽.
71) 小田富士雄, 註 43)의 前揭文, 383쪽.

해서 축조되었으리라고 추정되고 있다. 일본에서 지금까지 초기의 소규모 테메형산성이 발견되지 않고 있는 것은 백제말기의 포곡형산성을 수용했었기 때문인 것으로 판단할 수 있다. 그리고 그 시기를 일단 백제말기인 7세기 중반 이전 이전으로 추정하는 데 무리는 없다.

4. 맺음말

이상에서 韓·日 양국에 있는 고대산성을 비교·고찰해 본 결과 한국고대축성술이 여러 면에서 일본에 많은 영향을 끼쳤음을 알 수 있다.

『日本書紀』에 의하면 일본 서부지역의 백제계산성들은 백제 멸망직후(663), 백제인들이 일본에 건너와 축성하였다고 하는데 그것은 다음과 같은 사실들로 뒷받침될 수 있다.

먼저, 도성체제의 유사성을 들 수 있다. 백제말기 사비도성의 체제는 평지성(王宮＋羅(郭)城)＋山城(丘陵性山城＋高地性山城)체제로 구성되어 있다. 이러한 도성체제는 중기 웅진성에서도 나타나고 있어 초기 한성시대에도 이와 비슷한 유형의 체제가 채택되지 않았을까 생각되는데 일본 대재부 도성도 이와 같은 체제로 축조되어 있다. 즉, 백제 부소산성이 구릉성산성의 복합식산성인데 반하여 대야성은 고지성산성의 복합식산성이라고 하는 점과, 규모에 있어서 대야성이 부소산성보다 3배정도 크다고 하는 점 이외에는 지형, 축성기법, 성의 기능 등의 여러 면에서 대재부도성은 백제말기 사비도성의 再版이라고 하여도 무방할 정도의 유사함을 보여 주고 있다. 다만 羅城의 경우에는 羅城(郭)

성격을 가지고 있는 수성이, 부여나성과는 달리 도성 서북부의 취약지점에 축조되어 있는 점이 백제도성형태와 다르다. 또 고도의 기술을 요하는 木樋을 이용한 通水방법을 채택하고 있는 점에서 백제보다 한 단계 발전된 기법을 보여 주고 있다. 그밖에 판축기법이나 석축기법, 수구 등의 축성기법은 백제의 것이 그대로 사용되고 있다. 다만 성의 기능면에서 볼 때 앞서 지적했듯이 대야성에서는 군사적 목적으로 건설된 건물지만 확인되고 있어 성의 기능이 군사적인것에 한정되어 있는 것으로 보이나, 금강(白江)을 배후에 끼고 있는 부소산성은 園林역할까지 겸하였으리라고 추정되는 점이 차이를 보이고 있다.

도성의 행정체제는 발굴을 통해서 얻어진 자료가 적어서 단정하기 어려우나 일단 사비도성의 경우는 여러 사료들에 나타나듯이 5부제도를 채택하고 있던데 반해서, 대재부도성은 일부 학자에 의하여 조방제였을 것으로 추정되고 있어서 양국이 통치방법에는 차이가 있었던 것으로 보인다.

일본에 있는 백제계산성이 모두 포곡형의 대형산성이나 국지성만은 백제초기 河南慰禮城으로 비정되고 있는 몽촌토성과 같은 구릉성 지형을 이용하여 축조한 점이 특이하다. 지명과 지형에 있어서도 백제의 지명이나 5부제도의 명칭 등을 답습한 흔적이 있고, 백제계고분인 강전선산고분이 있어 이 성의 성격을 재평가하게 해 주고 있다

또 金田城에 부설된 치성도 백제와 신라산성에서 그 원류를 찾아볼 수 있는데, 고구려산성에서도 이에 선행해서 치성이 부설되어 있음을 볼 수 있다.

한편 일본에서 신롱석계산성이라고 불리우는 산성은 축성시

기와 축조자가 불확실하지만 그 분포지역이 일본 서부지방에 있는 백제계산성과 동일하다는 점과 지형의 선택, 규모, 판축과 축성기법, 문지 및 수구처리 등의 방법에 있어서 백제산성, 나아가서는 한국고대산성과 별 차이가 없는 점을 볼 수 있다. 즉, 성의 형태나 축성기법 등에서는 이들을 백제계산성이라고 볼 수도 있으나 아직까지 성내부에서 유구가 발견되지 않고 있는 등 그 성격이 확실히 규명되어 있지 않아 일단은 신롱석계산성을 한국계산성으로 분류하여 보았다.

한국 고대산성에서는 소규모 산성의 대명사라고 할 수 있는 테메형산성이 주류를 이루고 있으나 일본에서는 아직까지 이러한 형태의 산성이 발견되지 않고 있다. 이는 아마도 일본으로 건너간 백제계이주민이나 본거지 주민들이 방어용 목적으로 단지 대형의 포곡형산성만을 축조했었기 때문인 것으로 추정된다. 이와 같은 점에 초점을 맞추어 생각하면 신롱석계산성이라고 불리우는 한국계산성은 백제계산성과 비슷한 시기에 축조되었을 가능성이 있는 것으로 생각된다.

일본에 있어서 대재부 도성발굴은 이미 20년을 지나고 있어, 시작단계에 있는 백제도성이나 산성발굴보다 한 걸음 앞서 있다. 그동안의 발굴을 통해 밝혀진 중요한 사실 가운데 하나는 도성의 중심지가 되는 政廳遺址가 대재부도성에서는 중앙의 툇단에 위치하고 있다는 점이다. 앞으로의 발굴조사를 기다려 보아야 확실해지겠지만 이것은 역으로 왕궁이나 政廳址 등이 문헌에간 나와 있을 뿐 실제 위치가 확인되지 않고 있는 백제말기 사비도성이나 중기의 웅진성 그리고 초기도성 등의 왕궁지위치에 대한 단서가 될 수 있을 것으로 생각된다.

　　현재 양국이 모두 도성과 산성에 대해 본격적으로 조사중에
있으므로 그 성과를 기대해 마지 않는다.

　　앞으로의 계속적인 발굴을 통하여 양국 고대산성과 도성에 대
한 자료가 증가하면 고대한국성제의 일본에의 영향여부를 좀 더
구체적으로 밝힐 수 있을 것이며, 나아가서 이러한 연구는 韓·
日 양국의 문화교류상의 규명에도 도움이 될 수 있을 것으로 생
각한다.

出 典

成周鐸 1989,「韓國 古代山城의 日本傳播」,『國史館論叢』, 國史編纂委員會.

第 5 編　日本 鞠智城의 性格

05

日本 鞠智城의 性格 －地形과 地名을 중심으로 －

1. 百濟의 山城
2. 鞠智城의 地理的 條件
3. 鞠智城의 地名問題
4. 都城과 古墳과의 關係
5. 맺음말

1. 百濟의 山城

일본에 있는 鞠智城 (熊本)이나, 大野城 (福岡), 基肄城 (佐賀), 鬼ノ城 (岡山), 高安城 (大阪), 金田城 (對馬島)등은 백제가 멸망한 후(660년) 백제사람들이 건너가서 축성하였다고 하는 사실을 『日本書紀』에서 전하고 있다. 일본내 백제계산성 가운데 하나인 국지성을 살펴보기 전에 母型인 百濟城址를 먼저 살펴보기로 하겠다.

백제산성은 서울과 경기도 지방에 약 119개소, 충청남도에 약 203개소, 충청북도 서부지방에 약 35개소, 전라남·북도 지방에 약 204개소 도합 약 561개소가 있는 것으로 파악되고 있다.[1]

산성은 보통 전투 목적으로 산의 높은 곳에 축성하는 특성을

---

1) 이것은 이때까지의 조사통계에서 나온 숫자이므로 이후 조사에 따라서 증가할 수 있음을 전제로 한다.

가지고 있다. 목적이 전투에 있기 때문에 요소 요소에 축성한 산성은 규모면에 있어서는 都城 또는 縣城 보다 작은 편이며, 방향도 일정하지 않다. 그러나 도성 또는 현성은 산성과 그 성격을 달리하고 있다. 百濟 都城과 地方縣城과의 공통점은

① 평지와 같은 구릉위에 축성한 점.
② 방위와 교통·用水 등 생활 여건이 편리한 곳, 따라서 하천이나 강 또는 바다를 끼고 있게 마련이다.
③ 생활 근거지는 남향을 한 넓은 들판을 끼고 있는 지역 등이다.

현재 발굴조사 중에 있는 서울 강동구 소재 몽촌토성은 표고 30m의 구릉상에 있으며, 그 둘레는 약 2㎞에 달하는 큰 토성이다. 토성을 중심으로 해서 아마도 그 전면에 왕궁이나 관아, 민가 등이 배치되어 있었을 것으로 추정되고 있다. 북에는 한강이 흐르고 있고, 남쪽으로는 넓은 들판이 있으며, 서쪽에는 바다가 있어 한강과 연결되어 있다. 현재 발굴조사 중에 있다.[2]

백제 중기의 熊津城 (公州)도 표고 110m의 언덕 위에 축조되어 있으며, 성의 둘레는 약 2.5㎞에 달하고 있다. 북쪽에는 금강이 흐르고 성 앞에는 편평한 분지가 있다. 성 앞에 왕궁이나 관아, 민가 등이 있었을 것으로 추정되고 있다. 역시 남향이다. 웅진성 좌우에 있는 언덕 위에는 테메형산성을 축조하고 있는데, 방위상 필요해서 축성한 것으로 추정된다.[3]

---

2) 成周鐸 1983, 「漢江流域百濟初期城址研究」, 『百濟研究』14, 忠南大學校 百濟研究所.
夢村土城 發掘調查團 1980, 『夢村土城 發掘調查都告』.

백제 후기의 泗沘城 (부여)도 표고 106m의 부소산에 축조된 것으로, 성의 둘레는 약 2.2km이고 성 앞에는 약 8km에 달하는 나성이 축조되어 있다. 나성을 축조하여 완벽한 성곽을 이루게 한 점은 초기 몽촌토성이나 중기 웅진성 보다 한단계 발달된 성곽제도라고 할 수 있다. 역시 북쪽에는 금강이 흐르고 있고 앞에는 비옥하고 넓은 들판을 끼고 있으며 서쪽에는 금강과 연결된 바다가 있다.4)

이 3개소의 백제 都城址는 모두 북쪽에는 강이 흐르고 남쪽에는 넓은 들판을 끼고 있으며, 언덕 위에는 산성을 축조하고 남향을 하고 있으며, 서쪽에는 바다를 끼고 있는 공통점을 지니고 있다.

백제는 147개의 州·郡·縣이 있어서 지방통치를 담당했던 것으로 알려져 있다.5) 이를 주·군·현에도 각각 산성을 보유하고 있는 것으로 지표조사 결과 추정되고 있다. 이 가운데 2개소를 예로 들어 보겠다.

忠淸南道 天原郡 木川面 南化里에는 南化里山城이 있다. 이 土城은 1983~84년까지 2개년에 걸쳐 발굴 조사되었다.6) 이는 黑城山 남쪽의 언덕위에 축성한 둘레 450m의 토성으로서, 판축 기법을 이용하고 있으며 연대 상한선은 6세기 중반까지 상회하

---

3) 成周鐸 1980, 「百濟熊津城硏究」, 『百濟硏究』11, 忠南大學校 百濟硏究所.
　　安永周 1982, 『公山城』, 公州師範大學 百濟文化硏究所.
4) 成周鐸 1982, 「百濟 泗沘都城硏究」, 『百濟硏究』13, 忠南大學校 百濟硏究所.
5) 金富軾, 『三國史記』雜志 第六 地理四 百濟條.
6) 尹武炳 1984, 『木川土城』, 忠南大學校 博物館.

는 평지성 토성이다. 이 토성은 백제시대 邑城의 기원형으로 보고하고 있다. 이 지방은 백제시대 大木岳郡이었다. 따라서 대목악군은 이 토성을 중심으로 해서 존재했던 것으로 판단되고 있다. 이 토성은 표고 519m의 흑성산을 배경으로 남쪽으로 뻗어내린 표고 95m의 구릉을 기점으로 해서 평지에 걸쳐서 동남쪽을 향해 축성되어 있으며, 앞쪽에는 南里와 東坪里의 넓은 들판이 있고 山方川과 並川川이 흐르고 있다.[7]

忠淸南道 全義面 邑內里에는 邑內里土城이 있다. 표고 118m의 언덕위에 둘레 약 800m의 토성이 축조되어 있다. 북쪽 성벽은 內高 2m, 外高 6m의 토축성벽이 잘 남아 있으며, 폭 6m의 水口도 남아 있다. 성안에서는 백제토기를 비롯해서 통일신라시대의 大甕片도 용이하게 수습된다. 고려시대 이후의 유물은 수습할 수 없는 점을 감안해 볼 때 백제시대부터 통일신라시대까지만 사용된 토성으로 판단된다. 역시 토성 앞에는 鳥川川이 흐르고 앞에는 넓은 들판을 끼고 있다.

도성의 배후에 구릉성 산성을 배치하고 縣城의 배후에도 구릉성 산성을 배치하고 있는 공통점 외에 또 하나의 공통점은 높은 산에 견고한 석축산성을 축조하고 있는 점이다. 부여의 사비도성에는 배후에 扶蘇山城을 축조하고 있을 뿐만 아니라 동편에 규모가 큰 石築山城을 보유하고 있다. 역시 목천면 남화리토성에는 黑城山城·細城山城·徐林山城 등 석축산성이 둘러싸고 있으며, 전의면 읍내리토성에도 주위에 李城山城·金城山城 등 많은 산성들에 의해 둘러싸어 있다. 주거지를 중심으로 저지대의 토성을

---

7) 成周鐸 1986, 「百濟城址와 文獻資料─大木岳郡·甘買縣·仇知縣을 중심으로─」, 『百濟硏究』17, 忠南大學校 百濟硏究所.

먼저 축성한 후, 방위 또는 주민 도피를 목적으로 규모가 작은 석축산성을 축성한 것으로 짐작된다.

일본에 있는 백제계산성을 앞서 열거해 본 바와 같이 大野城·基肆城·鬼ノ城 등이 665년, 高安城·金田城이 667년, 鞠智城(繕治)이 698년에 改修되고 있어 모두 백제 멸망(660)후에 축성 내지 개수되었다. 규모도 2.8㎞에서 5.2㎞에 달하는 대단히 큰 것이 공통점이다. 鞠智城만 제외하고 모두 표고 200~400m 내외의 비교적 높은 산 위에 포곡식으로 축성하고 있다. 이들 산성의 축성목적은 일단 유사시에는 이 산성으로 도피하여 적을 방어하기 위한 것으로 판단되고 있다. 산성안에 倉庫群이 많이 발굴조사 되는 것도 이 때문으로 생각되고 있다. 그러나 鞠智城만은 북쪽 168.9m의 シャカンドン을 기점으로 해서 100m 정도의 대지에 자연적인 단애를 이용해서 구릉성 산성을 축조하고 있는 점이 특이하다. 본고에서는 熊本縣 敎育委員會가 1983년에 출간한 『鞠智城跡』에 관한 보고서를 기본 자료로 하여 그 성격을 구명해 보고자 한다.

2. 鞠智城의 地理的 條件

鞠智城은 북쪽 표고 168.9m의 シセカンドン을 기점으로 해서 서쪽에 위치하고 있는 표고 164.4m의 灰塚에 이르기까지 토성으로 돌려 있는데 성안에서 제일 높은 지대이다. 동남쪽은 표고 145.2m에서 125m에 이르는 자연적인 급경사를 이루는 언덕을 이용하고 있어, 축성할 필요성이 없었던 것으로 보인다. 따라서 지형이 북서쪽은 높고 동남쪽은 낮다. 배후에는 初田川과 木野川

이 흐르고 있어서 자연적인 방어 역할을 한 듯 하다. 앞에 迫間川이 흐르고 있을 뿐만 아니라 현지 菊池市와 菊鹿町이 위치하고 있는 넓은 들판을 끼고 있으며, 서쪽에는 有明海가 있다. 성의 둘레는 약 3.5㎞에 달하며 마름모꼴의 형태를 이루고 있고 남향을 하고 있다.8) 이와 같은 입지적조건은 백제의 도성지나 縣城址로 추정되고 있는 성지의 입지적 조건과 같은 점이 있음을 알 수 있다. 규모면에 있어서는 국지성이 백제도성 배후에 있는 부소산성이나 지방 縣城址 보다 훨씬 크다.9)

3. 鞠智城의 地名問題

백제도성의 경우 지명과 도성은 밀접한 관계를 가지고 있다. 夢村土城의 '夢'자는 한국어로 'Kum' 즉, 꿈이다. 宮城의 '宮'자도 'Kung'으로 발음됨으로써 '宮 마을'이 '夢村'으로 漢字化된 것이 아닌가 추정해 본다. 熊津城은 '곰나루'에서 유래된 지명으로 알려져 있는데 '곰'은 '가미(神)', '구마(熊), '가무', '간 (干, 汗, 今)'에서 유래된 이름이라고 하며, 이것은 신성하고 위대한 뜻을 가지고 있는 명칭으로 전해지고 있다. 이것이 轉音되어 '王'의 명칭으로 되었다고 전해지고 있다. 백제 泗沘城은 일명 '所夫里'10)라고 『三國史記』는 전하고 있다. '夫里'는 'Buri'라고 발음하는데 그 유래는 우리말의 '벌(Bur)'에서 유래된 것으로서 '벌판(原)'의 뜻을 가지고 있다. 신라의 서울 '徐羅伐'도 같은 뜻을 가지고 있으며,

---

8) 熊本縣教育委員會 1983, 『鞠智城跡』, 熊本縣文化財調査報告書 第59輯.
9) 拙稿, 註 7)의 前揭文.
10)『三國史記』百濟本紀 4, 聖王 16年條.

이것이 전래되어 오늘의 '서울'의 명칭이 생겨났다고 한다.

鞠智城내에는 '宮野', '長者原', '長者山', '長者井戶', '米原' 등의 지명이 있다. 또한 '上原', '東原', '北原' 등의 지명도 전해 내려오고 있다. '宮野', '長者原', '長者井戶' 등의 지명은 지배자들과 관련 있는 지명이 아닐런지 일단 숙고해 볼 필요성이 있다. 경기도 서부면 春宮里의 지명이나, 전북 익산군 왕궁면 王宮里의 지명도 '王宮'과 관련된 지명으로 전해 내려오고 있다. 특히, 후자의 경우 백제 武王(600~641)과 인연이 깊은 지역으로 알려져 있다. 또한, 부여 여자고등학교에는 백제 왕가에서 사용했다고 하는 '御井'이 지금까지 전해 내려오고 있다. 이와 같이 지명과 유적은 깊은 관계가 있음을 알 수 있다.

鞠智城내에 있는 '米原'은 'ヨナハラ' 즉, '요나하라'라고 발음하지 않고 'ヨナバル' 즉, '요나바루'라고 발음하고 있으며, '長者原'·'上原'·'東原'·'北原'도 모두 'バル' 즉, '바루'라고 발음한다. 百濟 '泗沘都城의 명칭은 '夫里, Buri, Bur'에서 유래되었다고 알려져 있다. 이 'Buri'와 'Bur'의 어원은 '넓은 들판'에서 유래되었다고 한다. 따라서 鞠智城內의 '長者原', '上原', '東原', '北原' 등의 'バル' 즉, '바루'도 백제어의 'Buri, Bur' 즉, '벌판'이라고 하는 어원에서 유래된 것이 아닌지 생각해 볼 수가 있다. 또한 '上原', '東原', '北原' 등의 지명도 백제 사비도성내에 실시되었다고 알려진 五方制度와의 관계가 있는 것으로 판단된다. 또한 鞠智城 아래에는 '鞠智川'이 흐르고 있고, 熊本에는 '白川'이 흐르고 있다. 백제 사비도성 아래에도 '白江'이 흐르고 있어 꼭 같은 지명이 전해지고 있음은 흥미로운 일이다.

또한 'キクチ' 즉, '기구찌, 鞠智'는 일명 'ククチ', 우리말의

'국지', '구구찌'라고 불리우고 있다. 平安初期에 편찬되었다고 전해지는『倭名類聚鈔』에 의하면 '肥後菊池'는 '久久知'라고 불러내려 왔다고 한다. 따라서 上古末경까지 '久久知'로 써내려 왔는데, 奈良時代에 들어 서면서 좋은 글자를 가지고 좋은 지명을 두 글자 표기로 바뀌어지면서 鞠智, 菊池로 쓰여지게 되었다고 전한다. 久久知＝鞠智＝菊池의 한국말 발음은 다같이 'Kukji'이다. 한국말의 'Kukji'는 '國地 (Kukji)'와 같은 발음이므로 국지의 지명은 '國家의 土地'라고 하는 의미를 가지고 있음을 손쉽게 알 수 있다.

4. 都城과 古墳과의 關係

백제에 있어서 성과 고분과의 관계는 불가분의 관계를 가지고 있다. 한강 부근 백제 초기 도성지로 알려져 있는 몽촌토성과 풍납동토성은 바로 인접해 있는 석촌동이나 가락동고분과 관계를 가지고 있다. 중기 웅진성(공주)은 무령왕릉 및 송산리 백제고분군, 후기 사비도성에는 능산리고분군도 양자가 밀접한 관계를 가지고 있다. 목천면 남화리토성이나 전의면 읍내리토성에서는 아직 고분군을 발견하지는 못했지마는 論山郡 連山面 官洞里에 있는 '黃山城'에는 그 옆에 表井里고분군이 있고 같은 面 新興里土城에는 新興里고분군이 있다.

鞠智城 서쪽 약 16km 떨어진 곳에 江田船山古墳이 있다. 이 고분은 百濟 蓋鹵王(455∼475)에서 武寧王(501∼523)대에 백제의 영향을 받아서 조성된 고분으로 알려져 있다. 이 밖에도 熊本에는 5세기 전반 백제에서 도입된 橫穴式古墳이 20여기가 있다. 특

히, 江田船山古墳은 당시 상당한 세력을 가지고 있는 지배자 계급의 호족고분으로 추정되고 있다. 이 지배자를 중심으로 한 백제계 집단의 근거지는 어디일까 하는 의문이 생기게 마련이다. 백제에 있어서는 고분과 도성 또는 산성과의 사이에 밀접한 관계를 가지고 있으므로 양자를 결부시켜서 생각해 볼 수는 없는지 제안해 본다.11)

5. 맺음말

이상의 자료를 가지고 鞠智城의 성격을 살펴 보고자 한다.

먼저 鞠智城의 지리적 조건을 살펴 보자. 백제의 도성 또는 地方縣城의 공통점은 언덕위에 토성을 축성하고 있다. 또 교통과 用水를 고려하여 토성의 가까운 곳에 하천이 흐르고, 서쪽에는 바다를 끼고 있으며, 또한 남향을 하고 있고, 넓은 들판을 끼고 있다. 백제의 初·中·後期의 성지는 모두 이 조건과 걸맞게 되어 있다. 백제 147 州·郡·縣 가운데 하나인 大木岳郡의 중심지로 추정되는 남화리토성이나, 전의면 읍내리토성 그리고 백제 黃等也山郡의 治所와 관련 있는 논산군 연산면 황산성도 거의 같은 조건을 가지고 있다. 이와 같은 입지적 조건을 가지고 鞠智城을 고찰해 볼 때, 逃避城의 목적으로 축성한 大野城이나 基肄城, 鬼ノ城·高安城·金田城과는 그 성격을 달리 하고 있지 않은가 한다.

다음에는 鞠智城을 중심으로 한 주위에 있는 지명에 대해서 살펴보기로 하겠다. 성 안에는 宮野·長者原·長者井戶·長者山

---

11) 熊本縣敎育委員會, 註 8)의 前揭書, 11쪽.

등, 지배자와 관계가 있는 지명이 많다. 특히 米原, 上原, 東原, 北原의 지명은 'ハラ' 즉, '하라'라고 부르지 않고 'バル' 즉, '바루'라고 발음하는 것을 볼 때 백제사비성의 또다른 별칭인 '夫里 (Buri, Bur)'에서 유래한 지명이 아닌가 추정해 본다. 우연인지는 몰라도 上原, 東原, 北原과 같은 五方制度와 관련된 지명도 흥미 있는 일이다. 또한, 鞠智＝久久知＝菊池의 지명은 國地 (Kukji)의 의미에서 한자화한 것으로 생각된다.

다음은 성과 고분과의 관계이다. 백제 初·中·後期의 도성에는 모두 그 격에 걸맞는 고분군을 수반하고 있다. 지방 縣城으로 추정되고 있는 남화리토성이나 읍내리토성 부근에서는 조사가 되지 않은 탓으로 아직 고분이 발견되었다 보고는 없다. 그러나 논산군 연산면 황산성 등 군·현·성의 소재지 부근에 고분군이 있음이 확인되고 있다. 鞠智城의 경우 상당한 거리는 있지만 江田船山古墳이 있다. 연대상 상호 거리가 있지만 결부시켜서 생각해 보려고 노력 중이다. 직접적으로 연결될 수 있는 출토유물은 없지만 江田船山古墳의 주인공이 도대체 어디에 근거를 두고 지배자 노릇을 했을까 하는 의문이 남아 있다.

이제까지 발굴결과를 수록한 『鞠智城跡』에 의하면 국지성은 繩文時代晩期, 彌生時代 中·後期, 古墳時代(土師器壺片)와 중세의 유물들이 출토되었다고 보고하고 있다. 鞠智城과 직접적인 관계가 있는 유물로서는 蓮弁二葉分 軒丸瓦 즉 막새기와편 2점 뿐인데, 中房과 周緣의 문양 그리고 암키와·수키와의 연관관계가 불분명하다고 한다. 따라서 그 연대관에 대해서는 속단하기 어려우나 城內廢寺와의 관계로 보아 A.D.700년 전후로 보는 것이 합리적이라고 한다. 이것이 사실이라 하면 鞠智城에 대해 사료에 처음 출현하는 文武 2년(698)의 '繕治'에 즈음해 제작되었을 가능성이 있다고 앞의 보고서에서는 추정하고 있다. 『日本書紀』天智天皇 4년(665) 秋 8월조를 보면 백제왕족 출신으로 조국을 잃은 뒤, 일본에 망명해 온 達率 億禮福留·同 四比福夫로 하여금 筑紫國에 大野城과 椽(基肄)城을 축성하게 한 것으로 되어 있다. 따라서 이를 2개 성과 함께 33년 후에 '繕治'할 필요성을 느끼게 한 鞠智城도 大野·基肄 2개 성과 상호 비슷한 시기에 축성된 것임을 짐작할 수 있다.12)

백제 사비시대의 경우, 평지도성과 丘陵性山城 그리고 靑馬山城 같은 高地性山城까지 접목시켜 완벽한 도성구조를 이루고 있다. 지방의 현성도 축조된 다음 이를 중심으로 해서 요소 요소에 산성이 축조되어 나갔으리라고 생각된다. 熊本의 鞠智城도 지형을 감안 해 볼 때 福岡의 大野城 등과 직접 결부시켜 보는데 문제가 있다고 생각된다. 그러나 평지에서 산성으로 발달해 나가는 백제 사비시대의 축성 추세를 감안 해 볼 때 鞠智城은 大野城 등의 산성보다 앞서서 축성되었을 가능성도 배제할 수는 없을 것 같다. 鞠智城 내외에 지금까지 남아서 전해지고 있는 지명은 백제 사비시대의 지명에서 유래된 것으로 생각되어져 이와 같은 영향력은 일조일석간에 이루어진 것으로 보여지지 않는다.

백제의 도성이나 縣城 그리고 일본의 국지성도 성을 중심으로 해서 거주하고 있었던 주민들의 근거지와 사회 생활 양상이 어떠했는지 궁금하다. 그런데 백제 초·중기의 왕궁지만 아니라 후기 사비시대의 왕궁지조차 현재까지 명백하게 들어나지 않고

---

12) ① 熊本縣敎育委員會, 註 8)의 前揭書, 11쪽.

　　② 島津義昭 1983, 「鞠智城에 대한 一考察」, 『大宰府古文化論叢』.

있는 실정이다. 필자의 생각으로는 웅진성과 사비도성 그리고 지방 현성의 경우 그 전면에 관아와 주거지가 배치되어 있었으리라고 짐작된다. 따라서 鞠智城도 그 전면 또는 부근에 당시의 유적들이 있을 법한데 백제의 경우처럼 이제까지 밝혀지지 않고 있다. 차후의 과제로 미루어 둔다.

이와 같이 논술했다고 해서 鞠智城이 곧바로 백제도성과 결부시켜 비견된다는 것은 아니다. 백제의 경우 지방의 縣城이나 국가의 도성이 모두 평지성에 구릉성산성을 결부시켜 축조하고 이 성을 중심으로 성 내외를 중심으로 해서 주민들이 거주하지 않았는가 추정된다. 이와같은 의미로 鞠智城도 이 성을 중심으로 백제계의 이주민들이 거주하지 않았는가 생각된다. 말하자면 백제 후기의 지방 현성과 같은 성격을 가지고 있는 산성이 아닌가 한다. 금후의 연구성과에 기대를 한다.13)

出典

成周鐸 1988, 「日本鞠智城の性格」, 『先史・古代の韓國と日本』, 築地書館, 159~168쪽.

---

13) 백제 사비성의 복합식산성 구조문제와 성의 둘레, 나성의 둘레는 최근 조사에서 상당한 차이가 있으나, 그대로 두었다. 이에 대해서는 필자가 2002년에 발간한 『百濟城址硏究』 第 1篇 3장의 글을 참조하기 바란다.

第 6 編　日本 九州에 있는 百濟系 山城

06

日本 九州에 있는 百濟系 山城

1. 머리말
2. 大宰府와 泗沘 都城
3. 鞠智城
4. 綜合考察
5. 맺는말

1. 머리말

　계룡장학재단 후원으로 2000년 7월26일부터 30일까지 4박 5일 동안 일본 九州에 있는 유적지를 답사하게 되었다. 만 6년만에 가서 본 福岡은 그동안 많은 발전을 하고 있었다. 약 27년전 필자가 일본에 건너가기 위해 처음 환전했을 때에는 환율 2.7:1로 円貨를 환전하였는데 이번에는 10.62:1로 환전을 하였다. 두 나라의 국력 차이가 이만치 격차가 있음을 의미해서인지 입맛이 씁쓸하였다. 계룡장학재단 이사장 李麟求 이사장 인솔로 우리 일행 7명은 大宰府 都府樓 유적과 水城을 답사한 후 熊本 鞠智城 답사를 하였다. 鞠智城에서는 발굴책임자인 島津義昭씨가 나와 유적설명을 하였으며, 아울러 많은 자료를 얻게 되었다.
　이 글의 목적은 필자가 일본 『考古學 ジャナル』에 게재한 「大宰府城郭과 百濟泗沘都城과의 比較 考察(1993)」 논문을 기초

로 하여, 최근 九州 歷史資料館에서 발굴 조사한 大宰府자료와 백제 사비도성인 부여에서의 발굴조사를 통해 얻어진 새 자료를 덧붙여 이들간의 관계를 비교 고찰해 보는데 있다. 한편 鞠智城의 성격에 대해서도 필자의 견해를 발표한 바 있는데(成周鐸 1988), 이에 대해서도 금번에 얻은 자료를 통해 새로운 면모를 밝혀보고자 한다. 아울러 大宰府와 鞠智城遺蹟을 통해 개발과 보존을 조화롭게 개척해 나가는 일본의 개발 실태와 함께 산 교육의 현장으로 활용하고 있는 모습을 소개하고자 한다.

2. 大宰府와 泗沘都城

1) 大宰府 都城

(가) 都城 築造의 歷史的 背景

찬란했던 백제문화는 유교의 경전과 불경을 비롯해서 달력 만드는 법, 약을 만드는 법, 점 치는 법, 옷 만드는 법, 제철 기술 그리고 한자의 일부를 따서 일본의 'カナ' 즉, 문자를 만들어 주었을 뿐 만 아니라 심지어는 기와를 만들고, 불상을 만들며, 술 만드는 기술에 이르기까지 다양하게 일본으로 전수하여 주었음을 『三國史記』와 『日本書紀』에서는 전하고 있다.

백제는 서기 660년 7월 羅·唐 연합군에 의해 패망하자 일본 구원군의 협력 하에 3년동안 부흥운동을 전개하였다. 그러나 663년 8월 육군과 해군이 모두 패전하자 백제 유민들은 바다를 건너 서일본 연안지역에 정착하고 羅·唐 연합군의 침략에 대비해 축성하기에 이르렀다. 『일본서기』에는 664년에서 667년까지 4년간에 걸쳐 백제인 達率 벼슬을 하던 答㶱春初가 長門國에 축성을 하고, 달솔 憶禮福留와 달솔 四比福夫는 筑紫國에 축성하였음을 전하고 있다. '나가도구니' 즉, 우리말로 長門國의 위치는 아직 확인되지 않아 알 길이 없으나, '지구즈구니(筑紫國)'에 축조한 성터는 지금의 九州 福岡縣 大宰府에 잘 남아 있다.

여기에서는 大宰府都城을 구성하고 있는 大野城, 基肄城, 水城 등의 지형과 규모, 축성기법, 문지와 건물지 및 출토유물들을 살펴본 후, 大宰府都城의 모형이라고 할 수 있는 백제 泗沘都城과 비교 고찰해 보고자 한다. '大宰府都城'을 '大宰府城郭'이라 함이 좋을 듯도 하나 鏡山猛선생이 이 유적을 발굴조사 한 후 '大宰府都城'이라고 명명하였는데(鏡山猛 1968), 이렇게 불러도 큰 무리가 없을 것으로 생각되어 이 명칭을 사용하기로 하였다.

(나) 大宰府 政廳

성곽이라 함은 內城과 外郭을 의미한다. 內城은 통치자가 거주하는 구역이고, 외곽내는 관아와 일반 서민들이 사는 구역이다.

大宰府에는 '다사이후' 즉, 大宰府의 장관인 도독이 정무를 집행하던 都府樓라고 부르는 政廳자리가 남아 있다. 중국의 궁전이나 우리나라 삼국시대의 왕궁에 해당된다. 이 정청은 筑紫野 분지의 북단과 大野城이 위치하고 있는 산자락의 남단에 해당하는 장소에 위치하고 있다. 大宰府 政廳의 토층에서는 繩文時代의 토기와 석기, 彌生時代의 토기, 古墳時代의 토기가 출토되고 있는데, 그 자리를 중심으로 7세기 후반에 제1기 政廳이 건립되었다. 그 규모는 中門을 거쳐 政殿에 들어가게 되는 단촐한 것이었다.

이때는 堀立圓柱를 세운 것으로 알려져 있으며 경질토기가 출토 되고 있다. 8세기 전반의 제2기 지층에서는 초석과 경질토기가 역시 출토되고 정청의 규모가 커지고 있다. 10세기의 정청 제3기 에도 역시 초석을 사용하고 있고 정청의 규모도 제2기보다 東 樓·西樓등을 추가해서 커지고 있다(大宰府復元 1998). 정청을 중심으로 해서 좌우 兩郭으로 분리되어 각각 12坊 22條의 도시 계획으로 되어 있다. 현재 남아 있는 都府樓의 규모는 제2기인 8 세기초경에 완성된 것으로 추정하고 있다. 이 정청을 방위하기 위해 외곽성이라고 할 수 있는 水城, 大野城, 基肄城들을 축조 배치하고 있다 (그림 1 및 표 1).

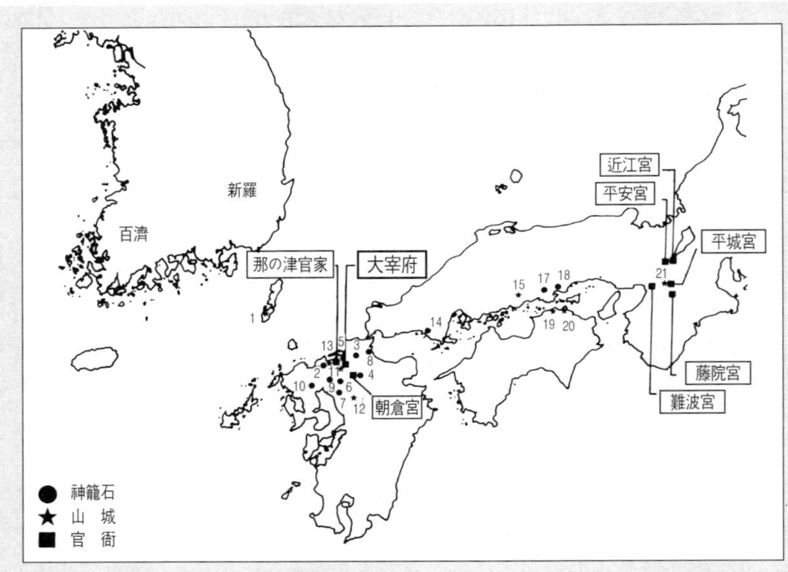

그림 1. 西日本 古代山城 分布圖

표 1. 西日本 古代山城 지명 일람표(小田富士雄)

番號	名 稱	種 別	舊國名	所 在 地	標高(m)	全長(㎞)
1	金田城	朝 鮮 式 山 城	對島	長崎縣下縣郡美島町城山	275	2.0
2	雷 山	神 籠 石	筑前	福岡縣系島郡前原町	400	2.3
3	鹿毛馬	神 籠 石	筑前	福岡縣嘉穗郡穎田町	50~80	2.2
4	杷 木	神 籠 石	筑前	福岡縣朝倉郡杷木町	150~245	2.25
5	大野城	朝 鮮 式 山 城	筑前	福岡縣太宰府市·その他	410	8.65
6	高良山	神 籠 石	筑後	福岡縣久留米市御井町	312	2.8
7	女 山	神 籠 石	筑後	福岡縣山門郡瀨高町	200	2.9~3.0
8	御所カ谷	神 籠 石	豊前	福岡縣行橋市·他	250	3.0
9	帶隈山	神 籠 石	肥前	佐賀縣佐賀市久保良	278.1	2.4
10	おつぼ山	神 籠 石	肥前	佐賀縣武雄市橘町	66.1	1.87
11	基肄城	朝 鮮 式 山 城	肥前	佐賀縣三養基郡基山町	414	3.9
12	鞠智城	朝 鮮 式 山 城	肥後	熊本縣鹿本郡菊鹿町·菊池市	160	5
13	長門城	(未 發 見)	長門	山口縣(推定)		
14	石城山	神 籠 石	周防	山口縣熊毛郡大和村	359.7	2.53
15	常 城	(比定地·未確認)	備後	廣島縣芦品郡新市町常	500	3
16	茨 木	(比定地·未確認)	備後	廣島縣福山市藏王町	226	
17	鬼ノ城	神 籠 石	備中	岡山縣總社市奧坂	400	2.5
18	大廻小廻	神 籠 石	備前	岡山縣岡山市草加部	198.8	3.0
19	城 山	神 籠 石	讚崎	香川縣坂出市西住町·他	462	4.0
20	屋島城	朝 鮮 式 山 城	讚崎	香川縣高松市屋敷		
21	高安城	朝 鮮 式 山 城	河內	大阪府八尾市高安城	438~488	

(다) 水城(福岡敎育委員會 1975 : 1979)

大宰府 성곽에는 '水城'이라고 하는 외곽시설을 축성하고 있다 (그림 1의 C지점 참조). 이는 博多灣 연안에서 筑紫 평야로 빠져 나가는 평지에 위치하고 있다. 토성의 길이는 1.2㎞에 높이 13m, 밑바닥의 폭이 80m이며 동서 양단에는 성문이 설치되어 있다. 동문지와 서문지에는 각각 문초석이 남아 있는데, 동문지의 문초

석은 길이 2.3m, 폭 90㎝의 화강암을 다듬어서 평탄하게 만들고 지두리 구멍을 파고 있다. 문초석의 상태로 보아 外開형식으로 알려져 있다. 서문지 초석은 일부가 파손된 채로 근처에 있는 개인 주택으로 이동 방치되어 있는데, 그 크기는 세로 1.3m 가로 90㎝정도이다.1) 이 토성은 양단이 높고 중앙 부분에는 御笠川이 흐르고 있어서 가장 낮게 축조되어 있다. 그 차이는 최대 7.3m이다. 토성 앞면(博多쪽)에는 폭 60m, 깊이 4m의 해자가 있는데 물을 가득 채우면 24만㎡의 저수를 할 수 있다.

水城에는 해자에 저수를 하기 위해 토성 밑을 횡단하는 나무로 만든 木桶이 부설되어 있다. 이 목통의 길이는 79.5m에 달한다. 1990년도 조사에서 이 곳의 서쪽으로 700m 떨어진 지점에서 같은 양식의 유구가 발견되어 토성 아래에 복수의 목통이 부설되어 있었음도 확인되었다. 이에 대해 『일본서기』에서는 "큰 뚝방을 쌓고 물을 담게 하고 이를 이름하여 水城이라 불렀다."고 전하고 있어 실제 유구와 기록이 일치함을 알 수 있다. 동쪽 목통의 취수구 부근에서 '水城'이라고 쓴 墨書가 있는 토기도 출토되었고, 탄화된 목통도 발견되었다. 1996년도 水城 서쪽 土壘와 석축 조사에서도 7세기 후반의 토기가 출토되어 『日本書記』의 축성 기록을 뒷받침해주고 있다(九州歷史資料館 1996).

외곽성에 해당하는 水城에는 이 밖에도 '小水城'이 있다. 이것은 현재 大野城市에서 春日市에 걸쳐 있는 규모가 작은 토성으로 일명 天神山土壘・大土居土壘・上大利土壘가 있다고 하는데, 그 사이에도 2개소가 더 있는 것으로 알려져 있다. 이것들을 연결하면 외곽을 형성하는 羅城이 될 수 있다고 하는 의견을 제

---

1) 초석 문제는 뒤의 종합 고찰에서 재론하기로 하겠다.

시하고 있다. 그 규모는 동서 8km, 남북 8~10km정도가 된다고 하는데 가장 확인하기 어려운 유적은 동쪽 부분이라고 한다(九州歷史資料館 1988).

(라) 大野城(福岡敎育委員會 1976 : 1977 : 1979 : 1980 :
            1982 : 1983 : 1991)

大野城은 大宰府 정청 뒤 표고 410m의 四王寺山에 위치하고 있다. 북쪽으로 큰 골짜기를 둘러싸고 있는 능선을 따라서 둘레 5.2km의 토성이 축조되어 있다. 포곡식산성으로 분류되고 있는데, 대야성은 남쪽과 북쪽 두 곳에 테메형 산성을 축조하고 있다. 이 테메형 산성과 포곡식 산성의 선후관계에 대해서는 밝혀지지 않고 있는데, 외견상으로는 복합식산성이라고 분류할 수 있다. 지형이 남쪽은 높고 북쪽이 낮은 관계로 성내의 물은 모두 북쪽 골짜기로 흘러 내려가게 되어 있어, 水口도 이곳에 설치되어 있었을 것으로 추정된다. 남북으로 관통하고 있는 지금의 통로는 당시에도 간선도로로 사용되었을 것으로 판단되며, 남쪽에는 지금도 당시의 문지와 문초석이 남아 있다. 실제로 문지는 남쪽에 세곳 북쪽에 한곳 등 모두 4개소가 있는 것으로 확인되고 있다. 主門격인 남쪽 大宰府로 통하는 입구에 있는 문초석이 일부 노출되어 있었는데, 최근 발굴조사를 통해 문에 해당되는 부분의 구조와 형식이 밝혀졌다. 처음 노출되어 있던 문초석은 Ⅱ기의 것으로 판명되었는데, 초석유구의 門枋部에 섞어 넣은 돌 한점은 폐기된 Ⅰ기의 초석을 Ⅱ기에 단순한 판석 석재로 이용했다고 알려져 있다. 남쪽 大宰府 입구 성문은 처음 축성시 堀立柱式이었던 것을 후에 초석 건립식으로 바꾸었다. 전자를 Ⅰ기, 후자를

Ⅱ기로 구분하였다(成周鐸・車勇杰 1993). 그 폭은 5.4m 인데 사방이 누다락 형식의 성문으로 알려졌다.

堀立柱式門의 토광에 柱根이 남아 있어 이에 대한 나이테 연대측정 결과 648년의 년대가 추정되었다고 한다. 이 柱根은 나무껍질과 갓 부분을 제거한 것으로, 이를 고려하면 『일본서기』에 기록된 축성연대와 비슷하다(成周鐸・車勇杰 1993). Ⅰ기의 성문은 堀立円柱를 세우고, 門柱의 성문 지두리 구멍은 별도의 초석을 마련해서 구성하고 있다. Ⅱ기에 이르러사는 円形의 長柱에서 바깥쪽을 향해서 규모가 소형화 한 성문으로 만든 흔적에서 축수공이 변화하고 있음을 알 수 있다. 문지의 폭은 5.4m, 西方櫓門式의 성문으로 추정되고 있다. 堀立柱式門의 토광에 柱根이 남아 있어서 648년의 년륜 연대가 추정되고 있다. 樹皮와 辺村 부분이 결여된 것을 고려해 보면 『일본서기』에 기록된 축성 연대와 근접한다. 북쪽에는 '百間石垣'이라고 부르는 석축성벽이 남아 있는데, 그 길이는 180m에 기저부의 폭은 9m 높이는 8m이며, 남쪽에는 '大石垣'이라고 부르는 석축성벽이 남아 있다.

성내의 면적은 약 180ha이며, 이곳에서는 7개소 70여동의 초석군이 확인되고 있다. 건물들은 거의 3×4칸 내지 5칸으로 이루어졌는데, 이들은 모두 창고군으로 알려졌다. 이밖에도 3×9칸, 3×7칸의 관청으로 알려진 건물지도 있다.

1978년에 필자가 방문했을 당시 大野城에서 출토한 8엽연화문 수막새기와를 實見한 적이 있다. ⅓이상이 훼손되었으나 복원이 가능한데, 2점 모두 주연이 두꺼우며 2조의 선이 시문되어 있다. 蓮瓣은 짧은 편이며 반전이 심하고, 자방에는 1+6개의 연자가 있었다.

(마) 椽(基肄)城

　基肄城은 佐賀縣 三養基郡 基山町 표고 415.2m 의 基山에 축조한 산성이다. 성의 북문지는 大宰府 정전이 정면으로 바라다 보인다. 북쪽지형이 높고 남쪽지형이 낮은 지세이며, 남쪽 골짜기를 둘러싸고 있는 능선을 따라 길이 3,885m의 토성을 축조하였다. 토성 높이는 1.5m 기저부 폭은 2.5m 규모이며, 동서남북 사방에 문지가 남아 있다.

　이 산성의 지형이 중앙으로 골짜기를 둘러싸고 있기 때문에 골짜기의 물(筒川)은 정남쪽으로 흘러내리고 있다. 따라서 남문시설이 가장 엄중하게 되어 있다. 大野城의 ‘百間石垣’에 해당하는 남문 석축 성벽은 폭 26m, 중앙부 외측 높이 4m, 상단폭 3.3m에 달한다. 성벽 동단에 水口가 남아 있다. 수구의 구조는 마치 고분의 연도(羨道)처럼 생겼는데, 길이 9.5m 폭 1m 높이 1.4m이며, 바깥쪽을 향해 경사지게 되어 있다. 우리나라의 고대 성지에서 이와 같은 형식의 水門은 아직 발견된 바 없고, 조선시대에 축조한 南漢山城의 水口가 이와 비슷하다. 성안에는 40여동의 건물지와 초석들이 남아있는데, 3×5칸의 초석 건물이 주류를 이루고 있다. 이것은 大野城 건물지와 같은 성격을 가지고 있는 창고군인 것으로 판단되고 있다.

　초석은 동쪽 문지에 남아 있는 것이 가장 잘 알려져 있다. 이 초석은 장방형에 가까운 석재의 윗부분에 원형에 가까운 지두리 구멍이 있고, 초석 바깥쪽 구석에 원형의 堀立長柱를 세우는 활 모양의 홈을 남기고 있다. 문 軸受孔의 중앙 간격은 6.4척(약 1.9m)이므로 소형에 속한다고 할 수 있다. 基肄城 출토 수막새기와는 大野城 출토품보다 크고 소성도가 높은 것이 특징이다. 주연은 거의 파손되었고, 8엽연화문은 짧으나 끝의 반전이 심한 편이다. 子房도 큰 편이고 안에는 1+6개의 7顆 연자가 있다(基山町 敎育委員會 1977).

1970년도 이래 大宰府 유적내에서는 木簡이 많이 출토되고 있다. 중세 목간까지 합치면 총 268점이 출토되었는데, 그 가운데 '天平方年(734)'의 명문이 있는 목간이 출토되어 주목되고 있다(九州歷史資料館 1985).

(바) 大宰府 復元 計劃

九州 歷史資料館은 1968년도부터 大宰府 사적지에 대한 발굴 조사를 착수한 이래 2000년 현재까지 30여년 동안 조사를 전담해왔는데, 그 자료에 기초하여 대재부 복원을 목적으로 한 발굴조사 30주년 기념 특별전을 1998년 개최하고 그 복원 계획을 제시하였다.

이에 따르면 정청인 都府樓와 水城大堤, 基肄城 등의 복원을 계획하고 있는데, 이는 고대부터 현대에 이르기까지의 자료에 입각해 이루어질 것이라고 한다. 여기에 새로 등장한 술어가 '考古學에서 考現學으로, 考現學에서 考未學'이다. 고고학을 미래지향적으로 개척해 나간다고 하는데 감명받았다.

다음으로 大宰府 사적지 발굴 조사를 담당하고 있는 구주 역사자료관의 실태를 살펴보면,

㉠ 견학자의 추세는 1996년도 30,112명, 1997년도 30,823명, 1998년도 31,922명, 1999년도 24,596명으로 연평균 약 3만 명의 견학자들이 자료관을 찾고 있는데, 30주년 특별전이

개최되던 '98년도를 정점으로 '99년도에는 관람객이 격감
하였다.

ⓛ 발굴조사비는 1999년도에 2800만엔으로 한화 2억8천단원
을 투자하고 있다(九州歷史資料館 1999).

2) 百濟 泗沘都城

(가) 王宮址

도성에서 가장 중요한 곳은 권력의 중심부인 왕궁이라 할 수
있다. 백제 사비 도성에서도 이러한 왕궁지의 위치와 규모를 확
인하는데 조사의 초점이 맞추어져 왔다.

지금 부여의 부소산성이 축조되어 있는 부소산을 배경으로 하
여 외곽성이라고 할 수 있는 나성이 부여의 동북쪽과 동쪽을 감
싸고 있으며 서쪽과 남쪽은 자연 해자와 같은 백마강에 의해 둘
러싸여 있다(忠南大學校 百濟硏究所 2000c). 이러한 지리적 조건
으로 미루어 보아 부소산성 남문지 바로 밖에 위치하고 있는 국
립부여문화재연구소 부근이 백제 사비 도성의 왕궁이 위치하고
있을만한 지점이라고 쉽게 짐작된다.

연구소 앞의 광장을 중심으로 '82년도 이후 '90년까지 수차례
에 걸쳐 조사한 결과 1.2m 깊이의 方形石築 연못이 발견되었고,
그곳에서 많은 백제시대 유물이 출토되었다. 또 질서정연한
남·북대로의 도로망이 확인되었는가 하면, 백제시대 우물터와
축대 그리고 북쪽 한계선이 밝혀졌다. 왕궁지 자체는 아직 밝혀
지지 않고 있지만 발굴조사된 지점의 부근일 것이라는 확신은
얻게 되었다. 현재 부여문화재연구소 자리는 조선 시대 縣의 治

所이기도 하였다.

다음으로 도성내의 條坊制 문제에 대해서 알아보자. 『周書』 百濟傳에 의하면 백제 도성에는 '上部', '前部', '中部', '下部', '後部'의 5방제도가 있었다고 하며, 『隋書』 百濟傳에도 畿內에 '5部'가 있고 部에는 '巷'이 있어 사람들이 살고 있었다고 전한다. 이 문헌 자료를 뒷받침하는 것으로 명문 와편과 함께 宮南池에서 部名이 있는 목간이 출토된 바 있다. 다만 필자는 條坊制가 일부 실시되었다 하더라도 대체로 자연부락 단위로 통치했을 가능성이 크다고 본다. 그 이유로는 도성 내의 중앙에 금성산이 크게 자리잡고 있기 때문에 지리적인 조건으로 보아 도성 전체를 대상으로 한 조방제 실시는 어려웠을 것으로 판단하는 것이다. 목간에 대해서는 종합 고찰에서 재론하기로 하겠다.

(나) 羅城

사비도성의 외곽성을 나성이라 부르고 있다. 이에 대해 지금까지 북·동·남·나성이 모두 있었고 그 둘레를 8km 정도로 보는 것이 일반적 견해였다. 그러나 최근 서나성과 남나성에 대한 일련의 발굴 및 지표조사 결과 이들 나성이 축조되었을 가능성은 매우 희박한 것으로 밝혀져(忠南大學校 百濟研究所 2000a: 2000b: 2000c), 이 견해는 수정되어야 할 것으로 생각된다.

능선과 저지대를 이어가며 축조되어 있는 동나성과 북나성은 부소산성 동문지 부근에서 시작하여 청산성과 석목리, 동문지, 필서봉을 지나 남쪽으로 백마강변의 성말리까지 이어져 있어, 평면이 半月形과 흡사한 편이다. 그 길이는 북나성이 0.9㎞ 동나성이 5.4㎞로서, 사비 나성의 총 길이는 6.3km로 파악된다(그림 2).

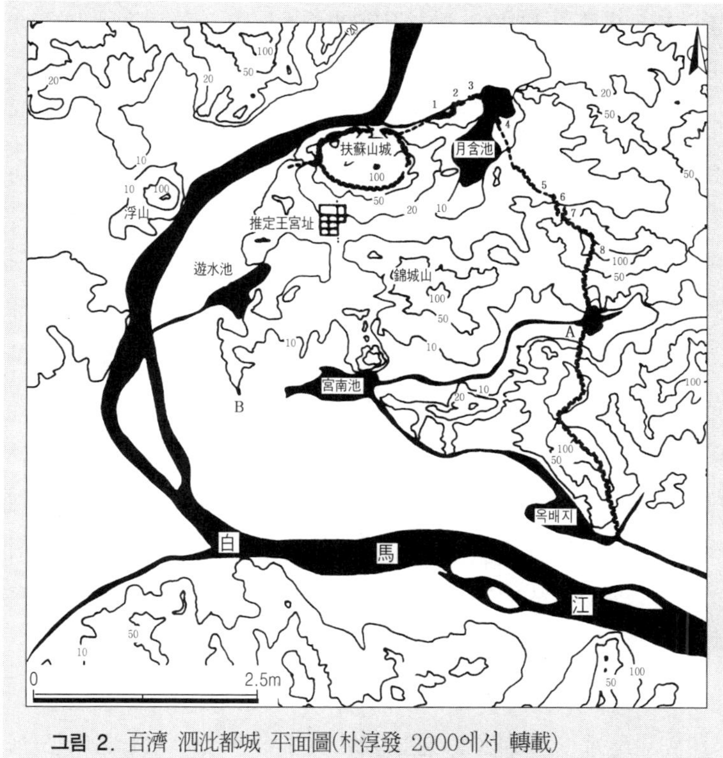

그림 2. 百濟 泗沘都城 平面圖(朴淳發 2000에서 轉載)

　　나성 축조 방법은 동나성과 북나성의 여러 지점에 대한 조사를 통해 저지대와 능선 통과 구간 사이에 축조기법상 약간의 차이는 있지만, 공통적으로 성벽 본체는 성토다짐이나 판축을 하고 그 외부는 성벽 전체의 ⅓∼½정도 높이(약 2∼3m)까지 석축함으로써 성벽의 견고성과 방어력을 높이는 방법을 사용하였음이 밝혀졌다(忠南大學校 百濟研究所 2000d).

　　특히 동문지 남쪽 구간의 조사를 통해 저지대 축성에 적용된 몇 가지 새로운 방법이 밝혀졌다(忠南大學校 百濟研究所 2000a), 이를 보면 먼저 성벽 폭이 20m가량 되게 기반부를 조성한 다음 가는 나무가지를 얇게 한 벌 깐 후 泥土를 쌓아 올리는 방법을 계속하는 枝葉敷設 壓密浸下排水工法를 채택하여 축조하였으며, 이는 大宰府 水城의 敷粗朶(しきそだ)라 부르는 공법과 유사하다. 또 성벽 兩端에는 성벽선을 따라 성벽 가장자리 안팎에 직경 5~10cm의 말뚝을 50~100cm 간격으로 박음으로써 이를 통해 기반토층이 함유한 다량의 수분을 성벽 성토층으로 침투되게 하여 기초 지반의 안정과 함께 성토층의 견고성을 유지하는 이른바 '무리말뚝 공법'이 사용되었데, 이는 현대의 Sand drain 혹은 Paper drain 공법과 동일한 것으로 이해되고 있다. 그밖에 이곳에서는 왕포천과 동나성 성벽이 교차하는 부분의 하수 처리를 위한 일종의 垓子 시설과 함께, 성벽 내부에서 지엽을 부설한 통로 유구도 확인되었다.

한편 능산리고분군과 동나성 사이에 있는 陵寺에 대한 조사에서 '93년도에 '金銅龍鳳蓬萊山香爐'가 수습된 바 있고, '95년도에는 "百濟昌王 十三年太歲在丁亥妹公主供養舍利"龕이 수습되었다. 이 昌王 13년은 威德王 14년으로 A.D.567년에 해당하는데, 나성이 이보다 앞선 시기에 축조되었던 것을 시사해 주는 자료로 파악되고 있다(朴淳發 2000).

(다) 扶蘇山城

부소산성은 표고 106m의 부소산에 위치하고 있다. 지세는 남쪽이 높고 북쪽이 낮으며, 총 둘레는 약 2.5km이다. 동쪽 군창지와 서쪽 사비루를 중심으로 축조된 테메형산성이 있으며, 그 외곽에는 포곡식 산성이 둘러져 있다. 초기 조사시에는 테메형산성이 축조되고 포곡식 산성이 후에 축조된 복합식산성으로 파악되었으나, 최근 조사결과 포곡식산성이 먼저 축조되고 테메형산성은 나중에 축조되었음이 밝혀졌다. 동문지 부근의 조사에서 '大通(527~28)'印刻銘瓦가 출토되어 백제가 사비로 천도하기 이전에 포곡식산성이 축조되었을 가능성이 높아졌으며, 무엇보다도 군창지가 있는 테메형산성이 통일신라시대에 축성되었던 것으로 발굴조사 결과 확인되었다. 또 이 테메형산성은 중앙에 있는 196m 길이의 토벽에 의해 동·서 2구로 분리되어 있는데, 이는 조선시대에 축조된 것으로 판명되었다. 또 성 중앙에 위치하고 있는 지점에서는 4개동의 창고지가 발굴조사 되었다. 서쪽 경치 좋은 지점에는 사비루가 있는데, 북쪽으로는 금강이 성을 감싸 흐르고 있어 부소산성은 사비도성을 수호하기 위한 군사목적 외에 왕실의 비원 역할도 했을 가능성이 높다고 판단된다(성주탁 2000).

(라) 靑馬山城

청마산성은 부여읍 능산리 月明山에 위치하고 있다. 동라성과 인접해 있는 백제시대 최대의 석축산성이다. 둘레는 6.5km, 서쪽 성벽의 일부는 높이 4~5m, 폭 4m 정도이다. 성안에도 하자의 시설이 있었던 것으로 확인되고 있고, 성벽은 기초부분에 가까워질수록 잡석을 많이 넣고 축조하고 있다. 지형이 서쪽만 낮기 때문에 성내에서 모아진 물을 이곳으로 방출할 수 있는 수구시설이 있었을 것으로 짐작되며, 성문도 이 곳에 부설되어 있었을 것으로 추정되나 지표에서 그 시설은 보이지 않는다. 백제 사비도

성과 밀접한 관계가 있는 산성으로 추정되고 있으나 아직까지
발굴조사는 실시되지 않았다.

3. 鞠智城

1) 位置와 規模

鞠智城은 일본 熊本縣 鹿本郡 菊鹿町에 있는 米原 대지에 위
치하고 있다(그림 3 참조). 성이 위치한 米原 대지는 그 자체가
독립적 지형일 뿐 만 아니라 남쪽을 제외한 세방향은 북쪽에서
남쪽으로 주행하는 八方山岳山系의 지맥으로 둘러싸여 있어 완
벽한 방어 지형의 중심부에 위치하고 있다.

迫間川과 木野川 사이에 있는 이 대지는 표고 168m에서 100m
의 대지를 형성하고 있다. 언덕아래에 해당하는 남쪽을 제외하면
넓은 高臺라고 할 수 있다. 이에 대해서는 米原 臺地의 상면을
중심으로 한 토성과 斷崖, 그리고 세개의 성문으로 조성되어 있
는 ‘內城’을 원형의 성지로 판단하고 있는 狹域說과, 여기에 서쪽
‘大門’口와 남쪽 屛風岩으로 연결되는 선, 그리고 米原台地를 둘
러싸고 있는 泊地와 深谷을 덧붙인 넓은 지역으로서의 ‘外城’을
염두에 둔 廣域說이 있다(熊本敎育委員會 1991)

ㄱ 狹域說 : 내성 최대폭(동·서) 866m, 최장(남·북) 982m,
　　총 둘레 3.7km, 면적 51.1ha.
ㄴ 廣域說 : 외곽 최대폭(동·서) 1.55km, 최장(남·북) 1.13km,
　　총 둘레 5.82km, 면적 70.4ha.

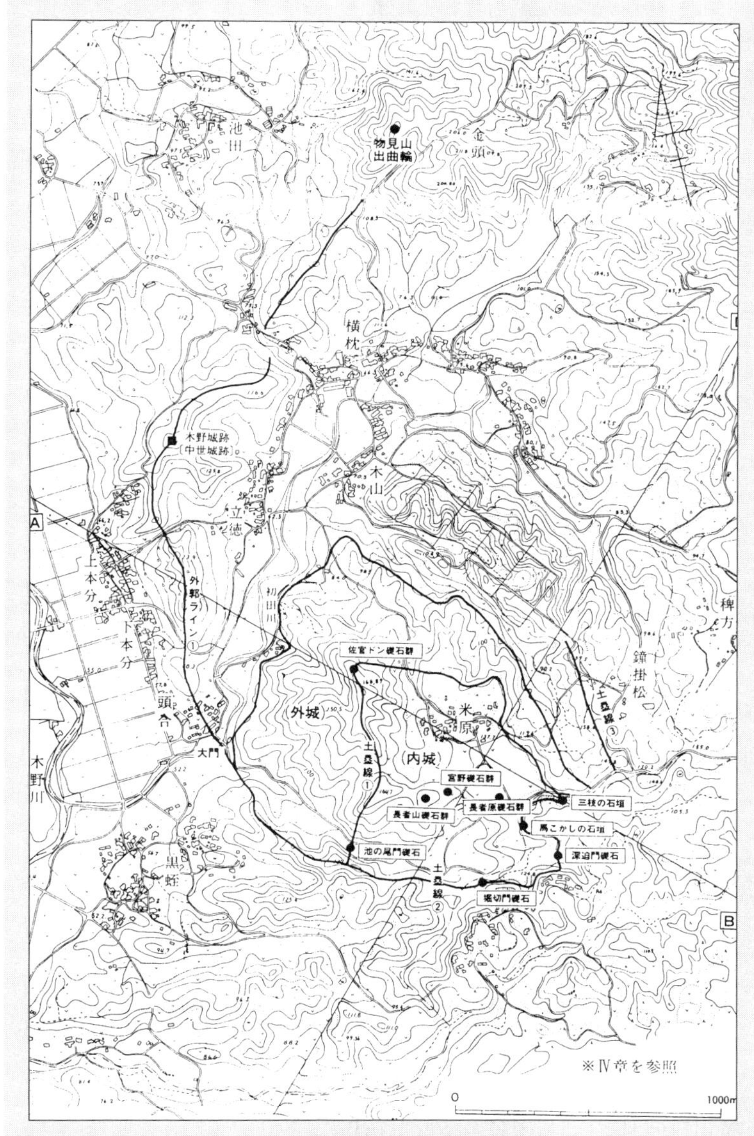

그림 3. 鞠智城 周邊 地形圖(熊本敎育委員會 1991에서 轉載)

2) 鞠智城의 文獻 資料와 地名

鞠智城에 대한 역사적 기록이 처음 나오는 것은 『續日本紀』文武天皇 2년(698) 5월 25일의 기록이다. 그 내용은 大宰府에 명령해 大野·基肄·鞠智 3성에 대한 '繕治' 즉, 보수를 실시하였다는 기록이다. 앞서 大宰府 都城 축조의 역사적 배경에서 살펴본 것과 같이 백제에서 달솔 벼슬을 하던 憶禮福留와 四比福夫가 筑紫國에 大野城·基肄城·水城 등을 축조했다고 전하는데, 여기에 鞠智城에 관련된 기록은 없다. 그런데 축성한지 34년만에 鞠智城에 관한 보수 기록이 大野城·基肄城과 함께 나타나고 있는 것으로 보아, 鞠智城이 이들과 함께 축조되었을 가능성을 시사해 주고 있다. 鞠智城을 보수했다고 하는 것은 이미 이 성이 축성된 후 보수할 시기까지 이르렀음을 시사해 주기 때문이다. 이 기록에 근거하여 이곳에서 출토되는 유물들도 분석되어 왔다. 먼저 이곳에 남아 있는 백제에 관련된 지명을 살펴보기로 하자.

平安初期에 편찬된 『倭名類聚鈔』에 의하면 '肥後菊池'는 본래 '久久知'라고 불리웠다고 한다. 그러므로 상고시대 말까지는 '鞠智'를 일명 '久久知'라고 불렀다. 그 후 奈良時代에 이르러 두 글자로 줄여 좋은 이름을 짓는다는 원칙에서 '鞠智'라고 부르게 되었다. 이에 의해 '久久地'→'鞠智'→'菊池'로의 변천과정을 이해할 수 있다. 그런데 이 세가지 이름은 우리말로 다 같이 'Kukji'라고 부른다. 우리말의 'Kukji'는 한자로 '國家의 土地'를 의미하는 '國地'에서 나온 것임을 쉽게 짐작할 수 있다. 지금 '熊本縣'의 원명은 '肥後菊池'인데 이는 '久久知'에서 유래된 것이므로, 그 어원은 우리말에서 유래되었음을 알 수 있다.

한국 도성의 경우 지명과 도성은 깊은 관계를 가지고 있다.

夢村土城의 ‘夢’자는 한국말로 ‘kum(꿈)’이다. 王宮의 ‘宮’자도 ‘kung’으로 읽으므로 ‘궁마을’(궁촌)이 ‘꿈마을’로 변천되어, 이것을 표기화 할 때 꿈마을 즉, ‘夢村’이라고 한자화 되었을 가능성이 있다. 熊津城의 ‘熊津’은 ‘곰나루’로, ‘곰’이란 ‘가무’, ‘가미’, ‘간’, ‘한’ 즉, 신성하고 크다고 하는 뜻을 가지고 있는 순수한 우리말이 漢字化해서 ‘熊津’이 된 것이다. 한편 지금의 부여는 백제시대에는 ‘泗沘城’이라고 불리웠다. 『삼국사기』에 의하면 ‘사비’를 일명 ‘所夫里’라 불렀다고 한다. ‘부리’는 ‘Buri’라고 발음하고 그 유래는 우리말의 ‘Bur’에서 왔으며, 그 의미는 ‘벌’ 즉, ‘들판’의 뜻을 가지고 있는 ‘原’자로 漢字化하게 된 것이다.

다음으로 鞠智城 내에 있는 지명을 보면, 성내에 ‘宮野’, ‘長者原’, ‘長者山’, ‘長者井戶’, ‘米原’, ‘上原’, ‘東原’, ‘北原’의 지명이 전해지고 있으며 그 푯말도 ’78년도까지 있었다. 이 중 ‘宮野・長者原・長者井戶’ 등은 지배자와 관련되는 지명으로 생각된다. 특히 鞠智城의 ‘米原’은 백제의 ‘부리(Buri, Bur)’에서 유래하였고, ‘上原・東原・北原’등은 백제 五方制度의 명칭에서 유래된 것이 아닌가 싶다. 鞠智城 아래에는 鞠智川이 흐르고 있고, 남남서쪽에 인접해 있는 熊本에는 ‘白川’이 흐르고 있다. 백제 泗沘都城에도 ‘白江’이 흐르고 있어 양쪽 지명에 동일한 점이 많음을 알 수 있다. 이것은 백제 사비시대에 지금 熊本의 원명인 ‘久久知’ 지방과 많은 문화적 교류가 있었음을 시사해 주는 자료들이라고 볼 수 있다(成周鐸 1988)

3) 鞠智城 發掘 調査와 建物址

鞠智城의 정밀조사가 이루어진 것은 1967년부터이며, 지금까지 33년간에 걸쳐 조사와 정리 및 복원이 연차적으로 진행되고 있다. 필자가 처음 鞠智城을 참관한 것은 1978년도의 이른 봄이다. 그때까지 4차 조사가 이루어졌지만 지표조사 단계에 머물러 있어 현지는 보리밭으로 뒤덮여 있었다. 1984년에 MBC에서 기획 프로로 '일본속의 백제문화'를 촬영코자 필자를 초청하여 두 번째로 참관을 하게 되었다. 그때는 1980년도까지 7차에 걸친 발굴 조사를 마치고 '鞠智城蹟'(1983)을 출간한 때였다. 이때 鞠智城에 대한 정보를 많이 얻게 되었다.

필자가 鞠智城에서 가장 중요한 지점으로 주목하고 있는 지역은 이 산성의 중심부에 위치하고 있는 長者原지구와 宮野지구, 그리고 上原지구와 米原지구이다. 이 지역에서는 1963년부터 1999년까지 21차에 걸쳐 총 67동의 건물지가 발굴되었다. 그런데 이 지역은 농토 개간으로 초석군들이 원 위치에서 많이 이동되고 교란되어 있다고 하며(菊鹿町敎育委員會 1981; 熊本敎育委員會 1983; 熊本敎育委員會 1991), 아직도 米原지역과 저수지 유적은 미조사 지역으로 남아 있다. 이제까지 밝혀진 중요 건물지의 규모와 특성을 보면 다음과 같다(熊本縣敎育委員會 1999).

- •1호 건물지 : 3×5칸의 堀立柱建物.
- •2호 건물지 : 1×3칸으로 성내에서 가장 작은 건물.
- •5호 건물지 : 3×4칸의 띠집으로 지붕을 하였고 무기고로 추정됨.
- •11·12호 건물지 : 5×6칸으로, 이 두 건물은 寢殿類의 대형·초석 건물로서 건물 주위에는 회랑의 기둥자리가 남아 있고 봉황 무늬를 새긴 풍경 한쌍도 출토되었다.

이와 같은 건물은 平城宮址에서도 확인된 바 있다.

·16호 건물지 : 10×3칸에 兵舍로 추정됨. 長者原과 上原 중간지점에 위치하고 있다(복원됨).

·20호 건물지 : 3×4칸 초석건물지. 米倉으로 추정되며 '97년에 복원됨.

·24호 건물지 : 1×4칸에 창고로 추정.

·28호 건물지 : 2×9칸에 창고로 추정.

·32호 건물지 : 8각형 건물지로 上原지역에 있음. 이러한 8각형 건물은 남쪽과 북쪽 2개소에 있다(그림 4).

·宮野礎石 건물지 : 9×3칸의 대형 건물임.

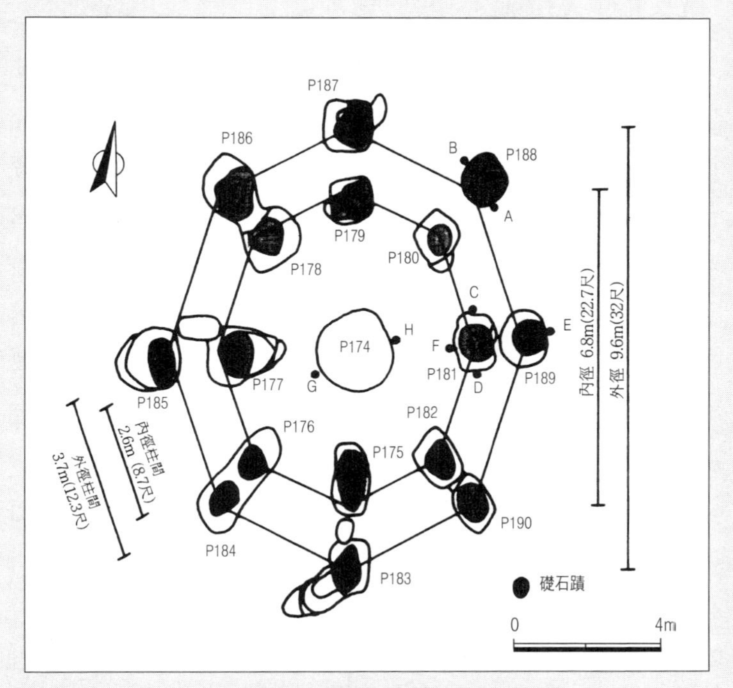

그림 4. 鞠智城 8角建物址 平面圖

4) 出土遺物

① 炭火米

쌀이 불에 탄 것을 '炭火米'라고 한다. 鞠智城내의 炭火米는 米倉으로 알려진 20호 건물지 주변에서 다량으로 출토되고 있으며, 長者山 주변에서도 출토된다. 두 지점 모두가 성내 주요지점에 위치하고 있다. 長者山에서 출토된 炭火米에 대한 C^{14}연대측정 결과 A.D.650±20년 정도의 연대치가 나와, 鞠智城의 초축시기와 관련된 연대를 제시해 주고 있다.

② 토기

토기와 그 제작법도 한반도에서 일본으로 전해졌음은 두말할 나위 없다. 일본에서는 고분시대의 토기를 須惠器와 土師器의 두 종류로 구분하고 있다. 전자는 물레를 사용해 찰흙으로 그릇 모양을 만든 후, 섭씨 1300℃ 내외의 고열 가마에 넣어 구어 내 재색(灰色)을 띈 경질 토기이다. 일본에서는 5~12세기의 고분에서 다량으로 출토된다. 후자의 土師器는 우리말로는 적갈색 연질토기라고 하는데, 800℃ 내외의 저온에서 산화염상태로 구운 토기로서 3~7세기의 고분시대에 보다 많이 만들어진 것으로 일본학계에서는 판단하고 있다. 토기의 종류는 高杯, 大甕, 陶硯, 平瓶, 甑 등으로 다양하다.

鞠智城내에서도 이러한 須惠器와 土師器가 다량 출토되고 있다(熊本縣敎育委員會 1991). 그중 須惠器는 伽倻系의 영향을 더 많이 받은 것으로 일본 학계는 보고 있는데, 특히 鞠智城에서 출토된 須惠器 두점(熊本縣敎育委員會 1999, 11)도 그러한 것일 가능성이 있다.

③ 기와

건물지 발굴에서 가장 많이 수습되는 유물은 기와이다. 우리나라에서 기와는 삼국시대 이래 궁궐, 관아, 사찰, 산성이나 관련 건물지에서 가장 많이 출토되고 있다(崔孟植 1999). 일본에서도 예외는 아니며, 鞠智城에서도 다량으로 출토되고 있다(熊本縣敎育委員會 1983 : 1991 : 1992 : 1999).

'鞠智城' 소개 책자에는 여기에서 출토된 대표적인 기와로 수막새 1점과 암·수키와 각 1점씩이 나와 있다(熊本敎育委員會 1999, 10). 일본에서는 수막새기와를 軒丸瓦라고 부르며, 암막새기와는 平瓦, 수막새기와는 丸瓦라고 부르고 있다. 이번에 島津義昭씨의 호의로 이 수막새기

그림 5. 鞠智城 出土 수막새기와

와를 實見할 수 있었는데(그림 5), 이는 주연이 결실되었지만 윤곽이 뚜렷하였다. 8엽연화문에 자방에는 1+6顆의 蓮子가 있고, 蓮瓣은 강하게 반전되어 있으며, 연판마다 중앙에는 도톰한 능선이 있다. 동행한 徐五善 관장은 7세기 중엽의 것으로 판단된다는 의견을 제시하였다.

④ 木簡

木簡은 국지성내 연못자리 퇴적층 최하위의 점토층에서 2점이 출토되었다.

1호 목간은 13.4×2.6×0.5cm의 크기에 "秦人忍米?五斗"라고 먹글씨로 씌여져 있는데, 윗 부분이 좌우로 약간 패여져 있어 물품에 부착하여 표시하는데 사용했던 荷札로 판단되고 있다. 2호 목간은 1호 목간에서 약 30cm 떨어진 점토층에서 출토된 것으로, 크기는 18.2×2.4~2.7×0.1~0.4cm이나 글자는 판독할 수 없었다.

이 중 1호 목간에 씌여진 '秦人('하다'로 발음)'에 유의해 볼 필요가 있다. 秦人과 漢人은 다 같이 『日本書紀』 欽明天皇 元年 三日條에 나오는데, 일본 학계에서는 이 秦人을 신라계 사람으로 漢人을 백제계 사람으로 분류하고 있다.

⑤ 초석

필자가 1978년에 방문했을 때 長者原 遺蹟地 팻말 앞에 지두리구멍이 있는 초석 하나가 있었다. 이번에 가 보니 발굴과 정비로 낯익은 초석은 옮겨져 찾아볼 수 없었다. 국지성 안에는 전면 9칸, 측면 4칸의 宮野礎石建物址가 있었다고 보고되어 있는데, 지명과 격이 맞는 건물지라고 생각된다.

성내에는 池の尾礎石, 深迫門礎石, 堀切門礎石, 木野神社門礎石 등 네 개의 초석이 있는 것으로 알려져 있다. 모두 그 원형의 지두리구멍을 하나씩 파고 있다. 접합이 가능한 堀切門礎石과 木野神社門礎石은 양단부에 圓形의 長柱를 연접하는 것으로 보여진다. 이 지두리구멍은 상단 지름 16cm, 밑의 지름10cm, 깊이 15cm이고 그 내면에는 녹슨 쇠붙이 자국이 남아있다.

池の尾城門 지두리구멍은 지름 17cm, 깊이 14cm인데 안쪽은 회전으로 인한 마멸 흔적이 있고, 여기에도 녹슨 쇠붙이 자국이 남아 있다. 深迫門礎石은 內開形으로 추정되고 지두리 구멍은 지

름 18～20㎝, 깊이 14㎝이다.

5) 鞠智城 復元 計劃과 工事

鞠智城은 1967년도부터 금년도까지 22차례에 걸친 조사에서 67동의 건물터가 조사된 바 있는데, 이 가운데 주목되는 건물지의 조사·복원과 관련된 내용을 소개하고자 한다.

① 8각형 건물지의 복원

上原 서편에 위치하고 있는 32·33호 건물지는 30·31호 건물지와 함께 아마도 화재로 인한 소실로 재건축한 것이 아닌가 조사자는 판단하고 있다(熊本縣敎育委員會 1992).

鼓樓를 포함한 팔각형 3층 복원건물의 높이는 16m이며, 암기와 8,000장 수기와 8,000장 수막새기와 4,000장을 사용했는데, 총중량은 114톤에 달한다고 한다. 이와 같은 무거운 중량을 지탱할 수 있는 것은 중심 기둥을 비롯해 3중으로 돌려진 側柱와 閒柱 때문이라고 설명하고 있다. 1층에 48개, 2·3층에 16개씩 도합 80개의 기둥이 그 하중을 지탱하고 있다. 우아한 3층 건물은 북을 안치했던 건물 즉, 鼓樓로 판단하고 있다. 1999년 8월 복원된 이 건물은 그해의 큰 태풍에도 기와 한장 떨어지지 않았으며 미동도 하지 않았다고 관계자는 설명하고 있다. 이곳에 사용된 중심 기둥은 菊池國有林에서 벌채한 樹齡 180년의 노송나무라고 한다. 이 건물 복원은 1999년 8월 30일에 완성되었고, 총 공사비는 492,450,000円이 소요되었다고 한다(熊本敎育委員會 1999).

② 16호 건물지의 복원

16호 건물지는 上原과 長者原 중간쯤에 위치하고 있다. 정면

10칸 측면 3칸의 이 건물은 兵舍로 추정되고 있다. 판자로 만든 지붕과 괴여 올리는 형식의 창문이 특징이며, 토벽으로 만들었다. 이 건물내 동쪽 절반은 병사 내부의 생활 양식을 재현하였고, 서쪽 절반의 공간은 이곳에서 출토된 기와와 토기를 전시하고 있다. 이 복원 공사는 1998년 12월 14일 완성되었으며, 총 공사비는 66,885,000円이 소요되었다고 한다(熊本敎育委員會 1999).

③ 20호 건물지의 복원

20호 건물지는 32호 건물지와 16호 건물지의 중간쯤에 위치하고 있다. 高床式, 校倉 구조의 특징을 가진 건물지이다. 지붕은 복원한 기와를 복원해서 사용하였다. 校倉 구조의 특징으로 되어 있는 校木(あぜま)는 단면의 형태가 옆으로 향해서 三角形을 하고 있는 것이 특징이다. 삼각형의 접점에 건물 전체의 중량이 실려져 있다.

이 건물은 구조로 보아 米倉으로 판단되고 있는데, 건물 안에 들어서면 여름에도 서늘해서 오싹할 정도라고 한다. 高床式이므로 통풍이 잘 되고 天井이 높아 많은 식량을 저장할 수 있고, 약 1,200포대의 미곡을 저장할 수 있다고 한다. 재목은 수령 100〜140년생의 삼목(杉)을 사용했으며 1998년 3월 10일 완성하였다. 총 공사비는 53,372,000円이 소요되었다고 한다(熊本敎育委員會 1999 : 2000b).

④ 宮野礎石 建物

전면 9칸, 측면 3칸의 이 건물지 초석은 성내에서 유일하게 당시의 것을 공개한 유적이다. 초석은 약품으로 보존 처리되어 있다.

이 밖에도 조사에서 확인된 건물지는 두께 1m 가깝게 성토해서 보존하고 있다. 초석 건물지 위에는 같은 종류의 돌을 깔고 擬木으로 堀立柱建物임을 표시하고 있다(熊本縣教育委員會 1999). 2000년 현재까지 이 성에 투자한 액수는 총 2,387,687,000円에 달한다고 한다.

⑤ 견학자의 추세

1996년도 1,890명, 1997년도 4,872명, 1998년도 9,164명, 1999년 41,846명으로서, 본격적인 복원공사가 이루어진 이후 견학자 수는 4년전보다 액 22배의 증가 추세를 보이고 있어 시사하는 바가 크다.

⑥ 금후의 계획

熊本縣 教育委員會에서는 역사공원의 완성을 목표로 복원정비를 계획적으로 추진하여 학교와 사회교육의 도장으로서 지역발전의 핵으로 삼을 예정이라고 하며, 복원건물 계획을 감안하면서 '국가 특별사적'으로 지정 신청할 계획이라고 한다(熊本縣教育委員會 2000).

담당관인 島津義昭씨에 의하면 향후 수십 년간에 걸쳐 발굴조사한 후 정비까지 할 예정이라고 하며, 본격적인 조사는 貯水池 발굴부터 시작할 예정이라고 한다. 모뉴멘트광장에 세운 '鞠智城溫故創生之碑'는 조사와 정비·보존과 개발을 의미하는 것으로, 과거에 뿌리를 두면서 미래지향적인 뜻을 함축하고 있다고 추리할 수 있다. 碑面에는 역사적 기록이 담겨 있는 화면을 담고 있다. 그 위에 있는 6명의 조각상도 제각기 의미를 부여하고 있다는 안내자의 설명이다.

4. 綜合考察

  백제인에 의해 축성되었다고 전하는 일본 구주지방에 있는 大宰府 都城과 鞠智城에 대해서 살펴보았다. 이 두 성 가운데 특히 大宰府 都城은 그 모체가 되는 百濟 泗沘都城과 어떠한 유사점과 상이점이 있는지와 출토 유물에 있어서의 相異·相似點도 아울러 살펴보고, 보존과 개발문제에 대해서도 일고해 보고자 한다.

  ① 大宰府都城과 百濟 泗沘都城의 평면구조를 비교해 보자. 왕궁에 해당하는 大宰府都城의 위치는 大宰府 성곽의 중앙 북단과 大野城 남쪽 산자락과 마주 닿는 위치에 있다. 이것은 부여 부소산 남쪽 산자락과 현재 부여문화재연구소가 위치하고 있는 지역 즉, 羅城 거의 중앙 북단에 왕궁지가 있었으리라고 하는 위치와 비슷하다. 大宰府 성곽에는 水城大堤, 上利土壘, 小水城등 나성에 해당하는 토성이 인정되어 大宰府 羅城說을 주장하는 단계까지 이르고 있다. 水城大堤만으로도 부여 나성의 역할은 충분하다고 생각된다. 여기에 大宰府政廳 배후에는 大野城이 있고, 남쪽에는 羅城격인 토성과 연결해서 椽(基肄)城이 위치하고 있다. 사비도성이 있는 부여에는 우측에 천혜의 백마강이 좌측에 나성이 있으며, 배후에는 부소산성이 그리고 東羅城 밖에는 靑馬山城이 배치되고 있다. 양자는 크고 작은 차이가 있지만 기본적으로 같은 구조를 하고 있다. 부여의 靑馬山城이 동쪽에 위치하

고 있는데 반해 大宰府에는 같은 성격의 椽(基肄)城이 남쪽에 위치하고 있으며, 城 규모의 大小와 高低에 차이가 있을 따름이다.

한편 日本에 있는 백제계산성인 大野城은 표고 410m, 基肄城은 표고 412.2m, 金田城이 표고 275m, 鬼ノ城이 표고 400m, 高安城이 표고 438~488m로 모두 200~400m의 高山에 위치하고 있는데, 유독 鞠智城만은 북쪽 최고 높은 지점이 표고 161m 일 뿐 나머지는 표고 100m 정도의 대지에 위치하고 있는 특징을 가지고 있다. 필자는 이 점에 초점을 맞추어 日本에 있는 백제산성 가운데 그 類를 달리하고 있는 城址라고 판단하였다. 이런 점에 있어서는 백제 泗沘都城의 배후에 있는 부소산성과 백제 웅진시대의 도성이었던 지금 공주의 배후에 있는 公山城과 유사점이 있다고 판단하였다. 두 성이 위치하고 있는 산의 표고는 다 같이 100m내의 구릉이라고 하는 공통점을 가지고 있다.

② 大宰府都城 안에 초창기부터 條坊制가 실시되었을 가능성을 건축유적으로 미루어 추정하고 있는 의견이 있다(鏡山猛 1968). 그러나 현재 확인된 조방제는 奈良・平安시대까지 하강하고 있음을 지적하고 있다. 백제 사비도성은 일부를 제외하고는 자연부락 단위로 五方制度가 실시되었으리라고 하는 것이 필자의 견해이다. 현재로서는 양쪽 모두 단정하기 어려운 단계이다.

그런데 鞠智城內에서는 上原, 東原, 北原, 長者原 등 五方制度에서 나오는 지명과 함께 통치자와 관련이 있는 長者原, 長者井戶, 宮野 등의 지명이 남아 있어 필자의 관심을 불러일으키고 있어 역시 앞으로의 과제로 제시 해 둔다.

③ 최근 羅城 단면조사에서 얻어진 자료를 가지고 양국 성벽 축조의 유사점을 찾아보겠다.

부여 나성은 최근 실시된 정밀지표조사에서 西·南羅城은 축조되지 않았고, 길이는 북나성이 0.9㎞, 동나성이 5.4㎞에 총 6.7㎞인 것으로 확인되었다. 축조 방법을 보면 저지대와 능선 통과 구간 사이에 성벽 본체는 土築하고 외부를 石築한 점에서는 동일하나 세부적인 기법에서는 차이가 있다. 青山城 동남쪽에 잔존한 저지대구간의 기저부 폭은 약 30m 높이는 약 10m 정도에 아래쪽은 泥質土로 위의 성벽은 사질토와 점질토로 성토를 하고 있다. 특히 동문지 남쪽 저지대구간 조사에서 연약지반을 보강하기 위한 壓密侵下排水工法의 사용과 垓子시설이 확인되었다. 능선 통과 구간에서는 축조 기획에 따라 지형을 정지한 후, 사질과 점질토로 성토와 판축기법을 혼용하면서 성벽 본체를 만들고 외면에는 석축을 하였다.

大宰府 都城의 羅城 격인 水城의 규모는 밑바닥 폭 80m, 높이 13m에 토성의 정상 폭 약 4m이며 木樋을 양쪽으로 부설하고 있고, 저수 목적의 垓子(濠)가 있으며 성문도 2개소가 부설되어 있다. 그리고 '水城' 제 24차 발굴조사에서 敷粗朶(しきそだ)의 공법이 확인되어 연약지반의 보강공법으로 판단하고 있다(九州歷史資料館 1994).

두 성이 모두 저수 목적으로 조성한 垓子(濠)를 보유하고 있고, 敷粗朶 즉, 壓密侵下排水工法을 시공하고 있는 공통점이 있다. '水城'의 木樋 부설은 부여 나성에서 아직 발견된 바 없어 日本 '水城 공법이 한 단계 발전한 감이 있다.

鞠智城의 토성은 조사 보고가 없어 비교할 수 없다.

④ 출토 유물 가운데 탄화미는 大野城과 부여 扶蘇山城 건물지 조사에서 모두 출토되어 유사한 점을 시사해 주고 있다. 부여 부소산성의 건물지도 창고지로 확인되어 역시 공통점이 있다. 鞠智城 탄화미를 C^{14} 연대측정한 결과 A.D. 650년경으로 측정되었고, 오차는 20년 정도라고 한다. 이 성의 축성년대와 관련이 있는 자료이다.

⑤ 다음으로 土器에 대해 고찰해 보고자 한다. 大野城이나 鞠智城에서는 다같이 軟質土器와 硬質土器가 출토되고 있다. 연질토기를 日語로는 하지끼(土師器)라 부르고 경질토기를 스에끼(須惠器)라 부르고 있다. 하지끼는 3세기 후반~7세기 전반의 古墳時代 토기이고, 스에끼는 5세기 초~平安時代까지 출토되고 있다. 특히 스에끼는 초기에 伽倻系와 영산강유역 토기의 영향을 받아 제작되었고 후대에 이르러 백제의 영향을 받은 것으로 알려져 있다. 大野城과 鞠智城에서는 伽倻系의 스에끼가 동반 출토되고 있는데 유의해야 할 것이다.

⑥ 다음은 기와에 대해서 살펴보기로 한다.
한국 학계에서 기와의 편년은 아직 미완성 단계이다. 평기와의 경우는 더욱 모호하다. 예를 들면 백제 초기의 풍납동토성에서 출토된 평기와와 말기의 부여에서 출토된 것을 비교해 보면 제작기법상 식별하기 어렵다고 하는 것이 학계의 중론이다. 출토지에 따라 감각적인 판단으로 측정하고 있는 실정이다.
大野城 출토 수막새기와와 鞠智城 수막새기와(그림 5)는 각각 특색을 달리하고 있음을 식별할 수 있다. 大野城 수막새기와는

그림 6. 公州 灘川面 出土 수막새기와

연판이 넓고 둥근 편이며, 주연 부위도 단조롭다. Ⅱ기부터는 연판이 복판으로 되어 있고 주연에 거치문을 시문하고 있는 등 판이하게 다르다. 연대는 7세기 중반으로 보고 있다.

鞠智城의 수막새기와는 공주 탄천에서 출토된 수막새기와(그림 6)와 유사하다. 1971년도에 黃壽永, 鄭永鎬, 金和英선생 등과 함께 백제 기와를 조사할 때 黃壽永 선생이 소유하고 있던 公州 灘川 출토 수막새기와를 조사하게 되었다. 이는 蓮瓣에 舌形突起가 있고, 瓣端이 넓게 반전되고 있어 鞠智城 수막새기와 유사한 점이 있음을 알 수 있다. 공주 탄천 출토 수막새기와와 같은 것이 서울 廣壯洞에서 수습된 바 있어, 이는 고구려계 수막새기와의 영향이 있음을 당시 논의한 바 있으며 연대도 상당히 상한하는 것으로 판단하였다(忠南大學校 百濟研究所 1972). 鞠智城 출토 수막새기와에 대해서는 동행했던 徐五善 관장은 7세기 중엽경이라는 의견 제시를 한 바 있고, 일본 학계에서도 같은 의견을 제시하고 있다.

⑦ 竹簡·木簡·縑帛 3종은 후한 때 蔡倫이 종이를 발견하기 전까지 문자표기의 중요한 자료였다. 漢字 문화의 수입과 함께 삼국시대 우리나라에도 수입되어 사용되었는데 백제의 경우 부

여 왕궁지(추정) 연못에서 출토된 木簡 2점이 그 대표적이다. 이 목간 2점은 물품 표시용으로 사용된 木簡으로 판단하고 있으며 (權兌遠 1988), 宮南池 출토 목간은 五方制度를 보여주고 있다.

大宰府 都城址와 鞠智城에서 출토된 목간들은 양적인 면에서 많고 종류도 다양하다. 부여 출토 목간이 판독하기 어려운 곳이 많은 반면 일본의 양쪽지역에서 출토한 목간들은 수량도 많고 판독할 수 있는 유물이 많아 사료가치가 높다. 일본 출토 목간들 은 荷札用에서부터 秦人 天平六年銘(734) 목간 등 자료가 많아 앞으로 비교 검토가 필요할 것이다. 다만 '秦人' 계통은 신라계 인사로 분류하고 있는 것이 일본학계의 동향이다.

⑧ 礎石 : 부여에서는 王宮址 柱礎石이 이제까지 수습된 바 없다. 필자가 1978년 지표조사 당시 부소산성 남문지 초석으로 판단되는 방형초석 한 점을 확인할 수 있을 뿐이었다. 그것도 이 동되었을 가능성이 크다고 하는 洪思俊선생의 교시가 있었다. 따 라서 礎石 연구는 불모지라고 하여도 과언이 아니다. 대체로 方 形礎石에서 撞坐가 있는 원형 주초석으로 발전해 나간 과정으로 파악하고 있을 따름이다. 필자는 성문초석에 관심을 가지고 관찰 해서 九州에 있는 백제계 산성의 문초석에 대한 견해를 밝힌 바 있다. 大宰府政廳의 초석군은 정청의 규모와 위풍을 보여주는 대 규모의 초석군이며, 鞠智城 宮野礎石도 9×4칸의 비교적 큰 건 물지 초석이다.

7세기 후반에서 말기까지 일본에 축조된 백제계 산성의 城門 은 한국 삼국시대의 5~6세기의 형식에 기초를 두는 성문을 조 영했을 가능성이 있으나, 삼국시대에 보이는 7세기대의 변형과

더불어 일본에서도 1차 변형된 양식이 유입된 것으로 판단하였
다. 기능적으로 변형하는 단순화한 추세는 볼 수 있지만, 시기별
양식의 변화 등 세부적으로 추구해야 될 과제가 많다(成周鐸·
車勇杰 1993).

⑨ 축성 연대 : 백제 사비도성의 배후에 있는 부소산성의 축
조 년대는 '大通'(527~528) 인각명와의 수습으로 천도(538년) 이
전에 축조되었음을 알 수 있고, 나성도 昌王 13년(567) 때의 것
으로 추정되는 銘의 供養舍利龕이 출토되어 그 이전에 조성되었
던 것으로 볼 수 있게 되었다. 나성은 어쩌면 천도 이전에 부소
산성 조성시에 계획적으로 이루어졌을 가능성도 있다.

일본 구주 大宰府都城의 '水城'은 문헌 기록과 출토 유물가운
데 '水城' 명문의 토기가 출토되어 664년의 절대 연대를 시사해
주고 있다. 大野城·椽(基肄)城의 축조년대도 문헌에 기록되어
665년의 축성 연대가 명백하다. 鞠智城의 경우『續日本紀』에 698
년 繕治했다고 하는 기록이 있어 그 이전에 축성되었음을 시사
해 주고 있다. 그 연대는 大野城·基肄城의 축성과 같은 시기로
보고 있는 것이 학계의 통상적인 견해이다. 축성자도 大野城을
축조한 憶留福禮·四比福夫로 보고 있다. 출토유물도 역시 大野
城·基肄城의 축성년대와 같은 7세기 후반의 것이 주류를 이루
고 있다.

필자는 鞠智城 축조의 상한 시기가 좀 더 올라갈 가능성을 기
대하고 있었으나 출토 유물은 이러한 기대를 벗어나게 하고 있
다. 鞠智城의 중심년대는 제Ⅱ기에 해당하는 7세기 후반에서 8
세기까지로 보는 것이 보편적인 견해인데, 그 상한 시기에 대해

서는 앞으로의 조사에 좀 더 기대하고 싶다.

⑩ 城의 기능과 원류 : 백제 사비도성 배후에 있는 표고 100m
의 부소산성은 둘레가 약 2.5㎞에, 그 안의 중요 지점에서 4개동
의 창고지가 확인되었으며, 서쪽에는 願堂格인 寺院이 있었던 것
으로 알려져 있다. 따라서 산성내에 王宮址가 배치되었을 가능성
은 희박하다. 오히려 서쪽 사비루를 중심으로 한 전망 좋은 곳을
왕실의 비원 등으로 이용하였을 것으로 판단된다. 도성에 부속된
靑馬山城은 조사가 안되어 현재로서는 언급할 단계에 이르지 못
한다.

大宰府都城 배후에 있는 표고 400m의 大野城은 둘레가 6.5㎞
에 성내에는 70여동의 창고군이 밀집되어 있다. 부소산성과는 대
비가 되지 않는 큰 규모이다. 基肆城의 규모도 둘레 4㎞의 성내
에서 40여동의 창고지가 보고되고 있다. 鞠智城은 표고 100∼
160m 내외의 구릉 위에 축성을 하였는데, 狹域說 주장자는 1.1
km, 廣域說 주장자는 3.6㎞로 파악하고 있다. 광역설은 斷崖 등
자연지세까지 감안하여 주장하는 것이다. 성내에서는 寢殿風의
건물이 있기는 하지만 67동의 건물지 대부분이 창고지에 해당되
며, 기와지붕보다는 초가지붕 형태의 건물이 주를 이루고 있는
것이 특색이다.

일본 구주에 있는 百濟系 산성의 원류를 살펴보면 大宰府都城
의 경우, 大野城·水城·基肆城 등 모든 면에 있어서 백제 사비
도성의 재현이라고 하여도 과언이 아니다. 유물도 한정된 것만
참관한 탓인지 몰라도 유사점을 발견하기 어렵지 않았다. 그런데
鞠智城의 출토 유적과 유물은 좀 성격이 다른 점이 있음을 볼

수 있다. 우선 8각형 鼓樓의 건물지는 백제 유적지에서 발견된 곳이 없고, 신라 영역하에 있었던 廣州 二聖山城에서 같은 유형의 8각형 건물지가 확인되고 있어 적어도 이 건물은 그 영향이 있었던 것이 아닌가 한다. 그리고 大野城이나 鞠智城에서 경질토기(須惠器)가 출토되고 있는데 초기에는 아마도 영산강 유역이나 가야계의 영향을 받은 후 백제의 영향을 받아 조성된 토기라고 판단된다. 수막새기와 1점도 순수한 백제 말기의 영향을 받아 조성된 기와는 아닌 듯 하다. 한편 木簡 가운데 '秦人'은 신라계 도래인으로 파악되고 있어, 이 또한 문제의 대상이다. 이러한 여러 미진한 문제들은 앞으로의 과제로 미루어 둔다.

5. 맺는말

島津義昭씨의 현장 설명을 들은 후 李麟求 단장이 계룡장학재단 이사장 명의로 부여 출토 金銅龍鳳蓬萊山香爐 1점을 기증하고 우리 일행은 숙소로 향했다. 해는 서산에 넘어 갈 무렵이다. 大宰府都城址와 鞠智城을 돌아보고 느낀 점을 정리해 보고자 한다.

첫째로 일본의 학술조사는 서두르지 않고 차근차근히 해 나가고 있다는 점이다. 大宰府史蹟의 경우 1999년도까지 180차에 걸친 조사(九州歷史博物館 1999년)를 하여 근래에는 정비사업에 초점을 맞추고 있다 한다. 鞠智城의 경우 1967~'99년도까지 21차에 걸쳐 조사를 하였고, 앞으로도 상당기간 연차사업으로 발굴조사를 할 계획으로 있으며, 일부는 북원사업을 마치고 있는 단계이다.

둘째로 보존과 개발의 조화문제이다. 필자는 1978년 福岡에서 熊本을 가는데 국도를 이용해서 통과했다. 이번에는 고속도로가 새로 개통되어 이 노선을 이용해 熊本으로 갔다. 이 통로는 남북으로 가로막고 있는 '水城' 사적지를 절개해서 조성한 도로이다. 이 곳에는 국철도 통과하고 있어 사적지 훼손의 문제가 제기될 수밖에 없다. 그러나 木樋 등 중요 지점은 노출시켜서 보존과 동시에 참관할 수 있게 하고 있다. 보존에 초점을 맞추되 개발을 위해 부득이 한 경우 절충을 하는 조화로운 행정처리가 돋보였다. 보존이 개발의 발목을 잡아서도 안되고 개발에 밀려서 보존대상이 훼손되어서도 안되다고 생각한다. 이런 의미에서 鞠智城에 세운 '溫故創生之碑'는 시사해 주는 바가 크다.

셋째로 사적지의 공원화를 통해 역사의 견학현장으로 발전시켜 많은 국민들이 와서 보고 배우고 즐기며 추억을 남길 수 있는 장소로 만들어야 하겠다고 하는 일본 당국자들의 발상이 주목된다. 필자가 1974년에 처음 大宰府 都城址를 참관했을 때 大宰府政廳의 礎石群들은 이미 1m 깊이 지하에 묻어놓고 복제품을 만들어 지상에 공개하고 있는데 필자는 경악을 금치 못하였다. 초석을 만져보고 난 다음에야 복제품인줄 알았을 정도로 정교하게 제작되어 있었다. 그때 大野城을 남북으로 관통하는 아스팔트로 길이 조성되어 있을 뿐 작은 길은 모두 마사토를 깔아서 정비해 놓은 상태였다. 400m 정상에는 비가 오면 쉬어 갈 수 있는 휴식공간이 마련되어 있었으며, 깨끗한 화장실이 지금도 인상깊게 남아 있다. 다정한 연인들끼리 휴식을 즐기고 있는 장면은 한 폭의 그림으로 생생하게 머리에 떠오른다. 어느 시골 농부에게 삶의 현황을 물어 보니 '축복받은 나라에 태어나서 참 행복합니다'라는 말이 잊혀지지 않고, 휴지조각 하나 없는 깨끗한 산길이 인상깊이 남아 있다. 이렇게 되고 보니 大宰府都城을 찾는 관광자의 수는 해마다 증가하고 있는 추세이다. 그런데 최근 九州歷史資料館을 찾은 관람객은 '96~'98년까지 3만 천명정도인데 '99년도에 이르러 21% 정도가 감소하고 있다. 그것은 볼거리가 감소해 일어난 현상이라 볼 수 있다.

鞠智城의 경우는 1996년에 연 1,890명에 불과했던 견학자가 복원정비되면서 1999년에는 41,864명으로 22배가 넘었다고 한다. 이것은 문화재의 조사를 통한 보존이 지역개발의 발전이 된다고 함을 잊어서는 안될 것임을 일깨워 주고 있다.

鞠智城 내 鼓樓와 兵舍・米倉 등의 복원현장을 둘러보고 난 이인구 단장은 다음과 같은 회고담을 술회하였다. 이단장이 '80년대 국회의원으로 활동하고 있을 때 일본 독지가들의 성금으로 정림사를 복원하려고 시도했으나 백제시대 건물양식이 확인되지 않은 상태에서 건립할 수 없다고 하는 학계의 반응으로 주무장관인 H장관이 묵살하는 바람에 복원이 좌절되어 버렸다고 하는 것이다. 鞠智城의 경우 鼓樓・兵舍・米倉이 당시의 설계도가 남아 있어 복원한 것이 아니고 전문가가 최대한의 지혜를 짜내어서 복원했다고 하는 것이 현지 담당자의 설명이다. 溫故創生碑에 보면 백제인 憶禮福留・四比福夫가 축성했다고 하였는데, 이에 대한 기록은 사실 아무데도 없다. 다만 大野城・基肆城・水城을 축성했다고 하는 백제인들의 축성활동을 근거로 鞠智城도 축성했다고 溫故創生碑에 적은 것이다. 수용할 만한 적극적인 자료가 없는 것도 사실이지만 정황으로 보아 아니라고 부정할만한 자료가 없음도 또한 사실이다. 오히려 긍정적으로 수용해서 미래지향

적으로 나가는 것이 어떠할런지 새삼 국내 학계와 정치현실에
대해 되돌아보게 된다.

參考文獻

『三國史記』.
『日本書紀』.
『新撰姓氏錄』.

國立扶餘文化財研究所 1999,『宮南池』.
權兌遠 1998,「百濟의 木簡과 陶磁에 대하여」,『美術史學論叢』, 通文館.
朴淳發 2000,「泗沘都城의 構造-나성 구조를 중심으로」,『泗沘都城과
　　　　百濟의 城郭』, 國立　扶餘文化財研究所.
成周鐸 1994,「大宰府城郭と 百濟泗沘都城との 比較考察」, 考古學ジャナル.
　　　　1988,「鞠智城の 性格について」,『先史古代の 韓國と日本』.
　　　　1989,「韓國古代山城의 日本 傳播」,『國史館論叢』2, 國史編纂委
　　　　員會.
　　　　2000,「泗沘都城과 百濟의 城郭」,『百濟泗沘都城과 百濟의 城
　　　　郭』, 國立扶餘文化財研究所.
成周澤・車勇杰 1993,「韓日古代城門礎石初探」,『古文化談叢』30, 九州古
　　　　文化研究會.
沈光注 1988,『二聖山城에 대한 研究』, 漢陽大學校大學院 碩士·學位論文.
忠南大學校博物館 1985,『扶餘官北里 百濟遺蹟發掘報告(Ⅰ)』.
　　　　　　　　1998,『扶餘官北里 百濟遺蹟發掘報告(Ⅱ)』.
忠南大學校 百濟研究所 1972,『百濟瓦塼圖譜』, 五光옵셑社.
　　　　　　2000a,『扶餘 東羅城・西羅城 發掘調査略報告書』.
　　　　　　2000b,『부여 서나성 군수제 개수공사 구간 文
　　　化遺蹟 試掘調査 略報告書』.
　　　　　　2000c,『百濟泗沘羅城』.

2000d,『百濟泗沘羅城Ⅱ-東羅城 整備復原을 위
한 斷面切開調査』.

崔孟植 1999,『百濟평기와 新研究』, 學研文化社.

漢陽大學校博物館 1986・1988・1991,『二聖山城 1・2・3次 發掘調査報
告』.

鏡山猛 1968,『大宰府都城の 研究』, 風間書店.

小田富士雄 1985,『西日本古代山城의 研究』, 名著出版.

九州歷史資料館 1974,『大宰府の 文化財』.

1985・1996・1998,『大宰府史蹟』.

1985,『大宰府史蹟出土木簡槪報』.

1994・1999,『九州歷史資料館 年報』.

九州歷史資料館資料普及會 1962・1963・1964 『水城』.

菊鹿町敎育委員會 1981,『鞠智城蹟調査報告書』.

基山町敎育委員會 1977,『基肄城蹟』.

福岡敎育委員會 1975, '79,『水城』.

福岡敎育委員會 1976・1977・1979・1980・1982・1983・1991,『大野城
蹟』.

熊本敎育委員會 1983,『鞠智城跡59』, 秀巧社.

1991・1992, 『鞠智城蹟』.

1999,『鞠智城』.

2000,『鞠智城蹟整備事業について』.

出 典

成周鐸, 2000,「九州內 百濟山城」,『日本 九州地域 百濟文化遺蹟 學術探査』, 鷄龍
獎學財團, 35～72쪽.

第 7 編 唐 縣城과 百濟縣城의 比較考察

唐 縣城과 百濟縣城의 比較考察

1. 머리말

高昌城과 交河城이 위치하고 있는 곳은 中國 新彊城 吐魯番市 근교이다(그림 1). 신강성은 중국 서북부에 위치하고 있으며, 면적은 160만㎢로 중국 전체 면적의 1/6을 점유하고 있고, 인구는 1,500만이요, 자치구 청사는 '烏魯木齊'에 위치하고 있다. 몽고, 러시아, 아프가니스탄, 파키스탄, 인도, 口合薩克斯旦, 吉爾吉斯斯旦, 塔吉克斯旦의 8개국과 국경을 접하고 있으며, 그 길이는 5,000㎞를 넘는다.

신강성에는 위글족을 비롯해서 蒙古族, 西藏族 등 중앙아시아 계통의 아리안족이 주류를 이루어 살고 있으며, 省 自治區는 '烏魯木齊'인데 이 곳에는 漢族이 76%를 점유하고 있다. 烏魯木齊는 해발 1,000m가 넘는 고지대이며, 高昌·交河 2성이 위치하고 있는 '吐魯番市'는 표고 −140m의 저지대다. 강우량은 연평균 100㎜ 이하이고, '吐魯番' 지역의 기온은 연평균 38° 의 熱沙地帶

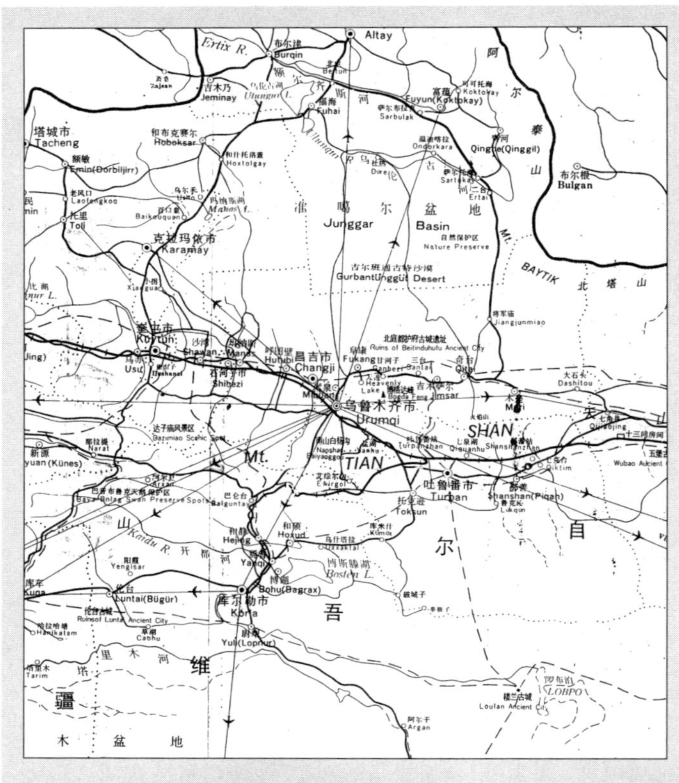

그림 1. 中國 新疆省 烏魯木齊·吐魯番 위치도

이지만 과일이 풍부하고, 가무를 즐겨 '歌舞之鄕', '瓜果之鄕'으로 알려져 있고, 포도주의 명산지이다. 回敎를 믿는 위글인들은 돼지고기를 먹지 않고 양고기만 먹는 풍습을 가지고 있다.1)

---

1) 안내원 牟莉萍의 설명에 의하면 1996년 8월 1일 불과 100㎜의 홍수로 길이 끊기고 건물이 파손되고 트럭이 떠내려간 것을 목격하였다고 한다. '烏魯木齊'에서 吐魯番까지는 약 140㎞로 2시간 거리인데, 우리 일행은 이때 이곳을 통과하게 되어 7시간만에 일방통행으로

신강성은 중국과 구라파의 중앙에 위치하고 있어 동·서로 연결하는 교통의 요지이다. 이 양대륙을 연결하는 '비단길(Silk Road)'은 烏魯木齊에서 왕래하게 되어 있는데, 高昌·交河 2성이 위치하고 있는 吐魯番市는 '실크로드'의 남로에 해당된다.

본고에서는 西漢 元帝 2년(B.C.47) 天上山脈을 넘어 이곳까지 진출하여 근거지를 마련한 이후, 唐代를 거쳐 13세기 元代까지 1,300여년 동안 정치·경제·사회·문화에 걸쳐 중심지 역할을 하였던 高昌·交河 2성에 대한 위치, 존속 연대, 규모, 구조와 출토유물 및 기능 등을 두루 살펴보고자 한다. 이와 함께 같은 시기에 축성하였던 것으로 알려진 백제 말기의 지방 縣城 가운데 하나인 所比浦縣城址(德津山城)를 비교·검토하여 양국 縣城의 공통점과 상이점을 추출하여 그 특성을 알아보고자 한다.

본고에서 인용한 고창·교하 2성에 대해서는 필자가 번역한 『中國都城發達史』2)와 현지에서 수집한 자료를 바탕으로 작성하였으며, 百濟 所比浦縣城址에 대해서는 『백제연구』에 발표한 자료3)를 주로 인용하였다.

토로번에 도착하였다.
2) 成周鐸譯, 1983, 『中國都城發達史』, 학연문화사. 이 책에는 필자의 「韓·中古代城郭 築造에 관한 比較史的 考察」이 부록으로 수록되어 있다.
3) 成周鐸, 1991, 「百濟所比浦縣城址(일명 德津山城)」, 『百濟研究』 22, 충남대학교 백제연구소.

2. 唐 縣城

1) 高昌城(그림 2·3)

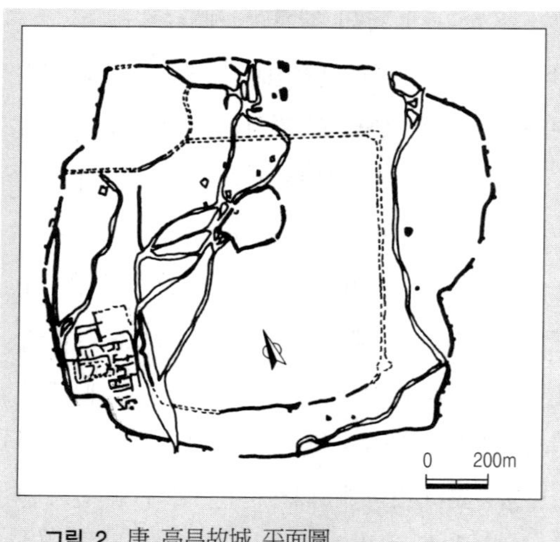

그림 2. 唐 高昌故城 平面圖

高昌城은 신강성 토로판시 동쪽 약 25km 지점에 위치하고 있다. 高昌[4]을 옛날에는 西昌이라고 불렀다. 고창이라고 하는 명칭은 『前漢書』西域傳에 처음 나오는데, 漢代 初元 元年(B.C. 48) 이곳에 戊己校尉를 설치하고 屯墾을 시켰다. 『北史』西域傳에 의하면 "高昌은 車師王庭의 故地이다. … 혹자가 말하기를 옛날에 漢武帝가 西域을 토벌하기 위하여 병사를 파견하였는데, 피로에 못이겨 주저앉는 병사를 이곳에 머물러 살게 하였다. 이곳은 지대가 높지만 사람들이 많이 번창하여 살게 됨으로써 高昌이라 부르게 되었다 하며, 또

---

4) 高昌 : 5~7세기에 걸쳐 동투스케스탄의 투루판 분지에 있었던 나라 및 그 도성. 한나라 때에는 이곳에 車師前王國이 있었고, 天山北路의 출발점이 되었으나 匈奴族의 하림분지 침입의 입구에 해당되었기 때문에 한조는 분지 중앙부 북쪽으로부터의 고창에 둔전을 경영하여 흉노 침입을 방비하게 하였다. 漢武帝때 張騫의 건의로 이곳을 개척하였다고 『漢書』西域傳에 전하고 있다.

한 그곳에는 高昌壘가 있
었으므로 해서 국호를 高
昌이라 하였다"고 한다.
晋과 魏 때에는 이곳에
太守職을 상설하고 통치
케 하였다. 晋 咸和 2년
(327)에 前凉王인 張駿이
이곳에 高昌郡을 설치하
였고, 北凉은 國都를 이곳
에 정하기도 하였다. 北魏

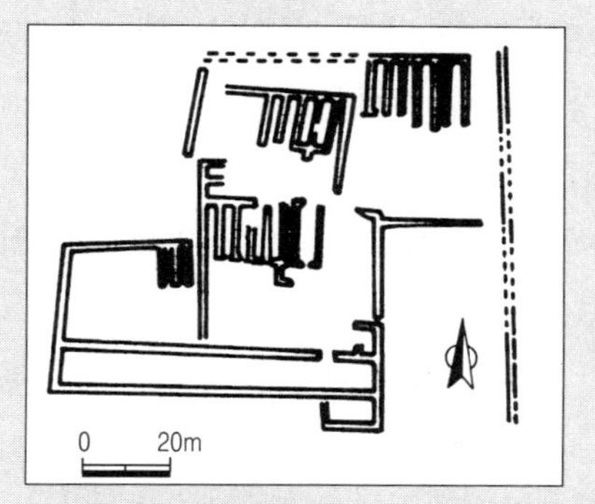

그림 3. 唐 高昌故城 西南角寺院 동
남편의 市遺構 平面圖

에서 唐 貞觀에 이르기까지는 鞠氏의 高昌王國이 되었으며, 후에
당에게 병합된 후 고창이라고 하였다. 明代 이후까지도 지명만은
남아 있었으나, 성은 이전에 옛 도성 북쪽의 三堡일대로 옮겨졌
었다. 이 고창성은 勝金口 이남에 있는 제2보루와 3보루 사이에
있으며, 勝金口로부터 흘러 내려오는 물이 그 보루를 경과해 성
안으로 흘러 들어오고 있다.

성의 둘레는 5km, 면적은 15만㎡이며, 정방형에 가까운 형태
이다. 현존하고 있는 성터를 살펴보면 고창성은 외성과 내성 및
북쪽의 궁성 등 3개 부분으로 분리되어 있다. 외성은 대략 사각
형으로 되어 있으며, 길이는 약 1,500m이다. 사방에는 타원형의
담장이 둘러져 있으며, 서쪽 모퉁이는 안쪽을 향하여 凹모양을
이루고 있고, 동쪽 성벽의 북쪽 절반은 밖을 향하여 凹모양을 하
고 있다. 이 동쪽 성벽은 잘 보존되어 있으며, 성벽 기초저부의
폭은 12m 정도이고, 잔존부분의 가장 높은 곳은 11.5m에 달한다.
바깥쪽 雉城은 판축으로 되어 있는데, 그 두께는 8~12cm이다. 서쪽에는 2개의 문이 있고, 북쪽 문에는 둥근 甕城5)이 있다. 북과 동쪽의 두 벽에는 2개의 문이 있으며, 남쪽에는 대궐로 통하는 3개의 출입구가 있어서 문이 3개가 있었던 것을 알 수 있다. 동남쪽과 서남쪽에는 사원이 있었는데, 서남쪽에 있는 사원이 아주 크고 동남쪽과 동북쪽에 있는 2개의 '坊里'는 그 터만 남아 있다.

내성은 외성의 중간에 있는데 서남쪽 양면의 성 담장이 잘 보존되어 내려오고 있으며, 북·동 양쪽은 단지 흔적만이 남아 있을 뿐이어서 성문 위치를 찾아볼 수 없다. 성의 한 가운데 부분에서 북쪽으로 치우쳐 불규칙한 원형의 작은 보루가 있는데, 그 안쪽에 高臺가 있으며, 臺위에는 15m에 달하는 높은 돌계단의 건축물이 있다. 이 높이 솟은 건축물의 토담 밖에는 북쪽으로 몇 층의 계단이 있으며, 내성 담장과 궁성 중앙축선상에 있는 궁전들은 이에 맞추어 직선으로 배열되어 있다. 성 북쪽에 있는 궁성터는 장방형을 이루고 있으며, 성 북쪽의 담장은 곧 외성 북쪽의 담장으로 되어 있다. 궁성 남쪽 담장은 내성의 북쪽 담장이 되어 있으며, 궁전터 자리가 많이 남아 있다.

사람들의 거주하는 가옥은 지형에 따라 2가지의 형식이 있는데, 지세가 낮고 평평한 곳은 흙으로 틈을 메워서 쌓은 벽돌 혹은 흙을 쌓아서 벽을 만들어 사용하고 있으며, 또 섬돌을 이용하여 지붕을 떠받치게 하고, 방을 만들고도 있다. 지형이 비교적 높은 곳에서는 지면으로부터 아래쪽으로 파서 담장을 만들고 여기저기에 가마가 있는 동굴을 만들어서 방으로 사용하고 있다.

외성 동남쪽에 있는 큰 절 부근의 '坊里'는 보존상태가 아주

---

5) 甕城은 성문을 밖으로부터 보호하기 위하여 설치한 반원형의 이중 성벽, 曲城 또는 子城이라고도 한다.

좋은 편이다. 사찰의 동남쪽 방리에는 두 줄로 질서정연하게 된 건물터가 남아 있는데, 이는 오늘날 천산 이남에 거주하는 주민들이 항상 건축하는 一字로 된 맞배집 형태와 같은 것이다. 이와 같이 남북 양쪽으로 배열되어 있는 가옥 앞에는 하나의 큰 광장이 있으며, 방리의 사방 모퉁이에는 모두 巷道양식의 도로가 있어서 방리 밖으로 통하게 되어 있는데, 坊門만은 아직도 발견되지 않고 있다. 남북 양편으로 배열된 가옥들은 소규모의 수공업을 하는 방리로서 광장은 집단으로 교역하는 장소이기도 하다. 성안의 남부에는 건축한 자리가 남아 있는데, 그 부근에는 큰 옹기가 있어서 술을 빚었던 방리일 가능성이 있다. 그 서북쪽에는 아직도 구리그릇을 만들던 방리가 있으며, 강 부근에는 구리를 제련할 때 남은 녹색찌꺼기가 많이 남아 있다.

궁성의 분포를 보면 궁성은 북쪽에, 내성은 남쪽에 위치하고 있어 唐 長安城의 宮城·皇城의 배치와 서로 유사하다. 서남쪽에 있는 사원의 동남간에 있는 방리 시장도 당 장안에 집중되어 있는 시장과 유사하며, 외성은 일반 주민들이 거주하던 구역인데, 이 또한 장안의 배치와 유사하다.6) 출토유물은 高昌吉利錢과 말을 그린 벽화, 供養人을 그린 帛書 등이 전하고 있다.7)

2) 交河城(그림 4)

唐의 交河城터는 吐魯番의 서쪽 10km 지점에 있는 2개의 넓고 깊은 河上 사이에 형성된 좁고 긴 지대 위에 위치하고 있다. 이 하천들은 성 남쪽에서 서로 합류하기 때문에 交河城이라고 하는

---

6) 成周鐸, 註 2)의 前揭書 참조.
7) 阿利木, 『高昌故城』, 吐魯番地區文物保管所編.

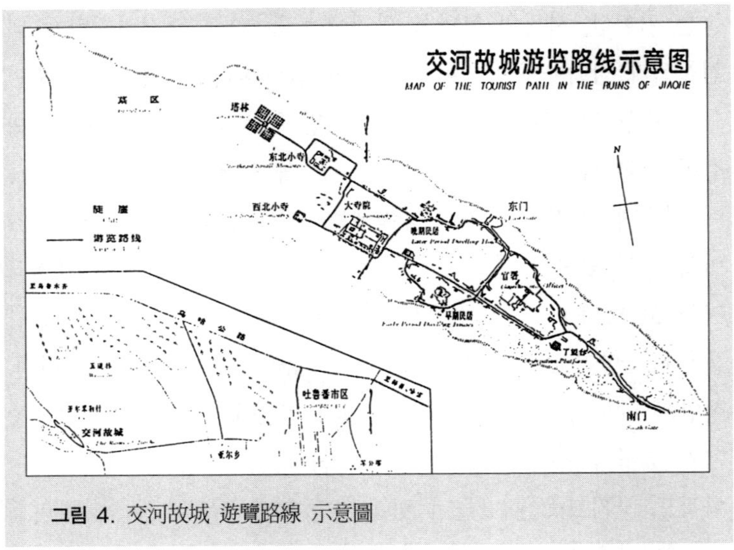

그림 4. 交河故城 遊覽路線 示意圖

이름도 바로 이러한 연유에서 나온 것이다.

이 성은 서·북쪽으로 통하는 교통의 요지에 위치하고 있다. 두 개의 하천 사이에 있는 언덕의 남북 길이는 약 1,760m에 가장 넓은 곳의 폭이 300m에 달한다. 성터는 북에서 남으로 1,000m 범위 내에 축조되었으며 총 면적은 43만㎡에 언덕의 가장 높은 곳은 30m이다. 도시는 서남쪽 교외에 띄엄띄엄 이어진 성 담장 이외에는 사방에 성벽이 없는 유일한 성이다. 시내를 출입하는 도로는 2개가 있는데, 하나는 남쪽에, 하나는 동쪽에 있다. 동쪽문은 하상에 임해 있으며, 문 안쪽의 약 200m 되는 곳에 성문을 정면으로 향해서 樓閣과 같은 건축물이 남아 있다.

북쪽에서 남쪽을 향해 성내에서 가장 큰 사찰을 지나가게 되면 이것이 성내에서 가장 큰 도로 이다. 너비 약 10m 길이 약 350m에 달하며, 양쪽에는 높고 두터운 토담이 둘러 있다. 가도

양편의 주택은 '街와 巷'8)으로 분리 구분된 채 하나의 '방리'로 편성되어 있으며, 방리 외부에는 坊牆이 둘러져 있는데 이는 唐 長安의 방리형태와 유사하다.

작은 거리와 좁은 항리를 걸어 들어가면 울을 두른 마을(院落)의 門戶를 볼 수 있다. 이와 같은 院落式의 주택은 고창성의 일반 주거지역과 비슷하다. 각 방리의 방장과 거리가 교차되는 지점에는 '街鋪'로 보이는 건물지가 있는데, 당 장안의 방리에 있는 것으로 기록되어 있는 '가포'와 유사한 것으로 생각된다. 성밖에 흐르고 있는 냇물은 완전히 고갈되고 말았는데, 이것은 아마도 도시의 존폐와 관계가 있는 것으로 짐작된다.

높고 큰 廟堂은 모두 시내 중심부에 있으며, 건축양식은 대부분 일치하지 않는다. 중부에 있는 사당건축은 위에는 사당을 만들고, 아래로는 방을 만들고 있다. 사당의 담장은 장방형의 흙벽돌로 만들어져 있고, 부근에는 당대의 유물들이 많이 있다. 북부에 있는 사당 담장의 기초부분은 네모난 흙벽돌로 첩첩히 쌓아서 만들었는데, 아래에는 네모난 지하실을 만들었고, 위에는 갈대풀로 지붕을 해 이었다. 이것은 아마도 위글인들의 주거지일 가능성이 있다.

교하성은 북쪽으로부터 묘지, 塔林, 東北小寺, 西北小寺, 大寺院, 초기와 후기의 거주지, 官署, 展望臺 순으로 배열되어 있다. 성 안에 300여 개소의 우물터가 있으며, 그 가운데 하나는 깊이가 27m에 달한다. 사원에는 佛龕塑像과 供養人의 壁畵, 泥塑比丘像, 金剛寶塔 등이 남아 있다.

교하성은 당대 鞠氏가 왕이 되어 도성을 고창에 세울 때에 교

---

8) 街는 넓고 곧은 거리, 巷은 좁고 굽은 거리.

하군이라 하였는데, 당이 高昌國을 멸망시키고 交河縣이라 개칭
하였으며, 元代에 吐魯番城으로 편입되면서 마침내 없어지고 말
았다.

이곳은 일찍이 3~4천년전 코사크인들이 살았던 것으로 알려
져 있으며, 漢·晉대에는 서역 36국 가운데 하나로 편성되어 앞
서 말한 바와 같이 '車師前部'의 도성이 된 때도 있다. 640년 당
태종이 고창지방을 평정하고 安西都護府를 이곳에 설치한 바 있
고, 交河縣이라 개칭하였다. 9세기 이후에는 回鶻人王國으로 바
뀌어져 '交河州'로 개칭된 바도 있는데, 서북부에 있는 몽고족의
침입으로 전화를 입어 성이 파괴되고 말았다.9)

3. 百濟 所比浦縣城址10)

1) 位置

『三國史記』地理志에 의하면 백제말기에는 147개의 州·縣이
있었다고 한다. 雨述郡11)은 그 가운데 한 군으로서 신라 경덕왕
때 比豊郡으로 개칭되었으며, 19세기 말에는 懷德郡으로 불리웠
다. 우술군에는 2개의 領縣이 있었는데, 그 하나는 奴斯只縣으로

---

9) ① 成周鐸, 註 2)의 前揭書, 90~91쪽.
   ② 新彊維吾爾自治區文化廳·交河故城遺址保護修繕工程辦公室·吐
      魯番地區文物局, 1995,『交河故城』.
10) 成周鐸, 註 2)의 前揭書 참조.
11) 李丙燾, 1977,『三國史記』, 乙酉文化社, 548쪽.
   백제시대 雨述郡이었던 회덕군은 지금의 대덕군 회덕면으로 비정되
   고 있는데, 1989. 1. 1. 행정구역 개편으로 대전직할시 대덕구 읍내
   동으로 개명되었으며, 최근에는 대전광역시 대덕구 읍내동으로 다
   시 개편되었다.

서 경덕왕때 儒城縣으로 개명되어 그 명칭이 지금까지 사용되고 있다 (현 대전광역시 유성구). 다른 하나가 바로 소비포현으로 이는 경덕왕때 赤鰲縣으로 개명되었으며, 조선시대에는 회덕군에 영속되었던 고을이다. 도엽번호 NJ 52 – 13 – 20 대전 1/50,000 지도를 보면 대전광역시 북단에 德津洞이 있고, 그 앞에는 芳峴洞이 있으며 방현동의 표고 255.1m의 산이 적오산으로 기재되어 있다. '赤鰲山'이라고 하는 명칭은 통일신라 때 적오현에서 붙여진 산명으로 풀이할 수 있다. '鰲'와 '烏'는 음이 같아 이와 같이 사용해 내려온 것 같다. 『新增東國輿地勝覽』에 의하면 德津發縣은 공주 동쪽 50리 되는 곳에 있는데 백제 때에는 '所比浦縣'[12]이었다고 하여, 지명이나 거리로 보아 지금의 덕진동과 적오산을 중심으로 한 지역이 백제 때 소비포현이었음이 분명하다.

한편 所比浦縣城址는 표고 255.1m의 적오산정에 있는 산성으로서, 일명 德津山城으로 불리우고 있다. 『新增東國輿地勝覽』에 '德津山城'은 덕진현 남쪽 1리 되는 곳에 있으며, 석축으로 되어 있고, 둘레는 767尺에 우물이 하나 있다고 기록되어 있다(그림 5 참조).[13]

2) 調査 槪要

성은 표고 255m의 산정 능선을 기점으로 하여 등고선을 따라서 축조하여 등고선 230m의 북단으로 연결되어 있는 바, 이 곳에 북문지가 부설되어 있다. 이곳에서 성벽은 등고선 210m지점으로 연결되어 있는데, 서문지가 이곳에 부설되어 있다. 성벽은 이곳

---

12) 『新增東國輿地勝覽』 公州牧 古跡條.
13) 註 12)의 前揭書.

그림 5. 德津山城 부근 지형도

에서 구부러져 축조되어 동문지로 연결되어 있다. 성의 형태는
마름모꼴의 테메형산성이며, 둘레는 730m이다(그림 6 참조).
　성벽은 산의 자연지세를 이용하여 축조되었다. 성 남단부의

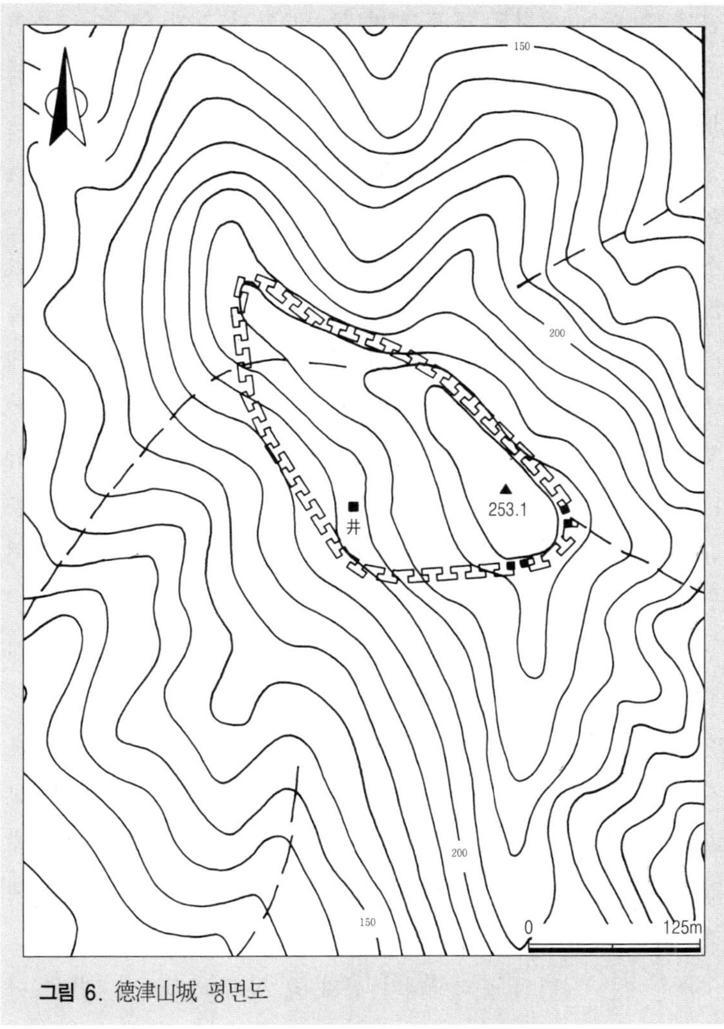

그림 6. 德津山城 평면도

성벽은 內高 1.5~2m, 外高 5~6m 정도로 잘 남아 있는데, 언뜻 보기에 토축으로 보이기도 하지만 동남쪽 성벽이 잔존해 있는 부분이 있어 순수한 석축이었음을 알 수 있다. 원래의 성벽을 확인할 수 있는 지점은 북쪽 성벽 중앙부로서 길이 약 10m, 높이 약 6m 정도가 잔존해 있고, 또한 남쪽 성벽 일부가 길이 약 3.5m 정도로 잘 남아 있다.

축성법은 가공하지 않는 자연석(크기는 일정하지 않지만 대략 40×30×70㎝의 自然割石)을 가로 쌓기로 하였으며, 외면을 자연스럽게 맞추고 그 안쪽으로는 같은 크기의 석재를 엇물려 쌓았다. 성벽의 基底部는 자연암반을 그대로 이용하였고, 상부로 올라갈수록 조금씩 물려 쌓았는데 그 경사는 약 3~5°정도로 계측된다. 성벽의 축조방법은 內托인지 內外夾築인지 확실하지 않지만, 북쪽 성벽의 내고는 약 0.5~1m, 동쪽 성벽의 내고는 약 1.5~2m, 서쪽 성벽의 내고는 약 2.5~3m가 잔존해 있는 점을 감안해 볼 때, 내고 약 2m 내외에 외고 약 6~7m되는 협축 성벽으로 생각된다.

문지는 4개소가 남아 있다. 가장 잘 남아 있는 북문지는 '덕진부락 (현재 에너지연구소 자리)'에서 '서낭당고개'를 통해 산능을 따라 소로가 나 있는 곳으로서 문지의 폭은 약 4m이다. 북쪽 문지의 양쪽 성벽 높이는 약 4m이고, 북쪽 성벽과 서쪽 성벽이 교차하는 지점으로서 북문지의 외부에 크고 작은 석재들이 산재해 있는 것으로 보아 문지 좌우의 성벽이 심하게 붕괴된 것으로 생각된다.

서문지는 성벽의 붕괴상태가 심해 그 형적을 찾기가 어렵지만 '숯골부락'에서 골짜기를 따라 산성에 이르는 소로상에 위치한다. 작은 골짜기의 동편에 위치한 서문지는 산성의 유수가 한 곳으로 모이는 지점이기 때문에 문지의 폭조차 확인할 수 없을 정도로 파괴상태가 심하지만, 이곳에 수구지를 겸한 문지가 있었다고 추정된다.

　남문지는 남벽의 동단에 위치하고 있다. 문지좌우의 성벽은 문지를 중심으로 甕城형태로 축조되어 있고, 잔존 문지의 폭은 5m 정도이다.

　동문지는 지금의 초소부근에 위치하고 있었던 듯 하다. 초소를 건립할 때 파괴되었던 것으로 생각된다. 이곳에서는 신대들판과 궁편들판 그리고 文坪들판, 塔立들판, 秋木洞들판 등의 넓은 들이 잘 내려다 보인다. 우물터는 서문지에서 약 30m 떨어진 곳에 있는데, 직경 1.2m의 원형으로서 깊이는 약 60㎝ 정도이고 2단의 석축으로 되어 있다. 이 우물은 현재도 사용되고 있으며, 수량도 풍부하다. 우물의 서남단에는 폭 40m의 開口部가 있어 井水가 자연스럽게 흐르도록 되어 있고, 우물에 인접하여 최근에 만들어진 듯한 잡석의 方形祭壇도 있다.

　한편 성내에는 4개소의 건물지가 있었던 것으로 확인되었다.

　현재 초소가 위치하고 있는 지역의 남쪽에 형성되어 있는 40×40m의 평탄한 대지와 남문지의 안쪽 서향한 곳에 있는 20×30m 정도의 평탄대지들은 건물지로 추정되는데, 이곳에서 와편을 많이 수습할 수 있다.

　서문지 안쪽은 이 성안에서 가장 넓은 지대로 2개소의 건물지가 형성되어 있다. 그 하나는 서문지에 인접한 지역에 있는 50×30m의 건물지이며, 또 하나는 井址에서 정상부 쪽으로 30m 떨어진 곳에 조성되어 있는 30×30m 정도의 건물지로서, 와편과 함께 약간의 토기편이 수습되었다. 기와의 문양으로는 격자문과 승석문 및 태선문 등이 있으며, 대체로 백제와 통일신라시대 및 고려시대 와편이 혼재하여 출토되고 있다.

토기편은 적갈색 연질토기와 격자문토기편 등이 수습되었는
데, 이는 백제시대 토기편들이며 통일신라시대와 고려시대 토기
편도 수습되고 있다.

3) 考察

첫째, 성이 위치하고 있는 유성구 덕진동, 방현동, 추목동, 전
민동, 송강동, 관평동, 신대동 일대에 걸쳐 성지는 이 산성 하나
뿐이며, 산성 밑에 덕진동이 위치하고 있는 것으로 미루어 보아
이 산성은 덕진동을 중심으로 한 것임이 분명하다. 이 지역은 평
탄한 구릉과 넓은 들판을 끼고 있으며, 들판 중간에는 금강상류
인 갑천이 흐르고 있어 농경에 알맞는 조건을 가지고 있다.

이 산성의 동남쪽 6㎞ 지점은 백제시대 雨述郡의 중심지역으
로 알려져 있는데, 지금은 대전광역시 대덕구 邑內洞으로 편성되
어 있으며 그 북쪽에 백제시대에 축조한 산성14)이 남아 있다.

덕진산성에서 남쪽으로 4㎞ 떨어진 유성구 九城洞에도 산성
이 있다. 이 산성은 백제시대 때 奴斯只縣城으로 비정되고 있
다.15)

둘째, 성의 둘레가 730m에 달하며 4개의 문지와 1개의 정지
그리고 4개소의 건물터가 남아 있는 것으로 보아 성의 기능을
모두 갖춘 규모가 비교적 큰 산성에 속한다.

셋째, 성의 존속연대는 와편과 토기편 등의 유물상으로 보아
백제 때부터 통일신라시대를 거쳐 고려시대까지 이어졌던 것으
로 보인다. 좀더 구체적으로 말하자면 출토된 와편과 토기편이

---

14) 沈正輔, 1984, 「雨述城考」, 『尹武炳博士華甲紀念論叢』.
15) 成周鐸, 1984, 「大田甲川流域百濟城址考」, 『尹武炳博士華甲紀念論叢』.

부여박물관 앞의 연지에서 출토된 유물과 유사하여 이 산성의 중심연대는 A.D. 600년을 전후한 무렵으로 추정할 수 있다. 이는 백제시대 말기에 해당되는 시기이며, 이 지방은 백제 소비포현에 해당되는 지역이므로 이 산성을 백제시대 소비포현성지로 비정할 수 있다. 이 산성은 통일신라시대에는 적오현의 산성으로 이용되었으며, 고려시대에는 덕진현으로 개편된 이후에도 계속하여 성으로서 기능을 하였던 것으로 보인다. 그리고 청자나 백자편이 잘 보이지 않는 것으로 미루어 11~12세기 무렵에는 폐성되었을 가능성이 높은 것으로 추정된다.

4. 兩國 縣城의 比較考察

앞에서 당대의 고창현성과 교하성 그리고 백제말기의 소비포현성지로 알려진 덕진산성에 대한 기초 자료를 살펴보았다. 이제 두나라의 縣城에 대해 비교고찰해 보기로 하자.

첫째 성이 위치하고 있는 지형과 규모·축성 재료 등을 비교해 보면, 고창성과 교하성은 다같이 평지에 축성하고 있는 반면 소비포현성은 255m의 고지에 위치하고 있다. 또 고창성은 둘레 5km, 면적 15만㎡의 타원형에 가까운 사각형으로서 판축으로 축조되어 있고, 교하성은 남북 길이 1,760m 너비 300m의 柳葉形 평면에, 성벽은 판축된 것으로 파악되었다. 이에 비해 백제 소비포현성은 둘레가 730m의 테메식 석축 산성이이어서, 토축과 석축인 점이 서로 다르다.

둘째로 양국 縣城의 존속연대를 보면, 고창성은 B.C. 1세기 중엽 西漢 元帝 2년에 이곳을 근거지로 삼고 있던 車師前國을 물리치고 屯田部隊를 상주시켜 축성한 이래 魏·晋 兩朝를 지나 前凉·北凉 등이 점유하였다. 이후 張·馬·鞠씨 등의 근거지가 되었다가 640년 唐 태종에 의하여 통합되었으며, 交河·柳中·蒲昌·天山 등 5개 현을 통괄하는 근거지였다. 이후 9세기에는 위글인의 근거지가 되었다가 13세기 이후에는 몽고인이 차지하였고, 元·明·淸代로 계승되어 지금까지 약 2천년 동안 존속되고 있다.

교하성도 B.C. 2세기 전후까지는 姑師(車師, 코사크)족의 근거지였다가 고창성과 같이 B.C. 1세기에 漢에게 복속되었으며, 역시 640년 당 태종에 의해 통합된 후 고창현에 예속되었다. 당대 (640∼658)에는 安西都護府를 이곳에 설치하여 정치·군사의 요충지로 삼았으며, 동서 문화교류의 중심지였고 이후는 고창성과 같은 경로를 밟고 있다.

백제 소비포현성(덕진산성)은 6세기 말∼7세기 초 무렵에 축조되었으며, 통일신라시대를 거쳐 고려 초까지 존속했던 縣城으로 추정된다. 따라서 고창·교하현성이 漢代 (B.C. 1세기)에서부터 元代 (12세기)까지 약 1,400여년 동안 지속된 것과 비교하여 그 축조시기가 6∼7백년 정도의 차이를 보이고 있다.

셋째로 성벽의 높이와 부대시설 등을 보면, 고창성의 경우 판축 기초 저변의 폭이 12m, 높이 11.5m, 판축 두께는 8∼12㎝ 정도이다. 또 성문이 동쪽과 북쪽에는 2개씩 있고 남쪽은 3개소가 있으며, 옹성이 부설되어 있다.

교하성은 양쪽으로 흐르는 하천을 성의 外濠로 활용하여 단애를 이용하고 있을 뿐 성벽이 없는 유일한 성이다. 성벽이 있는 지점의 높이라야 겨우 1m 내외이다. 성문은 동·남 2곳에 부설

되어 있다. 성내에는 300여개소의 샘터가 있고, 그 가운데 하나
는 깊이가 27m에 이른다.

백제 소비포현성(덕진산성)은 석축 성벽의 내고가 약 2m, 외
고가 5~6m의 석축 성벽으로서, 문지는 동·서·남·북 4개소
가 부설되어 있다. 남문에는 옹성이 있었던 듯하며 문지의 폭은
4~5m이다. 이 산성에서는 255m의 높은 산정임에도 불구하고
샘물이 솟아나고 있다.

넷째로 城內 구조를 보면, 고창성은 궁성·내성·외성의 순서
로 배열하여 당 장안성의 도성제와 같으며, 교하성은 평면형도
柳葉形이면서 北區에 墓地·寺刹·住居址·官署·展望臺 순으
로 배열되어 있어 이례적인 城制를 채택하고 있다. 백제 소비포
현성지에서는 50×30m, 30×30m의 2개 건물지만 확인되었을 뿐
이다.

다섯째로 출토 유물을 보면, 고창성의 경우 '高昌吉利'錢과 말
을 그린 벽화 등이 남아 있고, 交河城에는 佛龕塑像과 供養人壁
畵가 남아 있는 반면 소비포현성지(덕진산성)에서는 와편과 토기
편이 수습될 뿐이다.

여섯째로 성의 기능면에서 볼 때 고창성과 교하성은 평지 도
시형 성곽인데 반해 백제 소비포현성은 유사시에 성에 들어가
굳게 지키고 평시에는 성 아래의 평야지대에서 거주하는 특성[16]
을 가지고 있는 것이 다르다.

---

16) 『周書』卷49 異域上 高麗條. 城內唯積倉儲器備, 寇賊至日, 方入固守,
　　王卽別爲宅於其側, 不常居之.

비교 항목 ＼ 城名	中國 高昌城	中國 交河城	韓國 德津山城 (百濟 所比浦縣城)
기후·위치 성둘레·성 의형태	40˚(96.8.2), 건조, 평지 5 ㎞. 판축, 부정형 사각형	평지, 남북 1,760m, 東西 300m, 판축, 柳葉形	30˚(96.8.1), 다습, 255m 고지, 730m, 석축, 테메식
존속 기간	B.C.48년 漢 元帝 縣城, 魏·晋·前涼·北涼 640년 당태종 통합. 9세기 回鶻人, 13세기 蒙古人(元)	고창성과 거의 같음	백제 사비시대, 600년~12세기 元代 以前
성 높이와 부대 시설	기초저변 폭 12m, 두께 8~12㎝, 높이 11.5cm, 동쪽과 북쪽에 2개씩 4개소와 남쪽에 3개소 옹성 있음	성벽이 없는 유일한 성, 성문은 동문과 남문, 샘터 300여개소.	석축, 內高 2m, 외고 5~6m, 문지 4개소, 甕城있음, 井址 1.
성내 구조	宮城·內城·外城, 坊里制, 唐 長安城制와 같음, 寺院址.	묘지, 사찰지, 주거지, 관서, 전망대 순으로 배치, 坊里制, 이형.	건물지 50×30m, 30×30m, 유사시 入城固守.
출토 유물	高昌吉利錢, 壁畵, 供養人帛書.	佛龕塑像, 泥塑比丘像.	와편, 토기편.
비 고	전형적인 도시형 성곽, 佛敎 유적지.	安西都護府.	삶의 근거지는 주변 평야지대.

5. 맺음말

두 나라의 縣城이 위치하고 있는 곳은 기후가 판이하게 다르다. 그리고 그 건립 시기는 중국은 漢代에 이르러 고창·교하 현성이 설립되었고 640년 당대에 이르러 확립되었으며, 원대까지 지속된 후 폐성되었다. 백제의 경우 6~7세기 무렵 縣城을 만들었고, 고려 때까지 유지되고 있어 설립시기에서 상당한 차이가 있다.

고창·교하 2성은 평지성곽이며, 고창성은 당 장안성을 모방

한 부정형에 가까운 사각형이면서 판축으로 되어 있다. 교하성은 자연지세를 이용한 柳葉形의 성곽인데, 성벽이 없는 것이 특징이다. 반면에 백제 소비포현성은 산 위에 위치한 테메식 석축인 점이 다르다. 고창·교하 2성은 궁성·내성·외성에 방리제를 도입하고 있는데, 백제의 경우 산성 아래에 있는 평지에 거주하다가 일단 유사시에 성에 들어가서 지키는 특성을 지니고 있는 점이 다르다. 고창·교하 양성에서 출토되는 유물들은 불교 유적과 유물이 주류를 이루고 있는 반면 백제 현성의 경우 토기편과 와편이 주류를 이루고 있음이 다르다.

出 典

成周鐸, 1996, 「唐縣城과 百濟 縣城의 比較考察—高昌·交河 兩城과 百濟 所比浦縣城(一名 德津山城을 중심으로—」, 『실크로드文化와 韓國文化』, 忠南大學校 人文科學研究所, 191~208쪽.

성주탁

1929년 생
충남 연기 출생
충남대학교 문리과 대학 졸
동국대학교 대학원 석·박사 과정 수료, 문학박사
충남대학교 교수 역임(1994. 8. 정년퇴임)
충남대학교 백제연구소장 역임
충남대학교 박물관장 역임
현 충남대학교 명예교수

논문 | 백제성지연구 등 30여 편
저서 | 蛇山城 공저(1994)
번역 | 중국도성발달사(1993)

百濟城址硏究(續編)

초판인쇄 | 2004년 3월 15일
초판발행 | 2004년 3월 20일
발행인 | 김선경
지은이 | 성주탁

발행처 | 도서출판 서경문화사
　　　　서울 종로구 동숭동 199 – 15(105호)
전화 | 743 – 8203, 8205
팩스 | 743 – 8210
등록년월일 | 1994년 3월 8일
제 1 – 1664호

ISBN | 89 – 86931 – 66 – 4　　93900

정가 | 15,000원